O VALE DA FEITURA DA ALMA

Blucher

O VALE DA FEITURA DA ALMA

O modelo pós-kleiniano da mente e suas origens poéticas

Meg Harris Williams

Tradução
Valter Lellis Siqueira

Revisão técnica
Marisa Pelella Mélega

Título original: *The Vale of Soul-Making: the Post-Kleinian Model of the Mind and its Poetic Origins*

Authorised translation from the English language edition published by Karnac Books. All rights reserved.

O vale da feitura da alma: o modelo pós-kleiniano da mente e suas origens poéticas
© 2019 Meg Harris Williams
Editora Edgard Blücher Ltda.

Imagem da capa: *Pythia*, gravura de Meg Harris Williams.

Blucher

Rua Pedroso Alvarenga, 1245, 4º andar
04531-934 – São Paulo – SP – Brasil
Tel.: 55 11 3078-5366
contato@blucher.com.br
www.blucher.com.br

Segundo o Novo Acordo Ortográfico, conforme 5. ed. do *Vocabulário Ortográfico da Língua Portuguesa*, Academia Brasileira de Letras, março de 2009.

É proibida a reprodução total ou parcial por quaisquer meios sem autorização escrita da editora.

Todos os direitos reservados pela Editora Edgard Blücher Ltda.

Dados Internacionais de Catalogação na Publicação (CIP)
Angélica Ilacqua CRB-8/7057

Williams, Meg Harris

O vale da feitura da alma : o modelo pós-kleiniano da mente e suas origens poéticas / Meg Harris Williams ; tradução de Valter Lellis Siqueira ; revisão técnica de Marisa Pelella Mélega. – São Paulo : Blucher, 2019.
416 p.

Bibliografia
ISBN 978-85-212-1405-2 (impresso)
ISBN 978-85-212-1406-9 (e-book)

1. Psicanálise 2. Psicanálise e literatura 3. Literatura inglesa – História e crítica I. Título. II. Siqueira, Valter Lellis. III. Mélega, Marisa Pelella.

19-0316 CDD 150.195

Índice para catálogo sistemático:
1. Psicanálise

Para Joie Macaulay, que me ensinou a ler poesia,
e para Donald Meltzer, que me ensinou a ler a mim mesma.

Existe um princípio
Ativo neles;
Que não é doar,
Não é receber;
Não é a paixão violenta
Nem a passiva;
Que perdoa a tolerância
E a indignação;
É rio e leito;
É a agulha
O ponto e o fio, trespassando
Tudo recebendo tudo;
É imaginação
Idêntica.

Roland J. Harris, prólogo para *Little Sonnets**

---

* Todos os poemas foram traduzidos livremente por Valter Lellis Siqueira e Marisa Pelella Mélega para a edição brasileira.

Conteúdo

Apresentação	11
Agradecimentos	17
Prefácio – A psicanálise agradece a seus antepassados poéticos e se junta à família artística – *Donald Meltzer*	19
Introdução	33
1. O golpe do machado	49
2. A evolução de Psique	71
3. Milton como musa	119
4. Ascensão e queda de Eva	155
5. Édipo na encruzilhada	185
6. As urdiduras de Atena	217
7. O monumento de Cleópatra	253
8. Criatividade e a contratransferência – *Donald Meltzer*	293
9. A poética pós-kleiniana	305

10 CONTEÚDO

Apêndice A – As raízes de Rosemary: a musa nas
autobiografias de Bion   331

Apêndice B – Confissões de um superego em maturação,
ou o lamento da aia   361

Referências   395

Posfácio – *Antonio Sapienza*   401

Índice de autores   403

Índice remissivo   407

Apresentação

Convido o leitor a se deter no prefácio do livro, em que é possível seguir Meltzer em seu percurso a partir de Freud, passando por Klein e seu trabalho seminal acerca dos processos de cisão e de identificação projetiva que trouxe o "significado" para o centro do estudo da psicanálise, chegando à obra de Bion que declara a influência das artes para promover pensamento e observação. Meltzer finaliza comentando que o núcleo da personalidade, para os pós-kleinianos, vai da intimidade da relação mãe-bebê às gradativas carapaças adaptativas.

Na introdução, Meg Harris Williams, artista e estudiosa da literatura, busca fazer uma tessitura entre a psicanálise pós-kleiniana e os grandes momentos da literatura ocidental. Ela afirma que no modelo kleiniano de mente temos o objeto combinado em sua função formadora de símbolos, que corresponde à musa inspiradora dos poetas e nos dá o caminho para chegar à formação da alma.

A poesia estudada neste livro pode ser considerada, nas palavras de Wordsworth, "a mestra de toda a nossa visão", principalmente

12 APRESENTAÇÃO

por seu potencial para guiar a criação de nossas mentes em perpétua evolução. De modo similar, o modelo kleiniano de mente fundamenta-se na relação entre o *self* e seus objetos internos, cuja consciência ética é mais avançada que a do *self*. Segundo Williams, na literatura poética a mente é um campo fenomenológico no qual as experiências emocionais estão ocorrendo continuamente, precisando se tornar conhecidas por meio das formas simbólicas para que se possa pensar nelas. Esse processo ocorre sob a égide da musa poética, ou do objeto interno em termos psicanalíticos.

Os poetas românticos derivaram seus princípios de criatividade dos grandes antepassados poéticos, e Bion os viu como "os primeiros psicanalistas". Harris salienta que os poetas renascentistas e românticos não por acaso floresceram em períodos de interesse intensamente revividos pela filosofia e pelo teatro da Grécia clássica, cultura que nos deu termos como: psicanálise, narcisismo, edípico, símbolo, claustro, reciprocidade estética, mudança catastrófica, entre outros. Essa é a matéria ampla e cuidadosamente exposta por Harris nos seus capítulos seguintes.

No Capítulo 1, "O golpe do machado", Harris inicia sua discussão de obras relevantes da literatura ocidental que exprimem a trajetória humana pelo "vale da feitura da alma", com o romanesco Sir Galvão e o Cavaleiro Verde. Ela nos lembra de que as aventuras cavaleirescas e os poemas oníricos perambulantes são os gêneros predominantes da literatura medieval. Este romanesco data do século XIV, uma época da literatura europeia ocidental que poderíamos chamar de "pré-renascença", dado seu incipiente interesse também pelo ser humano, e não mais apenas por Deus. O ideal de cavalaria, aqui, deixa de ser o feito heroico, a defesa dos valores cristãos e morais, que passam a ter um significado muito mais amplo. Ou seja, é a emotividade interna que interessa ao poeta. O heroísmo de Galvão não está na ação, mas na inação. É assim que ele vai conseguir a feitura de sua alma.

No Capítulo 2, "A evolução de Psique", a autora fundamenta a gênese da visão do objeto estético por meio da obra dos poetas românticos. Keats transformou a imagem de Blake e de Shelley – do poeta que, como Prometeu, ousou roubar o fogo dos deuses – na chama de Psique: a imagem final da janela aberta é o alegre reverso do mito em que Cupido foi queimado pelo candelabro de Psique ao visitá-la à noite. Essa janela, com sua luz acolhedora, é um meio de comunicação e não uma barreira de separação. Torna-se uma imagem característica em Keats, indicando o umbral de uma nova experiência. Meltzer retoma essa visão e desenvolve sua teoria do conflito estético.

No Capítulo 3, "Milton como musa", Williams retoma uma afirmação de Bion: quando um mito é incorporado como ideia, ele pode se tornar generativo. Milton recontou os mitos de Orfeu e Proserpina, que formam uma parte orgânica de sua poética pessoal, e Keats se interessou por Milton por dois aspectos: o poder expressivo de sua linguagem e a natureza de sua inspiração, ou seja, a natureza de sua relação com a musa.

No Capítulo 4, "Ascensão e queda de Eva", partindo do "paraíso perdido" – onde Eva seria mais suscetível a Satã que Adão, segundo Milton –, Williams comenta que Eva intuiu a presença de Satã, o mal, aquele atributo de Deus, e está consciente de que se trata do prenúncio do conhecimento em expansão dentro dela. Depois da queda de Eva, Milton registra os processos de internalização e a formação de símbolos que resultam da ideia de a musa se tornar enraizada no mundo das circunstâncias, o útero de Eva.

No Capítulo 5, "Édipo na encruzilhada", as três peças relativas ao tema representam uma investigação da natureza do sofrimento e seu potencial para a criatividade ou para o sepultamento da

14 APRESENTAÇÃO

alma. Elas dramatizam a distinção feita por Keats entre o Vale de Lágrimas e o Vale da Feitura da Alma. Isso equivale, em sua essência, àquilo que formulou Bion em termos do tipo de dor que causa sintomas enquanto aprisiona a mente, como nas tragédias clássicas. Em oposição, temos a dor que é realmente sentida em termos mentais – o que Bion chama de "sofrimento" –, que ocorre nos momentos de mudança catastrófica e deriva da tensão entre emoções conflitantes diante do novo conhecimento.

O Capítulo 6, "As urdiduras de Atena", mostra-nos que a grande literatura grega antiga, representada pelo teatro clássico da época de Péricles, teve suas origens trezentos anos antes, com Homero. Em sua Odisseia, temos um personagem "pré-edípico", na figura de Odisseu (ou Ulisses). Ele já prefigura Édipo em sua busca pelo autoconhecimento, pela descoberta do símbolo de sua identidade. Vagando pelo Mediterrâneo durante vinte anos, Odisseu se vê às voltas com as "urdiduras de Atena" e de outros deuses. Ele, como Atena, também é um "urdidor", que elabora o bem-sucedido estratagema do cavalo de Troia. Eventualmente, sua longa jornada, não apenas na volta de Odisseu a seu lar terrestre, mas também na recomposição de seu casamento conturbado e no amadurecimento de seu filho, simboliza a nova mentalidade do rei de Ítaca.

William Shakespeare não poderia faltar na jornada da autora por grandes momentos da literatura ocidental. No capítulo 7, "O monumento de Cleópatra", ele se faz representar pela peça Antônio e Cleópatra, obra de sua maturidade, que aqui recebe uma leitura que vai muito além dos amores ardentes entre a rainha egípcia e o guerreiro romano. Maggie nos lembra de que o objetivo do desafio entre eles é transformar qualitativamente uma experiência quantitativa: não basta "prolongar cada minuto de suas vidas com prazer", trancados em um claustro de indulgência que acabará por amortalhá-los. Nesse processo de transformação há fortes indícios do conceito cristão de redenção. A purgação do amor será feita por um combustível emocional que deriva do que Meltzer chama de "a beleza e a riqueza dos objetos internos" e é a base para a "sinceridade", algo que não se aplica a uma emoção em particular, mas ao estado mental em que as emoções interagem, um unificador de emoções. E, nesse processo, é o amor de Cleópatra que precisará de purgação maior, pois ele é muito mais intenso que o de Antônio por ela, embora a maior parte da crítica usualmente ignore isto. É assim que ela vai erguer seu grande monumento.

O Capítulo 8, "Criatividade e a contratransferência", deriva de uma palestra de Donald Meltzer e se ocupa da criatividade artística e da criatividade do analista durante seu trabalho com o paciente.

No Capítulo 9, "A poética pós-kleiniana", a autora se apoia nas palavras de Meltzer e depois de Bion para mostrar a psicanálise como forma de arte em que a busca do psicanalista por significados é comandada pelo encanto produzido pela beleza do método que pode fazer contato com a misteriosa criatividade dos objetos internos. E ambos têm a visão essencialmente platônica de que a atividade psicanalítica ocorre sob a égide de uma fonte de conhecimento além daquela já conhecida pelo *self*.

Este capítulo, mais que aqueles que o precederam, só pode ser apresentado em sua inteireza. Como sintetizar que a resposta psicanalítica é a verdade de uma experiência emocional? Que é preciso "ler" a gramática profunda da narrativa? Que ser um mero leitor de signos é ser um mentiroso, no sentido bioniano? Os que não estão em contato com seus objetos inspiradores continuamente mentem. Eles contribuem para a função legislativa da poesia no sentido de Shelley, pois obedecem à lei, mas não ao espírito da lei, e para Bion e Meltzer eles são bidimensionais.

Marisa Pelella Mélega e Valter Lellis Siqueira

Agradecimentos

Gostaria de agradecer a meu marido, Adrian Williams, que, como meu padrasto, leu fielmente os inúmeros rascunhos e revisões deste livro e de todos os meus livros e trabalhos anteriores.

Prefácio – A psicanálise agradece a seus antepassados poéticos e se junta à família artística*

Donald Meltzer

Quando, em 1971, anunciou-se que uma coletânea de obras da Sra. Klein seria publicada pela Hogarth Press, sob a competente orientação de Roger Money-Kyrle, fiquei exultante, na expectativa de que um triste defeito em minha educação estivesse para ser reparado, como se fosse um presente de Natal. Mas isso não aconteceu. Trinta anos depois, ainda estou lutando com o grego clássico. Aprendi a suportar a humilhação de ser o parvo de minha aula de pós-graduação. A gentileza do professor e vários anos da dedicada orientação de Ian Mackenzie, da região central do País de Gales, não foram de nenhuma valia. É uma bela língua e lindamente ensinada, mas estou velho demais e não consigo aprender grego como era o costume dos jovens cavalheiros do século XVIII – uma experiência acabrunhadora depois de toda uma vida de aceitação da educabilidade como algo natural e necessário.

---

* O título é o de uma palestra proferida em Barcelona em 1989, junto com Meg Harris Williams. O que se segue é a transcrição da fala de Donald Meltzer, impressa pela primeira vez (com exceção dos dois parágrafos iniciais) em *The chamber of maiden thought* (London: Routledge, 1991), de Meg Harris Williams e Margot Waddell.

20 PREFÁCIO

Se essa fosse a história toda – a de que eu estava deslizando para a senilidade . . . . Mas outro processo estava em andamento ao mesmo tempo: a saber, os chamados estudantes estavam levando minha obra a sério e combinando-a com a de Bion e Harris Williams, e algumas dissertações sérias começavam a surgir em países como Itália, Espanha, Suécia e Alemanha, sob o nome de "pós--kleinianas". Esses esforços ajudaram-me a retomar minha obra de maneira séria. A genialidade da Sra. Klein como descobridora não exigia que ela também fosse uma especialista nos clássicos – coisa que ela não era, não mais que eu. A erudição podia ser suprida por outros – particularmente Bion, Meg Harris Williams, e sua falecida irmã Morag com sua obra sobre Chaucer e a poesia americana. O novo livro, *O vale da feitura da alma,* promete ser o texto do pensamento pós-kleiniano. É uma leitura densa e um quadro exato da "poética" dessa nova dimensão estética, já tendo passado por constantes revisões. E o resultado disso tudo também é estabelecer a sra. Klein como a primeira "pós-kleiniana". (Setembro, 2003)

* * *

Se a psicologia tivesse seguido o rumo original dado a ela por Freud na virada do século [XX], ela teria permanecido uma subespecialidade médica da neurologia e da psiquiatria, dedicada a aliviar o sofrimento dos neuróticos. Seu método de cura, concebido à luz da ciência médica alemã do século XIX, propunha-se a chegar à "causa" dos sintomas trazendo para o consciente os eventos reprimidos de tempos passados, amiúde remontando à infância. Assim, ela conservou um modelo neurofisiológico do distúrbio análogo a uma inflamação num órgão vestigial como o apêndice. Não se trata, em nenhum sentido, de um modelo tolo, pois contém muita verdade; mas tinha um horizonte muito restrito. Depois que Freud descobriu a transferência, em seu trabalho com Dora, esse método assumiu o desenvolvimento da ciência da psicanálise, colocando totalmente na sombra as sólidas preconcepções neurofisiológicas do "Projeto de uma psicologia científica" que Freud havia escrito anteriormente para seu amigo Fliess.

As ocorrências da transferência, substituindo a observação realista do analista por meio de insistentes preconcepções, revelaram a personalidade, o caráter, o modo de vida, os valores, as aspirações, os preconceitos, as expectativas e os medos do paciente. Embora ansioso para que a psicanálise permanecesse científica, evitando abraçar qualquer *Weltanschauung*, Freud, não obstante, assumiu a liderança da ampliação do campo de observação ao focar seu interesse nas ramificações da libido sob a forma de tipos de caráter, em oposição à anterior preocupação com as vicissitudes da libido na formação do sintoma. Esse avanço foi empreendido em particular por Karl Abraham em "Breve estudo do desenvolvimento da libido, vista à luz das desordens mentais" (1924), tendo recebido uma dimensão formal como "organização" da libido, à medida que ela se deslocava progressivamente da infância, com sua primazia oral, para a genitalidade da fase madura do adulto.

Essa ampliação do campo de estudo acabou por forçar Freud a abandonar uma das mais caras de suas preconcepções neurofisiológicas: a "unidade da mente". Na última década de sua vida e, em particular, pouco antes de sua morte em 1939, ele escreveu sobre os indícios de que a mente pode – como frequentemente ocorre – dividir-se para que as grandes realizações humanas possam se postar lado a lado com seus desatinos, sem conflito aparente. A filosofia não toleraria ser excluída do estudo da mente: de fato, Abraham e, de maneira ainda mais definitiva, Melanie Klein deram à psicanálise uma orientação distintamente platônica ao descobrir que o mundo interior possuía seu próprio tipo de concretude geográfica, e que era das transações do mundo interior (manifestadas nos

22 PREFÁCIO

sonhos e na fantasia inconsciente) que o significado do mundo exterior derivava suas origens.

Faz mais de cinquenta anos que o trabalho seminal de Melanie Klein sobre os processos de cisão e de identificação projetiva estabeleceram essa transformação e trouxeram o "significado" para o centro do estudo psicanalítico. Esse trabalho concentrava a atenção nas emoções e na formação dos símbolos como os meios pelos quais as emoções tornam-se disponíveis para o pensamento. No passado, os símbolos haviam sido muito pouco diferenciados dos signos convencionais, com o resultado de o pensamento e a linguagem serem considerados algo conjunto, começando no préconsciente, em que as "representações pelas coisas" eram captadas para se transformarem em "representação pela palavra". Isso não só ignorava as severas limitações da linguagem verbal, mas reduzia muito a compreensão do impacto da arte e da literatura para a interpretação de seu conteúdo, de sua iconografia. Mesmo o irresistível poder da música era tido como explicável por suas imagens programáticas. A aliança com a "ciência como explicação" – exemplificada em obras como *A civilização e seus descontentamentos* (1930a[1929]), *Moisés e o monoteísmo* (1929a[1937-39]), *O futuro de uma ilusão* (1927c) e o trabalho sobre Leonardo da Vinci (1910c) – alienou a comunidade artística da psicanálise. De forma correspondente, essa preocupação com a explicação gerou uma atitude de ensino, e não de aprendizagem, entre os psicanalistas com relação às artes, o que constituiu uma barreira contra suas próprias respostas criativas.

A melhor ilustração da maturidade da psicanálise é, sem dúvida, a obra de Wilfred Bion, que – a despeito de toda a sua obscuridade, do flerte com as formas matemáticas e da recusa de se comprometer com as limitações do leitor – declara a influência das artes ao promover o pensamento e a observação psicológicos.

Milton, Shakespeare, Keats, Coleridge, o Velho Testamento, a Câmara Mortuária de Ur e o *Bhagavad Gita* não são apenas referências de Bion para sua exposição, mas também suas fontes de inspiração para o pensamento original. Como o presente volume refere-se a essas fontes da literatura inglesa, talvez seja necessário apresentar uma indicação da posição que o pensamento psicanalítico – seu modelo da mente – atingiu nos dias de hoje, como ponto de referência para os ensaios que se seguem.

Quando Freud, em *Psicologia de grupo e a análise do ego* (1921c) e, posteriormente, em *O ego e o id* (1923b), deixou claro seu deslocamento de um modelo "topográfico" estratificado para um modelo "estrutural" da mente, consistindo de id, ego e superego, ele teve um problema ao definir o *status* do superego. Freud pensou nesse modelo como formas das figuras paternas "unidas de algum modo", que haviam sido "introjetadas no ego" e, subsequentemente, separadas "por um gradiente" para estabelecer uma função independente do monitoramento das atividades do ego. Foi Abraham que reconheceu que, pelo menos nos pacientes maníaco-depressivos, essas figuras dos objetos do amor eram experimentadas de maneira concreta: elas podiam ser destruídas, expelidas ou reintrojetadas sob uma forma destruída. Melanie Klein, ouvindo relatos de crianças sobre o espaço interno e suas figuras vívidas, reconheceu esse mundo interior concreto e seus objetos. Mas também viu nas crianças pequenas que a figura materna e suas funções alimentícias, protetoras e pedagógicas eram, no mínimo, tão importantes quanto a autoridade da figura paterna, e que as duas figuras não estão, de maneira nenhuma, sempre "unidas de alguma forma". Este teatro interior da fantasia e do drama foi por ela reconhecido como a cena representada nas brincadeiras das crianças e no local de seus conflitos inerentes ao desenvolvimento. Nas mãos dela, o conceito um tanto vago de narcisismo, que em sua forma original havia sido uma designação da direção da distribuição

24 PREFÁCIO

do ego para o corpo do sujeito, tornou-se firmemente estrutural, descrevendo a maneira como a organização da personalidade flutuava. Quando as figuras parentais internas eram dominantes, um estado de "relações de objetos" existia; mas, em contraste com isso, as partes infantis poderiam se unir contra essas figuras para formar suas próprias organizações, mais tarde chamadas de "gangues" em virtude do seu caráter rebelde e delinquente. Mesmo no âmbito das relações com os pais internos, os valores podiam flutuar de egocêntricos (explorando e sendo potencialmente perseguidos pelas figuras paternas) para confiar, amar e preocupar-se com o bem-estar dos pais (a "posição depressiva"). Melanie Klein viu esses estados mentais, como segurança, otimismo, alegria e interesse pelo mundo, como emanações de uma relação de amor com os pais internos, particularmente a mãe – uma ligação enraizada na relação infantil com o seio nutridor.

Como Freud achava que a formação do superego fosse consequência do complexo de Édipo (seu "herdeiro", contingencial à renúncia à atração erótica pela figura parental do sexo oposto, sob a ameaça de castração), era natural, dado o material com que ele estava lidando, supor que o superego fosse mais severo que os pais reais. O modelo quase canibalesco de introjeção parecia extinguir qualquer possibilidade de que o superego fosse melhor em suas qualidades que os pais reais. Este convite ao pessimismo só foi ligeiramente aprimorado por Abraham empurrando os processos introjetivos para as fases iniciais, pois ele os via como dominados pela ambivalência do sadismo oral e anal. Por outro lado, o material obtido por Melanie Klein junto a crianças pequenas, embora confirmando a ubiquidade dos impulsos sadistas, reconhecia que o primeiro estágio oral, embora não livre de ambivalência, era relacionado com o objeto e não "autoerótico", e que a introjeção de um seio nutridor realmente parecia ocorrer. Ao reconhecer a divisão do objeto em uma parte boa (gratificante) e uma ruim (desapontadora, desertante), ela conseguiu explicar o estabelecimento de um seio e de uma mãe idealizados no início do período pós-natal.

Assim, o conceito de "cisão e idealização" atenuou o pessimismo com relação à qualidade dos objetos internos, embora deixando o problema de que sua excelência era limitada pelas qualidades dos pais reais. Freud sugerira uma forma de resolvê-lo: ou seja, pela posterior introjeção no superego das qualidades de figuras posteriormente amadas e admiradas. Melanie Klein acrescentou outra via de aprimoramento (a que Freud havia aludido, mas não desenvolvido): que as qualidades de severidade e mesmo crueldade nos pais internos podiam amiúde ser vistas como resultado das partes infantis da personalidade, tendo entrado nas figuras parentais pela identificação projetiva, assim contaminando suas qualidades adultas com atitudes e valores infantis. A retirada dessas projeções poderia resultar numa função parental melhorada das figuras do superego, incluindo aquelas qualidades que Freud primeiro identificou como "ideais do ego", mas que depois deixou de lado – as fontes internas da inspiração e da aspiração.

A estas duas fontes de otimismo quanto à possível evolução do superego – sua assimilação de qualidades e figuras posteriormente admiradas e amadas, e seu esclarecimento por meio da retirada das projeções –, Melanie Klein acrescentou um terceiro fator. Em seus últimos trabalhos – *Narrative of a child analysis* (1975), "Envy and gratitude" (1957) e "Our adult world and its roots in infancy" (1959) –, ela estabeleceu gradativamente o conceito de "objeto combinado" (termo que havia introduzido no início de sua obra com conotações diferentes e mais persecutórias). Em certo sentido, o objeto combinado era a mesma coisa que Freud havia localizado no material do "O homem dos lobos" (1918b[1914]) e chamado de "cena primária". Melanie Klein reconheceu sua conexão essencial com a relação sexual dos pais internos como um "poderoso" objeto em sua capacidade de evocação emocional; mas ela também viu nessa conexão uma qualidade não claramente visível nos pais externos – ou seja, seu mistério e sua criatividade, sua privacidade essencial e, talvez, sua sacralidade.

No geral, poder-se-ia afirmar que os psicanalistas seguiram a liderança de Freud na adoção de uma atitude relativamente cínica com relação à religião e sua história. Talvez seja plausível que o homem sempre tenha inventado deuses e, naturalmente, os que lhe eram convenientes, não melhores que ele, porém mais poderosos. Mas isso supõe que as religiões são inventadas por adultos, não envolvendo as mentes das crianças, para posteriormente serem mitificadas. A visão implícita nas descobertas de Melanie Klein com relação à vida mental dos bebês é que a vida mental é essencialmente religiosa, e que o desenvolvimento mental está, de certa forma, intrinsecamente ligado à evolução da relação entre o *self* e seus objetos internos. Logo, a morte da mente está implícita nesses objetos sendo expelidos, destronados, invadidos, corrompidos ou fragmentados.

O que até agora foi descrito poderia muito bem ser chamado de corrente histórica principal do modelo psicanalítico da mente, embora seletiva. É uma história que foi inevitavelmente desviada, abandonada e convergida por outras escolas e em outras áreas geográficas. A posição em 1960 era que a psicanálise havia se tornado uma ciência descritiva, com um método artístico de terapia e pesquisa. As "teorias" agora eram modelos da mente – ou seja, metáforas cujo propósito era a descrição dos fenômenos; a teoria estrutural de Freud de id, ego e superego era vista como explicação da operação do *self* e dos objetos internos; a terapêutica tinha como objetivo descolocar-se da cura dos sintomas para a promoção do desenvolvimento da personalidade; e a divisão pessimista dos instintos de vida e de morte havia sido substituída por uma visão da luta entre as organizações narcísicas e as relações objetais, em que amor e inveja entravam em combate, lutando livres de egocentricidade (a posição paranoide-esquizoide) com relação ao amor objetal (a posição depressiva). O desenvolvimento da personalidade requeria a reintegração da cisão do *self* e a clarificação dos objetos internos por meio da retirada da identificação projetiva das partes infantis. Era um quadro de referência enriquecido da observação clínica numa situação em que a contratransferência do analista era tão importante como função e fonte de compreensão quanto a transferência do analisando. Os resultados clínicos aprimoravam-se de maneira decisiva, mas as análises estavam ficando cada vez mais longas, o que era inquietante.

O que se segue não pode ser chamado de "história" dos próximos trinta anos do pensamento psicanalítico, pois é cedo demais para que as linhas-chave do desenvolvimento tenham sido assimiladas dentro do movimento em geral. Qualquer descrição das ideias "pós-kleinianas" neste ponto turbulento do tempo deve ser inevitavelmente subjetiva, considerando-se que será baseada na aplicação pessoal das ideias de Bion ambiguamente expostas. Contudo, essas ideias e implicações em uma forma integrada são relevantes para este livro e sua visão da literatura e da história, de forma que vou prosseguir com uma descrição do moderno modelo psicológico em termos de um relato do vale da feitura da alma, que, espero, seja visto como paralelo aos literários que se seguem. Meu relato – uma visão subjetiva da visão de Bion – tem suas fontes de observação na situação psicanalítica com pacientes adultos e crianças, bem como na observação sistemática mãe-criança pelo método desenvolvido por Esther Bick e Martha Harris, combinados com recentes experiências do estudo ecográfico do comportamento fetal em gêmeos não idênticos.

Muito antes do nascimento, talvez já nas primeiras catorze semanas de gestação, pode-se dizer que o bebê humano manifesta comportamento e identifica as qualidades fundamentais do caráter da mãe. Ele não se relaciona apenas com objetos como o cordão umbilical, as membranas, a placenta e o irmão gêmeo no interior do útero, mas também com a voz da mãe e outras manifestações de seu estado mental e corporal. A vida mental, distinta do comportamento de adaptação, pode ser vista como iniciada, o que implica a incipiência da experiência emocional, a formação simbólica primitiva de melodias e ritmos, bem como pensamentos oníricos. À medida que seu ambiente perde as amplas dimensões dos primeiros meses e se torna restritivo, o feto desenvolve um desejo de recuperar sua liberdade e uma expectativa de outro mundo do qual recebe pistas auditivas. Quando está suficientemente forte, luta para se libertar e tem êxito. Essa boa experiência pode ser maculada pela exaustão, pela aflição fetal; pode ser limitada por uma secção cesariana ou, se prematura, completamente desvirtuada em expulsão. Contudo, quando a experiência do nascimento é uma saída bem-sucedida dessa restrição, o mundo exterior impinge o choque do pânico e do êxtase. O pânico antes da primeira respirada é compensado pela deliciosa expansão dos pulmões; a explosão de ruídos torna-se rapidamente modulada e deliciosamente musical; o arrepio de frio logo é controlado; o brilho cego assume formas maravilhosas. Mas os membros móveis foram puxados para baixo por uma centena de tirantes gravitacionais, e o senso de desamparo, de estar perdido no espaço infinito, mobiliza a expectativa de um salvador, e a boca busca por ele e o encontra. O pânico da fragmentação do bebê é restaurado pelos braços, pela voz e pelo cheiro da mãe, que lhe são familiares; e o vasto espaço recebe um ponto de origem geométrica pelo mamilo na boca. E quando os olhos começam a ver o rosto e o seio da mãe, e a carne começa a sentir a corrente de desejo, os olhos dela são o santuário em que o desejo apaixonado pela beleza deste novo mundo pode encontrar a reciprocidade que o torna tolerável.

Mas o seio tem suas manchas, suas estrias e suas rugas quando está esvaziado; e o rosto é uma paisagem sobre a qual passam as nuvens da ansiedade e em que as tempestades de dor e indignação se formam, por vezes obscurecidas pelas névoas da desatenção. Da desconfiança engendrada por essas variações, o bebê precisa procurar sua própria defesa, a partir de uma rica variedade facilmente à mão. Ele pode internalizar esse bom objeto em sua total beleza, mas descobre que ele também assume sua forma desapontadora. Mas essa pode ser expelida sob a forma de fezes. Uma vez internalizado, o objeto belo pode oferecer o sono em seus braços ou em seu interior. Ou o bebê pode reverter a geometria do espaço para que sua boca – não o mamilo da mãe – seja o ponto de origem em torno do qual revolve uma variedade de objetos como satélites, ordenados por seus gritos. Ou, como a mais duradoura das defesas, ele pode se dividir distribuindo de maneira variada a atenção de seus sentidos de modo que nenhum objeto possa exercer sozinho o total impacto estético da consensualidade.

Quando não são moduladas pela reciprocidade, essas cinco linhas de defesa contra o impacto das correntes do desejo – ou seja, a introjeção, a expulsão, a identificação projetiva, o controle onipotente dos objetos e os processos de cisão – enfraquecem o contato passional, seja empregadas individualmente ou em consórcio; todas essas situações manifestam-se por meio dos pensamentos oníricos. E são os momentos de contato passional, em que o bebê é capaz de estabelecer as transações únicas de projeção e introjeção cooperadas com as *rêveries* inconscientes da mãe contemplativa, que dão sentido à nutrição oferecida pelo seio. O seio pode, então, nutrir a mente com representações simbólicas da experiência emocional do bebê e facilitar novos pensamentos oníricos. Eventualmente, é o estabelecimento dessa cabeça/seio pensante que capacita a criança humana a dar início ao processo do pensar por si mesma – para criar seus símbolos autônomos a fim de enriquecer seu arsenal de símbolos recebidos e signos convencionais.

Essa capacidade de contato passional, com seu consórcio de amor pela beleza do mundo, ódio pelas correntes do desejo sentidas na carne e nos pulsos, e sede de conhecimento do objeto enigmático em sua forma combinada como seio e mamilo, mãe e pai, fomenta o desenvolvimento da alma: aquele núcleo privado da personalidade. No centro desse núcleo privado fica a misteriosa e sagrada câmara nupcial dos objetos internos, para a qual eles devem receber periódica autorização para se retrair buscando se reparar e recuperar uns aos outros. Contra essa aquiescência colocam-se todas as forças poderosas da aversão pela ligação emocional, pela dependência e pela submissão à superioridade e à sabedoria dos deuses internos. Pois elas são o segmento superior e mais evoluído da mente humana, e sua evolução ocorre antecipadamente ao *self*. Os artistas e os poetas são (como afirmou Shelley) "os legisladores não reconhecidos do mundo", pois os objetos internos são os legisladores da mente individual, e esse é o campo de operação do artista e o foco de sua disciplina; como escreveu Milton, a respeito da relação entre o *self* e Deus: "quem melhor / suporta Seu jugo suave / melhor O serve" (Soneto 19).

Em torno desse núcleo da personalidade, desenvolve-se em círculos concêntricos de intimidade gradativamente diminuída a carapaça adaptativa da personalidade, com todos os seus recursos aprendidos de relações casuais e contratuais, simplificados e empobrecidos em sua emotividade, amiúde estimulados por estados de excitação engendrados pela fantasia e pelo medo do grupo. Cada etapa do desenvolvimento no núcleo deve ser trabalhada por meio de níveis infantis, no contexto da transferência emocional

– da qual o método da psicanálise não tem o monopólio. Gradativamente, em virtude dos misteriosos processos de aspiração à excelência desses objetos internos em evolução, a porção adulta da personalidade pode emergir e se manifestar na área de seus interesses passionais e nos desejos de suas relações íntimas. Seu contentamento toma a forma do trabalho de construção da família, da vida privada e da contribuição à evolução gradativa da família humana. Seus oponentes, em cada indivíduo e no mundo externo, constituem uma legião. Mas, felizmente, as forças em busca da verdade são inteligentes, e as que se opõem a ela são fundamentalmente estúpidas, dependentes da imitação negativa e da perversão da verdade – ou do mais próximo que podemos dela chegar: a veracidade da observação e do pensamento.

Introdução

Chame o mundo, se assim o desejar, de "o vale da feitura da alma"... Como essas centelhas que são Deus podem receber sua identidade – de modo a sempre possuírem uma ventura peculiar a cada existência individual? Como, mas por meio de um mundo como este? ... Acho que se trata de um sistema maior de salvação que a religião cristã – ou antes, um sistema de criação do espírito – ... Por que elas não fizeram essa coisa simples ainda mais simples para u upreensão comum, introduzindo mediadores e personagens da mesma forma que na mitologia pagã as abstrações são personificadas? Seriamente, acho provável que este sistema de feitura da alma pode ter sido genitor de todos os esquemas mais palpáveis e pessoais de redenção.

John Keats[1]

A concretude da realidade psíquica sempre foi predominante e explícita na consciência poética. Shakespeare deu ao nada etéreo uma "habitação local e um nome", e o Satã de Milton anunciou que

34 INTRODUÇÃO

a mente não era nem o Céu nem o Inferno, mas "seu próprio lugar".

Ela não é um lugar que pode ser moldado e acabado pela vontade consciente; ela não pode – como Satã descobriu – transformar o inferno em céu; em vez disso, é o local onde forças misteriosas, fora do controle do *self*, podem criar significado sob a forma de símbolos e expandir os horizontes do conhecimento por meio da inspiração. O mundo das ideias de Platão e o resplendor inefável de Deus encontraram expressão por meio do drama do mundo interior. Este é o "admirável mundo novo" que anula o cinismo no fim de *A tempestade* e que se mostra "todo à frente" de Adão e Eva depois de sua expulsão do Éden. Shakespeare e Milton descobriram que o novo mundo é um lugar não de coisas imutáveis e definidas, de recompensa e punição, mas onde a ideia do "bem" consiste em desenvolvimento e na gradativa e dolorosa, embora também alegre, obtenção da sabedoria. É um lugar guiado por princípios éticos, e não por códigos morais. Observando isso, os poetas românticos – depois de inicialmente terem a esperança de ver o novo mundo personificado pela Revolução Francesa – voltaram-se com mais urgência para o mundo interior e rapidamente se apoderaram de seu potencial como o único local real para a regeneração e o progresso da humanidade. Blake chamou isso de "depuração das portas da percepção" de "um mundo de imaginação e visão", pois "todas as divindades residem no seio humano". Os espaços, as qualidades e as funções deste mundo são abrigo para o tipo de "mediadores e personagens" de que falou Keats ao presidir o "sistema de feitura da alma" pagão – não por meio da alegoria didática, mas da metáfora sensorial. O primeiro estágio nesta jornada da alma foi chamado por Keats de "câmara do pensamento virginal" – um lugar em que a inicial embriaguez prazerosa fica gradativamente obscurecida pela crescente consciência da doença e da miséria, assim "aguçando nossa visão", até a mente atingir um estado de bruma e mistério:

*Esta câmara do pensamento virginal vai ficando gra-
dativamente obscurecida e, ao mesmo tempo, em todos
os seus lados, portas são abertas – mas todas escuras
– todas levando a passagens escuras – Não vemos o
equilíbrio entre o bem e o mal. Estamos numa bruma
– Agora estamos naquele estado – Sentimos "o fardo
do mistério".[2]*

Do meio dessa escura nuvem do desconhecido, como da floresta escura de Dante,[3] a alma sente seu caminho em direção às muitas portas abertas, "imperceptivelmente impelida pelo despertar do princípio do pensar interno a nós" e guiada pelos mestres e mediadores internos. A poesia discutida neste livro poderia ser considerada – nas palavras de Wordsworth – a "mestra de toda a nossa visão", não apenas por sua humanidade, mas também por seu potencial para guiar a criação de nossas próprias mentes em seu estado de perpétua evolução no qual, como disse Keats, "o criativo deve criar a si mesmo".

Blake disse: "Todas as divindades residem no seio humano".[4] Estas são distintas da "individualidade", e o dever de todo cristão é estabelecer contato com essas divindades internas para libertar a mente de sua percepção claustrofóbica e "construir Jerusalém" dentro de si mesmo:

*Pois o homem se fechou, ao ponto de ver as coisas
através de*

Estreitas fendas de sua caverna.[5]

De maneira similar, o modelo kleiniano da mente fundamenta-se na relação entre o *self* e seus "objetos internos": misteriosas funções, semelhantes às divinas, da mente individual, cuja consciência

36   INTRODUÇÃO

ética é mais avançada que a da personalidade do dia a dia. A descoberta de Melanie Klein do "objeto combinado" apontou para o poderoso impacto dos componentes masculinos e femininos operando em uníssono: inicialmente simbolizados, em sua forma mais primitiva, pelo seio nutridor e o mamilo-guardião.[6] Com relação a seus objetos, o *self* é sempre uma "criança", limitado por seu estado de desenvolvimento. Este é promovido por sua capacidade de amar e pela confiança em seus objetos ("gratidão") e impedido pela inveja e pela egocentricidade (narcisismo), implicando uma luta repetida e depressiva pela "reparação" do dano provocado ao objeto pelas incursões infantis. A ampliação feita por Bion e Meltzer do modelo kleiniano vê esses objetos internos não como qualidades fixas, mas em contínuo processo de evolução qualitativa. Eles tampouco são confinados pelas capacidades realistas do verdadeiros pais da criança. Os objetos se desenvolvem junto com o *self*, em resposta às oportunidades da vida. Eles podem absorver intuitivamente (introjetar) as qualidades de figuras admiradas, no contexto de circunstâncias que exigem uma expansão de seu conhecimento e suas capacidades. A frase de Bion "aprender com a experiência" tem o significado específico – e idiossincrático – de identificação com o ensinamento dos objetos internos, distinto do impacto mecânico dos eventos externos. Ele direciona a atenção para o aumento de *conhecimento*, no sentido de sabedoria ou compreensão, que resulta quando a consciência emocional é contida, moldada e, assim, recebe significado por meio do contato confiante, não narcisista com o objeto. "Conhecimento é alimento", disse o Rafael de Milton.[7] Também para Bion e Meltzer, o conhecimento é o alimento da mente, que se constrói por acréscimo por meio de seu diálogo interno em andamento. O *self* infantil desenvolve-se de acordo com sua sensibilidade e sua tolerância do iminente desconhecido. Keats chamou essa tolerância de "capacidade negativa" – uma frase bastante citada por Bion: "Isso ocorre quando o homem é capaz de estar em meio a incertezas, mistérios e dúvidas sem nenhuma busca irritável por fato e razão".[8] É uma qualidade inerente à aquisição da "identidade" quando o mundo é experimentado como meio para a feitura da alma.

Na literatura poética, a mente, como uma ilha, charneca ou vale, é um campo fenomenológico em que as experiências emocionais estão ocorrendo continuamente, exigindo se tornar conhecidas pelos níveis mais externos da consciência de uma forma simbólica tal que se possa pensar nelas. Este processo de "tornar-se conhecido" ocorre sob a égide da musa poética, ou objeto interno, em termos psicanalíticos. É um processo de "organização", oposto ao de "tirania", para usar uma distinção blakiana: uma função da expressividade imaginativa, e não da racionalização (a "razão" de Blake, que chamaríamos de "correção"). Os poetas sempre se viram como inspirados por sua musa – e isso não é *apenas uma metáfora*: é uma descrição fiel da identificação interna com um objeto ou divindade que ensina. A musa é a força que produz símbolos, e a tradicional invocação à musa indica que essa relação interna precisa ser estabelecida a cada vez. Não pode ser tomada como implícita – como descobriu Milton ao tentar escrever uma sequência de sua inspirada "Ode à manhã da natividade de Cristo", e as palavras recusavam-se a fluir, congelando-se numa "Paixão" curiosamente formal e rígida. Haja ou não uma invocação formal, essa relação normalmente é apresentada como parte integral do poema total: em versos mais curtos, muitas vezes *é* o poema. A inspiração dá estrutura à imaginação. Um poema mais longo pode possibilitar, em vários estágios e camadas, a busca pela formação de símbolos. Ao proceder assim, torna-se veículo para a interação e a modificação das qualidades dos objetos internos; esta é sua "criatividade". Um poema longo como o épico tem espaço para seções que não são inspiradas, mas podem ser bem elaboradas e sustentadas. Mas quando a pressão da elaboração dos símbolos se faz sentir, é a musa

38 INTRODUÇÃO

que, na verdade, encontra as palavras e as dispõe na ordem correta – sendo a ordem correta a que expressa a natureza da experiência emocional. "Sou apenas o secretário", disse Blake: "os autores estão na eternidade".[9] Isso é "verdade" poética.

O poeta, com suas habilidades musicais, está equipado para ouvir as palavras que expressam seu sonho. E nós, como leitores, precisamos desenvolver nossa capacidade de ouvir o significado supralexical ou musical da poesia, sua expressividade que não pode ser parafraseada. A poesia se move pelo verso impresso como a música na pauta, criando significado por meio de sua forma artística, e não por sua intenção didática. Um verso numa página, simplesmente pelo fato de ter duas pontas, já é uma afirmativa potencialmente dramática – um equilíbrio de tensões. A linha poética tem a capacidade de perpassar a sintaxe gramatical num jogo contrapontístico; pode assumir pausas e silêncios no âmbito da métrica, como na meia linha do verso branco shakespeariano, que deixa espaço para a emoção não dita (a expressão "Por Hécuba!... O que é Hécuba para ele ...?", de Hamlet), ou o uso miltoniano da cesura para alterar sutilmente, e até mesmo reverter, o fluxo didático do argumento:

A mente tem seu próprio lugar, e pode fazer

Um céu do Inferno, um Inferno do céu;

ou "E o homem prefere, deixar Deus para trás". A regularidade torna a irregularidade significativa: "Arremessando-se precipitadamente em chamas pelo céu etéreo", ou as famosas repetições "Estou morrendo, Egito, morrendo" e "Meu amor é uma rubra, rubra rosa". Ou, contrariamente, depois de uma passagem de gritantes irregularidades, o verso perfeitamente fluido de Tennyson: "E, de repente, vede! O lago plácido", ou o verso de Sansão: "E em breve estarei entre os que descansam". O caráter rítmico natural do verso dá um senso de dimensão no espaço e no tempo – como disse Byron, o ritmo da poesia cria "um mundo passado e um futuro". A esses fundamentos rítmicos acrescentam-se as associações não lexicais das imagens visuais e as qualidades musicais da dicção poética – não apenas os recursos formais de aliteração, assonância etc., mas também os padrões informais infinitamente variáveis da rima imperfeita e do eco, todos contribuem para fabricar a teia sensorial do símbolo, capturando um significado não previsível e supralexical. Por que certas frases possuem uma pungência intraduzível? Os versos de Antônio:*

> *Call to me*
>
> *All my sad captains, fill our bowls once more;*
>
> *Let's mock the midnight bell.*
>
> *Convocai-me*
>
> *Todos os meus tristes capitães, enchei mais uma vez nossas taças;*
>
> *Zombemos do sino da meia-noite.***

A pungência está nas rimas imperfeitas (*call . . . all . . . fill . . . bowl . . . bell*): podemos localizá-la, mas não conseguimos parafraseá-la com facilidade. E estes são os significados que se acumulam

---

* Antônio e Cleópatra: ato 3, cena XIII, William Shakespeare.

** Concordamos plenamente com a autora: a pungência de certos versos (e também de muitos textos em prosa), em qualquer língua, é intraduzível. Teríamos uma dificuldade mais ou menos da mesma ordem ao tentar traduzir para o inglês estas expressivas aliterações de um poema do simbolista Cruz e Souza: "Vozes veladas, veludosas vozes, / Volúpias dos violões, vozes veladas, / Vagam nos velhos vórtices velozes / Dos ventos, vivas, vãs, vulcanizadas" ("Violões que choram"). Muitos teóricos da tradução, no tocante à poesia, preferem não falar em tradução, mas em "transcriação". [N.T.]

40   INTRODUÇÃO

ao longo da tradição poética, construindo uns aos outros, de modo a voltarmos a ouvir Antônio nestes versos de Keats:

Not a soul to tell

Why thou art desolate. . . .

("soul . . . tell . . . sol")

Nem uma alma para dizer

Por que estás desolado. . . . .

A notação musical da poesia fala a nossos objetos internos mesmo quando não a interpretamos – ou não conseguimos interpretá-la. Eis por que é essencial mergulharmos nas qualidades formais e simbólicas do poema se desejamos fazer contato emocional com o mistério de seu significado – o significado alojado em seus objetos internos. A "gramática profunda" está contida não apenas em sua didática e suas formas discursivas, mas em seu padrão subjacente, em sua estrutura poética – chamada por Susanne Langer* de "forma presentacional". Langer descreveu o "valor cognitivo" da *forma* do símbolo-arte, e como o músico precisa "pensar com a ideia musical" do compositor para permitir que seu ritmo subjacente o transporte para um "novo evento" na vida de sua mente.[10] De maneira similar, o poema pode se tornar um sonho nosso, contribuir para as qualidades evolutivas de nossos próprios objetos: um objetivo análogo à experiência psicanalítica e, na verdade, modelo fundamental para ela. Assim, Donald Meltzer descreve como o analista precisa tentar "harmonizar a

---

* Nascida Susanne Katherina Knauth (1895-1985), foi grande especialista em filosofia da arte, seguidora de Ernst Cassierer. Sua publicação mais conhecida em português é *Filosofia em nova chave* (2004); seus principais escritos enfocam o papel da arte no conhecimento humano. Para ela, a obra de arte é um símbolo presentacional que articula a vida emocional do ser humano. [N.T.]

dicção poética de um sonho ... com sua própria poesia", ao "colocar ordem" não no sonho em si, mas na "confusão de nossas mentes"; "posso contar uma boa história", afirma ele, "se um paciente sonhá-la para mim".[11] Pois o "sistema de salvação" da poesia, como Keats o chamou, é um "genitor" histórico deste moderno "esquema de redenção palpável e pessoal".

Os poetas romântico, que Bion viu como "os primeiros psicanalistas",[12] derivaram seus princípios de criatividade de seus grandes antepassados poéticos – os poetas antigos e os maravilhosos mundos novos conquistados por Shakespeare e Milton. Não é coincidência que os poetas renascentistas e os românticos tenham florescido em períodos de interesse intensamente revivido pela filosofia e pelo teatro da Grécia clássica, a cultura que nos deu o termo "psicanálise" e muitos dos conceitos que, desde então, tornaram-se termos técnicos – "narcisismo", "edípico", símbolo", o "claustro" e a "reciprocidade estética" de Meltzer, a "mudança catastrófica" de Bion etc. A obra do poeta que chamamos Homero data do início da palavra escrita; contudo, naquele período, a cultura humana mudou bastante, e a natureza humana, muito pouco. As histórias de Odisseu reparando seu relacionamento com a esposa com a ajuda de Atenas, como as de Édipo suplantando a cegueira da ignorância com a ajuda das filhas, são tão pertinentes hoje como quando foram pela primeira vez cantadas e dançadas; quanto mais poética for uma obra antiga, mais moderna ela parece, pois de maneira mais enfática ela verifica a definição que Shelley fez dos poetas como "legisladores não reconhecidos do mundo".[13] Shakespeare, em sua triunfante "tragédia da síntese" *Antônio e Cleópatra,* buscou mais implicações para o poeta e sua criatividade feminina que foram sugeridas séculos antes no conceito da *Odisseia* de "homofrosina". Milton identificou-se com Édipo cego ainda mais que com Homero cego quando, ao digerir seus sonhos e esperando ser "ordenhado" pela manhã, verteu seu controle doutrinal

42   INTRODUÇÃO

para os ditados de sua musa feminina, a despeito da tempestade emocional – o "odioso cerco dos contrários" – que isso despertou nele, uma intolerável mistura de amor e ódio. Blake reconheceu que essa tempestade não era um desagradável efeito colateral da obra criativa, mas o próprio cerne de seu engendramento. Ele saudou o valor do "casamento dos contrários", ressaltando que essa tensão emocional era o que diferenciava a "visão" – a obra da musa – da poesia esquemática fixa (como a alegoria), obra da individualidade. Ele enfatizou a intensidade da observação imaginativa, da mesma forma que mais tarde Freud descreveria como o destaque da consciência concentra a atenção nas realidades internas, e Bion apresentaria as emoções interligadas de amor, ódio e conhecimento como a base para formação dos símbolos.[14] A antítese desse confronto de ideias ou conhecimento da alma é, em Blake, uma visão "única" ou negativa – a mente prisioneira de sua própria perversidade – e, em Bion, a "grade" de valores negativos – *menos* L, H, K. A grade negativa de Bion refere-se à propaganda, ao cinismo, à estupidez; Blake localizou os inimigos da mente didaticamente em termos da inveja, do materialismo, da racionalização e da sentimentalidade – todas as formas do "erro" ou pseudoconhecimento – em vez dos tradicionais orgulho, desobediência, paixão desenfreada e assim por diante. Pois, como enfatizou Coleridge, a mente, como a obra de arte, precisa ser moldada por sua qualidade poética inata, seu "princípio de autodesenvolvimento" orgânico, e não por exigências mecânicas ou "superinduzidas". Este princípio – a "moldagem do espírito da imaginação" – assume a forma de *ideias*, que Coleridge reconheceu como algo não *inventado* pela mente, mas *percebido* quando é devidamente orientado. As ideias poéticas do pensamento criativo encontram sua expressão pioneira nas formas simbólicas, e não na filosofia discursiva: pois "uma ideia só pode ser expressa por um símbolo".[15] Só depois que foram absorvidas pela cultura pode-se falar delas por meios convencionais. A verdadeira sabedoria ou conhecimento da alma não se armazena com a acumulação da memória, mas altera a própria estrutura da mente: é uma função do tornar-se, não do possuir.

Os românticos, tendo sido os primeiros ambientalistas, bem como os primeiros psicanalistas, usaram a aguçada vulnerabilidade da natureza nos primeiros estágios da Revolução Industrial como fundo apropriado para sua dramatização da interação do indivíduo com a musa como mãe-natureza, um espaço para a exploração mental recém-vulnerável às depredações do onipotente homem industrial, com seus modos tirânicos de escravidão – as "escuras usinas satânicas" de conformidade redutiva. Ninguém moldou a maravilhosa descoberta do potencial estético da natureza melhor que Wordsworth, cuja visão da criança semelhante a Deus nos braços da natureza, eternamente circundada pelo seio-montanha e os olhos-lago, possuía uma autenticidade que mesmo seu posterior esvair para o "sublime egoísta" nunca conseguiu dissipar.[16] É o primeiro "pensamento", segundo a definição pós-kleiniana, o símbolo original e universal. De outros modos, contudo, Wordsworth evitou confrontar as implicações de sua própria metáfora – a gramática profunda da relação ambígua e complexa do poeta com sua musa feminina: as dúvidas, os ciúmes, a fragmentação, os medos do desejo sem reciprocidade. Em vez de alcançar a confiança, ele deixou-se relaxar em complacência, renunciando o convite ao tumulto emocional, e se retirou prematuramente da criatividade quando se viu estabelecido como "gênio". Ao elevar a poesia junto com a infância a uma condição idealizada, ele não fez concessão à luta e à ansiedade da infância com relação aos inimigos internos da negatividade e do filistinismo – a retirada do conflito estético diante da incerteza quanto às qualidades desconhecidas da musa, tão bem estabelecidas por Milton. A experiência poética, como a experiência da infância, perdeu o controle da realidade e se tornou um falso paraíso, em vez de um vale da feitura da alma. Ela se

44   INTRODUÇÃO

tornou vulnerável ao lobo que, como o Satã de Milton, "saltou com facilidade para o aprisco".[17] O lobo no aprisco foi reconhecido por Byron, que, até certo ponto, o capitalizou: a imagem do herói byroniano que dominou a cultura literária daquele período descendia diretamente de Satã, heroico em sua atormentada autoadoração. Byron era inteligente demais para ser um idealizador; mas sua ambivalência com relação à poesia também o impediu de enfrentar as implicações do maligno dentro dele. Ele via a poesia como uma fêmea semelhante a uma fúria que acabaria por derrotá-lo, como o "Nightmare Life-in-Death" de Coleridge; contudo, nesse ínterim, impelido pelo ressentimento contra sua mãe negligente, ele buscaria vingança contra outras mulheres.

Foi Keats que assumiu o fardo poético que Wordsworth havia abandonado. O adjetivo "shakespeariano" amiúde aplicado a Keats indica sua revivificação do *status quo* romântico por meio de um retorno à complexa mentalidade "negativamente capaz" de Shakespeare. "Quem sou eu para ser poeta, vendo a grandeza do que se trata?", perguntou ele já nos seus primeiros dias de paixão pela linguagem poética. Yeats disse: "Devo refazer a mim mesmo"; mas Keats reconheceu intuitivamente, desde o princípio, que não podia fazer de si mesmo um poeta – só a musa podia fazer isso. À medida que o breve período que lhe restava se desdobrava diante dele e a pressão do conceito da morte iminente fundia alquimicamente suas percepções, ficou-lhe claro como cristal que a busca do poeta pela feitura de sua alma era essencialmente uma história do romance do poeta com sua musa, com todas as suas turbulentas implicações. Ele aceitou que a musa da poesia não traria a liberdade rousseauniana (como haviam almejado os românticos mais velhos), mas, em vez disso, uma forma de dependência que poderia parecer servidão. Ele não era um "homem da perfectibilidade de Godwin",* mas de uma "capacidade negativa".[18] Sua identidade devia ser moldada, sob a pressão das "circunstâncias", não por sua própria vontade, mas pelo conhecimento atingido por seus objetos internos e neles contido. Como Byron (que ele odiava), via seu "demônio Poesia" como uma ambígua figura fermina que podia apoiar ou devastar seu *self* vulnerável de criança-poeta, mas, em contraste com Byron, sua tenaz fascinação pelo complexo conceito de "belo" capacitou-o a lidar com as consequências. Milton, que compartilhava o objetivo poético da beleza, foi, com Shakespeare, um componente do objeto poético interno de Keats. Assimilando a experiência de lamento de Milton em *Lycidas*, Keats mergulhou no conflito estético e seguiu sua musa da "Belle Dame" pelos "vales do céu e do inferno" até o renascer na "Ode a Psique" e o renunciar na "Ode a um rouxinol". "Psique", com sua redescoberta de uma "deusa esquecida", pode ser tomado – como indica seu título – como a obra que estabelece a possibilidade de psicanálise a partir da perspectiva poética. O período crucial de elaboração, no fim do qual Keats deslumbrantemente se metamorfoseou em um grande poeta, ocorreu durante o inverno de 1818-1819, depois da morte de seu adorado irmão mais novo Tom, e podemos seguir sua evolução "como se fôssemos espias de Deus"[19] na clássica carta-diário a seu irmão e cunhada na América, escrita realmente para a posteridade, para servir de modelo e registrar para aquelas "gerações iradas" a experiência da feitura da alma de um homem.

"La belle dame sans merci" é o poema que marca o umbral do "salto de fé" de Keats, a obra que prova sua própria identidade como poeta, "recém-emplumado". Poderia ter sido escrito por "John Keats e nenhum outro" – como Keats definiu sua ambição poética, quando se sentia subjugado pela "sombra dos grandes

---

* William Godwin (1756-1836) foi um filósofo político inglês, novelista e jornalista. É considerado um dos primeiros expoentes do utilitarismo e dos primeiros proponentes modernos do anarquismo. [N.T.]

46 INTRODUÇÃO

poetas" anteriores a ele, temendo que só seria um imitador deles. Ao mesmo tempo, o poema está impregnado de medievalismo, e não há maneira melhor de abordar seu tema de um adolescente apaixonando-se por uma ambígua fada-musa que por meio da obra-prima medieval *Sir Galvão e o Cavaleiro Verde*, cujo autor só é conhecido como "o poeta de Galvão", em reconhecimento à importância deste poema para a tradição literária inglesa, apesar dos problemas de moderna acessibilidade em virtude da dificuldade da língua original.

Notas

1. John Keats, carta-diário de fevereiro-maio de 1819 a George Keatses, em: *Selected letters of John Keats*, ed. R. Gittings (Oxford: Oxford University Press, 1975), pp. 249-251.

2. Keats, carta a Reynolds, 3 de maio de 1818, em: Gittings, *Letters*, p. 95.

3. Dante começa o *Inferno* com as palavras: "De nossa vida, em meio da jornada, / Achei-me numa selva tenebrosa, / Tendo perdido a verdadeira estrada", tradução inglesa consultada: John D. Sinclair (Oxford: Oxford University Press, 1971).

4. William Blake, *The marriage of heaven and hell*, plate 11, em: *Complete writings*, ed. G. Keynes (Oxford: Oxford University Press, 1972), p. 153.

5. Ibid, plate 14, em: Keynes, *Writings*, p. 154.

6. O objeto combinado – essencialmente, a criatividade representada pelos pais internos na relação sexual – é o que "insiste no desenvolvimento"; Meltzer, *The Kleinian development* (Strath Tay: Clunie Press, 1978), Parte 2, p. 103.

7. *Paraíso perdido*, VII.126.

8. O famoso critério de Keats de "capacidade negativa" foi formulado quando ele tinha 22 anos de idade, numa carta a George e Tom Keats, de 21, 27 de dezembro de 1817, em: Gittings, *Letters*, p. 43.

9. Blake, carta a T. Butts, 6 de julho de 1803, em: Keynes, *Writings*, p. 825.

10. Susanne Langer, *Philosophy in a new key* (Cambridge, MA: Harvard University Press, 1942), e *Feeling and form* (London: Routledge and Kegan Paul, 1953).

11. Donald Meltzer, *Dream life* (Strath Tay: Clunie Press, 1984); e uma palestra proferida no Centro Londrino de Psicoterapia, em 2001, uma de uma série sobre a "Espiritualidade", em: N. Field et al. (eds.), *Ten lectures on psychotherapy and spirituality* (London: Karnac, 2005).

12. Wilfred R. Bion, *A memoir of the future*, edição em volume único (London: Karnac, 1991), p. 385.

13. Shelley, palavras finais de sua *Defesa da poesia*.

14. Freud, carta a L. Andreas-Salome, citada em: Bion, *Attention and interpretation* (London: Tavistock, 1971), p. 57.

15. Coleridge, *Biographia literaria* (1817), ed. N. Leask (London: Dent, 1997), p. 91.

16. Descrição de Keats; carta a Bailey, 27 de outubro de 1818, em: Gittings, *Letters*, p. 157.

17. "Como o lobo que ronda.... Salta por sobre a cerca com facilidade para dentro do aprisco". Milton, *Paraíso perdido*, IV.183–87.

18. Keats criticou seu amigo Charles Dilke por ser um "homem da perfectibilidade de Godwin" – uma referência à *Justiça política*, de William Godwin; carta a George Keatses, 14-31 de outubro de 1818, em: Gittings, *Letters*, p. 164.

19. Tomando emprestada a frase de Lear, mais tarde ecoada por Keats, numa carta a Reynolds, 11-13 de julho de 1818, em: Gittings, *Letters*, p. 122.

1. O golpe do machado

> *O processo de condensação opera no mito da experiência emocional da mesma forma que um jogo de xadrez se coloca em relação simbólica com Galvão e o Cavaleiro Verde, Morte d'Arthur etc. No estágio mítico do registro de uma experiência emocional, como em muitos sonhos discursivos, o significado ainda está aberto a muitas interpretações. Mas à medida que a condensação avança e finalmente resulta num símbolo altamente condensado, digamos a rainha do jogo de xadrez, o significado está agora "contido", não mais aberto à múltipla interpretação. Assim, pode-se dizer que um símbolo está "próximo ao osso" da dor mental, pois localiza com precisão a zona de conflito.*

Donald Meltzer[1]

Milton disse que não era necessário ter esporas nos pés e uma espada ao ombro para se tornar um cavaleiro a serviço da verdade; e ele trocou sua há muito alentada intenção de escrever um épico arturiano pelo tema de *Paraíso perdido*.[2] Contudo, houve uma época em que as esporas e a espada constituíam equipamento obrigatório para qualquer romance sobre a feitura da alma. As aventuras cavaleirescas e os poemas oníricos perambulantes são os gêneros predominantes da literatura medieval. O poema *Sir Galvão e o Cavaleiro Verde* (em inglês, *Sir Gawain and the Green Knight*), do século XIV, é excepcional em termos da tensão e da sofisticação de sua narrativa. Escrito em verso aliterativo denso e vigoroso,[3] ele cristaliza os elementos estilizados da ficção medieval numa tapeçaria ricamente urdida de tensões emocionais. Contudo, é, em sua essência, um conto de fadas, com as mesmas qualidades duradouras de significação arquetípica. Ele nos conta a interação de Galvão com as misteriosas forças representadas pelo Cavaleiro Verde e sua dama, os governadores espirituais do castelo de seu mundo interior. Na dama, com seu amor ambíguo, podemos ver a original Belle Dame Sans Merci do conflito estético; no Cavaleiro Verde, com sua natureza dual, humana e transferencial, podemos ver os inícios do psicanalista e seu "sonho da contratransferência".[4]

Em todos os contos envolvendo um cavaleiro ganhando suas esporas, a gloriosa parafernália de um cavaleiro e seu cavalo, um rei e seu castelo, formam um aspecto celebratório vital do romanesco. Contudo, *Galvão* representa um ponto de virada: o heroísmo de sua tarefa não está na ação, mas na não ação, como quando é aprisionado pela dama em seu próprio leito ou está, em virtude de seu compromisso com o Cavaleiro Verde, prestes a sofrer um golpe no pescoço sem se esquivar. Sua busca não é o sucesso nas armas, mas a descoberta da "cortesia",* um termo imbuído de significância religiosa de um tipo neoplatônico, relacionando

---

* Hoje, o termo refere-se à "boa educação, polidez", mas ele deriva originalmente de *court* (corte, em francês) para designar o conjunto de qualidades do nobre e o modo de viver da aristocracia, fazendo sua aparição na poesia provençal do século XII, mas como lembra nossa autora, também imbuído de significância religiosa. [N.T.]

o *self* terreno com sua origem no mundo das ideias. Os monstros e as maravilhas literais de sua jornada – dragões, lobos, sátiros e gigantes – são mencionados de maneira superficial; eles acabam se tornando vestigiais. É a emotividade interna que interessa ao poeta – o drama do castelo e a Capela Verde, onde a narrativa se torna essencialmente um poema onírico. A história começa no dia de Natal em Camelot, com a comunidade adolescente celebrando seus festivos "jogos de beijos" sob a tutela benigna do rei Artur, que é descrito como "um tanto pueril", continuamente inflamado por seu "seu sangue jovem e cérebro desenfreado".[5] Os cortesãos, segundo o costume, estão aguardando uma "maravilha" antes de se sentarem para o jantar – uma espécie de *hors d'oeuvre* apetitoso. Em meio a esse grupo absorto pelo entretenimento, irrompe o Cavaleiro Verde em seu cavalo verde, embrenhando na jovem condescendência dos presentes com seu desafio de degola, dizendo que quer um "jogo de Natal" de um tipo mais sério. Ele oferece seu machado a quem ousar degolá-lo e, então, concordar em sofrer um golpe recíproco, no prazo de um ano, em seu próprio lar, a Capela Verde. O cavaleiro é um "homem sobrenatural", de estatura gigantesca e poderes mais que humanos. Sua coloração verde, salpicada de vermelho (como na barba, nos "olhos vermelhos" ou em seu sangue), é sugestiva dos deuses pagaos e das forças da natureza; ao mesmo tempo, estes já estão cristianizados, como o ramo sagrado que ele carrega à guisa de espada. Ele é a força misteriosa e maravilhosa que iniciará a "mudança catastrófica" na mentalidade prevalecente em Camelot, impelindo-a para a ruína ou para maiores maturidade e autoconhecimento.[6]

Toca a Galvão, o mais solícito dos cavaleiros, aceitar o desafio e explorar mais a natureza desse tipo sério de amor, em nome da mentalidade de Camelot. "Agora, pense bem, Sir Galvão", diz o poeta, "nada de se esquivar do perigo desta aventura" (l. 487). À medida que o ano de preparação mental se aproxima de seu final,

52 O GOLPE DO MACHADO

Galvão é equipado com sua armadura de cavaleiro e seu cavalo Gringolet. Ele parte levando em seu escudo o pentagrama de Salomão e a imagem da Virgem Maria, símbolos da sabedoria que recebeu – o objeto interno combinado como até então percebido, em sua sabedoria e sua pureza. Inicialmente, a jornada de Galvão é realista em termos geográficos, em direção ao norte ao longo da costa e, em seguida, pelo "território ermo do Wirral".* Estamos em meados do inverno, e os passarinhos "cantam com frio". O poeta enfatiza a solidão de Galvão. Renunciando ao ambiente confortável de Camelot e às premissas de seu grupo, ele se prepara para sua provação mental partilhando das privações da natureza selvagem – dormindo de armadura entre as rochas nuas, sob o granizo e os pingentes de gelo. Chega a véspera do Natal, e até agora nenhum sinal da localização da Capela Verde se materializou. Galvão ora a Maria por um "porto" – não para seu corpo, mas para sua alma – e imediatamente "dá-se conta" de um castelo "cintilando através dos carvalhos brancos" de uma densa floresta (l. 772). É o modo de a Virgem Maria apresentá-lo ao ambíguo mundo das fadas, o outro lado da feminilidade. Os delicados grupos de brancos pináculos prefiguram a dama, com seus cabelos presos por uma rede cheia de joias, enquanto a força das muralhas do Castelo e as cintilantes e fortes fogueiras de seu salão intimam sua associação com o Cavaleiro Verde, como muitos outros indícios da identidade do senhor do castelo – sua "barba brilhante", seu rosto "feroz como o fogo" e, em particular, seus modos francos, "de língua livre" e direta, bem nos limites da cortesia, em seus contatos com Galvão (l. 847). Pois a capela fica no devastado pátio posterior do castelo, a apenas "duas milhas de distância", a fonte pagã das primitivas energias por trás de sua cristandade civilizada. E a permanência de Galvão na

---

* Wirral: península no noroeste da Inglaterra limitada a oeste pelo Rio Dee, formando limite com Gales; a leste pelo Rio Mersey; e ao norte pelo Mar Irlandês. [N.T.]

microssociedade civilizada do castelo durante o período de Natal, com sua cálida recepção ao viajante, além de sua estrita observância dos rituais da religião e da cortesia, representa sua preparação para a provação na capela, onde ele descobrirá o sentido por trás de seu teste de cortesia.

O senhor que desempenha o anfitrião para o teste da alma de Galvão é, simultaneamente, o incumbente da capela, onde desempenha o papel de "diabo disfarçado". Ele pede que Galvão demonstre sua reputação de cortesia e "fala amorosa", incitando-o com uma ironia jovial – sua própria forma de cortesia: "Enquanto eu viver, vou estar bem / pois Galvão foi meu hóspede na própria festa de Deus" (ll. 1035-1036). A dama do castelo é, desde o início, uma figura ambígua – na verdade, existem duas dela, uma bela versão jovem e uma velha (como na famosa lenda sobre Galvão e a Dama Ragnell). A dama é conduzida pela mão esquerda pela "velhota", e elas são descritas conjuntamente em uma longa estrofe, entremeando detalhes de uma com detalhes contrastantes da outra, como um quadro da juventude e da velhice:

Pois se uma era fresca, murcha era a outra;

A primeira tinha a pele toda rósea;

Bochechas enrugadas e pendentes tinha a outra;

Uma usava um lenço ornado de claras pérolas,

O colo e o brilhante pescoço exibidos nus,

A outra tinha panos cobrindo-lhe o pescoço,

O queixo negro afundado em véus cor de giz . . .
[ll. 951-957]

Ficamos sabendo depois que a dama antiga é a Fada Morgana, uma tia de Galvão, feiticeira de muitos disfarces e que seduziu

54 O GOLPE DO MACHADO

Merlin, inimiga da Távola Redonda, mas com poderes curativos que acabam (segundo a lenda) sendo direcionados para curar a ferida mortal de Artur. Ela e a dama "colocam Galvão entre as duas" para uma conversa cortês, e ele igualmente conversa com elas. Ele é pego "entre duas damas dignas, a mais velha e a mais jovem" (l. 1361). O teste de castidade da cortesia de Galvão, com suas três manhãs no quarto com a dama e seus três beijos, é o prólogo para os três golpes de machado que ele receberá do cavaleiro na Capela Verde. Tomados em conjunto, e não em separado, eles fecharão o símbolo da ambígua experiência emocional, "marcando a zona de conflito". A selvagem e entusiasmada atividade do senhor em meio à azáfama de caçadores, cães e cavalos contrapõe-se à forçada passividade de Galvão, e ele é preso numa conversa de cama com a dama:

> *Assim, o senhor se diverte correndo pela orla do bosque de limoeiros,*
>
> *e o bom Galvão descansa em alegre alcova.*
> *[ll. 1178-1179]*

A narrativa apresenta uma estrutura que vai se desdobrando: a cada dia, a caçada lá fora é ampliada por uma descrição em duas partes, que possuem o mesmo impacto imaginativo. A caçada do primeiro dia é expressamente direcionada a corças: "Ao primeiro ladrar dos cães, as criaturas selvagens estremeceram" (l. 1150), enquanto Galvão é, ao mesmo tempo, acordado "dissimuladamente" pelo "leve rumor" da dama deslizando levemente em seu aposento. "Dormes muito descuidadamente", ri a dama, enquanto ele se encolhe embaixo das cobertas. Ela diz tê-lo "tomado pela surpresa" e que vai "amarrá-lo em sua cama". Ele produz o aforismo cortês de que deseja apenas estar ao seu serviço e pede para ser "libertado de sua prisão", mas ela prende as cobertas do outro lado e afirma categoricamente: "Não te levantarás de tua cama". Agora que estão sozinhos e com a porta trancada, ela espera que ele faça jus à sua reputação; ele "é bem-vindo ao corpo dela", e ela deseja muito que ele tome uma atitude – para que, em termos corteses, possa ser sua "serva". Galvão afirma que ela deve estar pensando em outra pessoa – ele não é digno, deve haver algum outro serviço ao qual ele possa atender. Não, insiste a dama, ele é "tudo o que ela deseja", e deve ter sido trazido pelo Senhor dos Céus "para suas mãos" (l. 1257). Ela dá a entender que está infeliz em seu casamento e que, caso pudesse escolher seu próprio marido, teria sido ele o escolhido. Galvão rebate suas palavras, dizendo que ela já havia eleito outro melhor e mostrando-se cuidadoso ao rebater cada ponto da argumentação dela. O que sempre o deixa consternado é sua repetida provocação de que ele "não pode ser Galvão"; ele se pergunta se teria falhado em sua cortesia. Está preso nos dois lados das cobertas pelo perigo da descortesia com relação à dama – seja pela recusa a ela ou por aceitar sua tentação. Seria igualmente descortês trancar a porta; de qualquer forma, embora os aposentos possam ser trancados, os sonhos não podem.

A intercalação das cenas da alcova com as da caça demonstra a sexualidade do quadro combinado – não no sentido fixo da alegoria, mas no sentido fluido da atmosfera emocional. A corça que é a caça do primeiro dia entra em ressonância com Galvão, que está sendo caçado, e também com a dama, que é "aquela querida";* o tributo de carne de corça a Galvão é um lembrete do corpo da dama, que ela havia oferecido. O retalhamento do animal, como sua caçada, é longamente descrito, com as devidas propriedade e apreciação, de maneira celebratória, sugerindo o ato sensual que não foi realizado na alcova. A principal impressão é da excelência da carne e da habilidade dos caçadores ao processá-la. Produzindo

---

* No original, "that dere one"; aqui a palavra dere (querida) soa como deer (corça), daí a ressonância. [N.T.]

seu próprio prêmio, o senhor jovialmente inquere Galvão, de maneira implícita, a respeito dos resultados de sua "caçada no leito" do dia, enquanto

Mostra-lhe a bela carne tirada das costelas.
O que te pareceu esta caçada? Eu mereci o prêmio?
[ll. 1378-1379]

A excelência da carne é equivalente à qualidade dos beijos da dama, atestada pelo senhor, quando Galvão os transfere para ele no final do dia, de acordo com os termos de seu "contrato". Ele transfere não apenas o fato, mas o espírito – entregando ardorosamente os "mais doces" beijos que pôde reunir. No segundo dia, a caça é um javali, notável por seu tamanho, sua ferocidade e sua coragem – o "porco mais maravilhoso" que há muito tempo, em virtude de sua idade, afastou-se da vara (l. 1439). O couro duro do javali é à prova de todas as flechas dos caçadores e, no final, dá-se um duelo entre o senhor e o animal: o javali se abriga na baía de um banco de areia de um ribeirão de correnteza rápida, inteligentemente "ciente da arma na mão do homem". O javali salta de seu esconderijo,

De modo que animal e homem caíram em cheio
Na clareza da água; ao primeiro coube o pior,
Pois o homem mirou-o bem ao se encontrarem,
E cravou sua lâmina certeira no animal
Até o punho, atravessando-lhe o coração . . .
[ll. 1590-1594]

Homem e javali compartilham de tipo físico similar – esplêndidos e enormes espécimes maduros –, e o javali já aterrorizou e feriu tanto homens quanto cães. Portanto, a caçada testifica a coragem do Senhor e sua acurada aplicação de força – ele "mira bem" e, mesmo na turbulência da colisão na água borbulhante, enterra a ponta da espada no único local vulnerável do javali. Sua precisão é significativa, pois a delicadeza do ferimento que mais tarde ele aplica em Galvão, embora com a lâmina de mais de um metro de seu machado, é análogo à ironia de sua zombaria verbal, coberta por seu véu de cortesia.

A identificação do senhor com o javali é enfatizada quando, na volta para o castelo, "a cabeça do javali foi colocada diante do senhor" (l. 1616), lembrando-nos do Cavaleiro Verde carregando a própria cabeça. A dama, nesse ínterim, entrou no quarto de Galvão para tentá-lo com a ideia de que também pode provar a força de seu desejo agindo como um javali. Ele se excita à sugestão dela de que pode facilmente tomá-la pela força – "constrangida com a força" – se ela for suficientemente descortês para resistir. "Neste país", insiste ele, "boa vontade" é requisito da "prenda" para quem faz a corte (ll. 1495-1500). Então, a dama fica imaginando se, apesar da fama como cavaleiro predileto das mulheres, ele de fato "ignora" o "jogo" do amor que ela veio aprender com ele, enfatizando novamente que está "solitária", e seu "senhor está ausente". Galvão rebate isso reconhecendo sua deficiência; ela, com certeza, "exibe maior maestria naquela arte" que ele, que não está em condição de ensinar a ela "texto e contos de armas". Isso é modificado quando ele lhe reassegura que acha o jogo muito "alegre" e que lhe dá "prazer", que ela "queria jogar com seu cavaleiro, embora ele seja um homem tão pobre". No final do segundo dia, eles chegam a um empate: "Não havia maldade em nenhum dos dois lados, e eles tampouco sabiam qualquer coisa sobre a felicidade" (l. 1552). Pelo momento, o veneno foi extraído do jogo do amor cortesão. Naquela noite, contudo, Galvão sente-se profundamente perturbado pelos avanços da dama, feitos mais abertamente em público, de modo que "o homem

58 O GOLPE DO MACHADO

estava atônito e aborrecido internamente" (l. 1660). O senhor, por seu lado, dá a crescente impressão de que está sendo deixado de fora de alguma coisa, e que Galvão está levando a melhor parte da barganha. Talvez haja uma ponta de genuína suspeita, e não apenas boas maneiras irônicas, no sarcasmo do senhor ao afirmar que Galvão será mais rico que qualquer um deles se seu "comércio" de beijos prosseguir tão bem (l. 1645). A metáfora das "mercadorias negociadas" tornou-se uma descrição inadequada para o que testemunhamos do jogo do amor entre Galvão e a dama.

A tensão atinge seu auge no terceiro dia, com suas expectativas de "melhor de três" (l. 1680). A caçada desse dia é uma raposa, o que é muito significativo visto que caças à raposa são raramente descritas na literatura medieval – não vale a pena caçar uma raposa. No final, o senhor tem apenas uma "pele suja de raposa" e uma brocha de forte semelhança com sua própria barba avermelhada para trocar pelo beijo da dama de Galvão. "Que o diabo o carregue!", exclama o senhor ao entregar seu prêmio inútil a Galvão. Em contraste, em termos da natureza, este é de longe um belíssimo dia, vividamente observado pelo poeta:

> *Maravilhosamente bela era a terra, pois a geada a ela se agarrava;*
>
> *Tingido de vermelho-fogo levantou-se o errante sol,*
>
> *E as nuvens flutuavam claras pelo horizonte.*

O belo dia e a pele suja de raposa lembram-nos dos aspectos duplos da feminilidade na dama e em Morgana, a feiticeira. Agora existe uma turbulência nas mentes de todos os protagonistas. Suspeitamos que não seja apenas Galvão, mas também o senhor, que está sendo solicitado a apreender um ponto estético essencial, com relação à ambiguidade de seus próprios sentimentos. A dama está apenas agindo de maneira mecânica como tentadora (a versão oficial da história) ou está motivada por um sentimento genuíno? Até que ponto ela poderá estar mandando uma mensagem a seu senhor por meio dos beijos de Galvão? Existem elementos tanto de Galvão quanto da dama na astúcia da raposa: Galvão, afinal, só fingiu estar dormindo quando a dama deslizou para sua alcova. Ao contrário da corça, com sua velocidade, e do javali, com sua ferocidade, o "Reynard"* mais humano só conta com sua astúcia para levar os caçadores a uma alegria traiçoeira e de retrocesso:

> *E ele os conduziu enfileirados, o senhor e seus homens,*
> *Por entre as montanhas até o meio da tarde.*
> *[ll. 1729-1730]*

No entanto, o destino de Reynard está selado, não por sua destreza com a espada ou o arco, como anteriormente, mas pela operação da máquina de caçar medieval, com grupos estacionados em torno da colina para que não haja, literalmente, nenhuma escapatória. O senhor não pode se orgulhar de sua caçada, pois ela não passa do produto dos pressupostos da sociedade, e não de qualquer habilidade ou força, e isso se reflete na inutilidade da carne. Será o primeiro caso de "o indizível em perseguição ao incomível".[7]

Galvão, em contraste com o senhor, parece sentir pela primeira vez aquela ponta de desejo matinal pela dama, "com a alegria despontando em seu coração", em vez dos termos usuais da defesa cavalheiresca. O apelo do poeta a Maria para que tome conta do cavaleiro, em virtude do "grande perigo que se interpôs entre

---

* Referência ao herói medieval que aparece em vários ciclos de contos envolvendo animais, mas que são, na verdade, sátiras à sociedade humana. Reynard é uma raposa, o animal astuto por excelência, e seu nome trai a origem francesa, pois, em francês, "raposa" é "renard". [N.T.]

eles", faz eco à prece de Galvão a Maria antes de entrar no castelo, espelhando sua dependência com relação à musa para que lhe garanta um feliz desenlace, já que a "massagem" do machado se aproxima. E sabemos o significado, o senso de perigo ao perseguir as criaturas selvagens da caçada. O perigo deriva da maior empatia entre Galvão e a dama, transcendendo as formas de cortesia. Pela primeira vez, a dama lhe faz uma pergunta verdadeira (distinta de uma pergunta retórica e sarcástica) – perguntando-lhe se teria outra amante a quem ame mais. Quando Galvão responde negativamente, acrescentando que não está pronto para ter outra amante, ela aceita que "teve uma resposta verdadeira, embora dolorosa". Esse é um momento de sinceridade ou sua traição extrema, fazendo-o baixar a guarda para que possa fazê-lo cair na armadilha com seu presente de um cinto, literalmente envolvendo-o com ele, da mesma forma que o aprisionara nas roupas de cama, enquanto a "caçada" agora se aproxima do fim, fazendo o "xeque-mate" agigantar-se? Como com frequência ocorre na literatura, o cinto é um emblema da feminilidade da dama, e Galvão – identificado com os animais da floresta – aceita-o por suas propriedades capazes de salvar-lhe a vida:

"Agora refutas esta seda" – disse então a dama,

"Por sua aparência simples? Ela pode ter essa aparência,

Ah, pois é pequena e, portanto, de valor menor;

Mas quem conhecer a qualidade de sua trama

Vai louvá-la, talvez lhe atribuindo maior valor..."
[*ll. 1846-1849*]

Posteriormente, o cinto é descrito como uma prenda de amor. Contudo, não é, literalmente, o corpo dela, como na tentação do primeiro dia; é mais um veículo para o seu conhecimento, que está passando para Galvão. Só depois que o cinto é posto em torno dele ela pede a Galvão que, "pelo bem dela", não conte a seu marido. Pois ele pertence (como indicam as cores dourado e verde) ao senhor – em termos sociais, o possuidor da sexualidade dela –, e ela o apresenta como coisa "de pouco valor", invocando os termos comerciais empregados pelo senhor. Contudo, ficamos imaginando se o senhor sabe do valor do cinto, "tão simples em si mesmo"? Ele padece de uma confusão de valores, resultando em sua própria submissão à pesada maquinaria dos pressupostos sociais básicos? A raposa, privada de sua astúcia, não passa de uma pele fedorenta – o aspecto feio ou sinistro da Fada Morgana. A dama, se penetrada mecanicamente ou com violência, terá valido a conquista?

A verdade é que, mesmo no final do poema, nunca ficamos sabendo, e Galvão tampouco, dos desígnios do coração da dama. O senhor acha que sabe – mas quando explica a Galvão como foi o idealizador de todo o plano, usando a esposa como instrumento de tentação, ficamos céticos quanto à sua onisciência. Ele só conhece os mecanismos da relação entre Galvão e a dama, mas o poeta, ao recontar uma história tão conhecida, evoca – por sua própria ansiedade – a nuança emocional complexa e impossível de ser parafraseada de sua narrativa. Com efeito, o senhor não passa de um agente da Fada Morgana, embora nunca digira totalmente as implicações desse fato. Sempre restará a questão de até que ponto o amor da dama possa ter sido genuíno e servido como proteção para Galvão, mesmo ao custo de um corte menor no pescoço. No nível mais básico, o cinto levanta-lhe o moral, o que se revela crucial para seus embates verbais com o cavaleiro na Capela Verde; pois a despeito da afirmação de predeterminação por parte do cavaleiro, fica a impressão poética de que é o último estágio de sua relação que realmente fecha o acordo da sobrevivência de Galvão.

No dia do encontro amoroso, o tempo mudou. Não está mais "encantadoramente belo", como no dia em que a dama pareceu exigir sua proteção, mas inclemente e ameaçador. Galvão, acordando cedo, "cobre-se" para não ouvir os sons da chuva e do "vento uivante", bem como o tiritar dos animais selvagens. Lá fora, a neblina cai sobre a charneca, e toda a montanha cobre-se de um enorme "manto de neblina", com o devido aspecto sinistro das formas gigantescas que cercam a Capela Verde. A natureza reflete a grandiosidade misteriosa do Cavaleiro Verde, o filho da natureza, numa antecipação do Romantismo. Este será o dia em que o componente masculino do objeto interno revela sua natureza como guardião e possuidor do feminino. Primeiro como o guia a ser selecionado pelo senhor para colocar Galvão no "caminho certo". Falando da mesma maneira direta que o senhor e o cavaleiro, o guia aconselha Galvão a fugir. De alguma forma irritado, Galvão recusa-se a fazê-lo, e o guia escarnece dessa falta de bom senso, assim querendo dizer que Galvão sofreu uma lavagem cerebral, feita pelo seu código de honra cavaleiresco, o que não passa de uma vaidade tola: "Agora, minhas despedidas e vá com Deus, nobre Galvão!". Sua zombaria só serve para fortalecer a resolução de Galvão – e embora nunca nos seja dito, suspeitamos de que essa era a intenção do guia e do cavaleiro, pois este agiu como advogado do diabo.

A Capela Verde revela-se um antigo monte, surgido na paisagem: "oco por dentro, não passando de uma velha caverna" (mais uma vez refletindo a pele da raposa). Para Galvão, parece a caricatura de uma capela cristã – um "feio oratório", próprio para o diabo dizer as matinas:

"Esta é uma capela aziaga, onde se dá o xeque-mate"
[ll. 2193-2195]

Essas cavernas eram usadas, segundo a lenda, por feiticeiros como Morgana para a preparação de suas artes. Esses contentores do conhecimento são ambíguos, com poderes para o bem ou para o mal, como as antigas *Eumênides* gregas.* Galvão a vê como "feia" (uma palavra usada várias vezes neste poema), indicando a estética da ambiguidade. É o lugar do "xeque-mate", com relação ao torvelinho emocional de Galvão – o local onde ele sobreviverá ou perderá a cabeça (sua razão). Em vez de uma poção de amor ou do sono sendo preparada, Galvão ouve o barulho penetrante de um machado sendo afiado no outro lado do morro:

> *Céus! Ele zumbia e silvava como a água num moinho;*
> *Céus! Ele se precipitava e tangia, lúgubre de se ouvir.*
> *[ll. 2203-2204]*

– o poeta utilizando o potencial aliterativo ao máximo. "Que Deus opere!", diz Galvão para si mesmo, mais uma vez sugerindo que os dois opostos, Deus e o diabo, estão "afiando" juntos. O afiar lembra os outros movimentos da preparação – o cavaleiro cofiando a barba, Galvão golpeando o machado em Camelot, a dama prendendo-o nas roupas de cama. Eles se encontram com formalidade recíproca, como num duelo. O Cavaleiro Verde faz ecoarem suas palavras de sinistras boas-vindas cortesãs de quando ele era o senhor do castelo – dizendo que dará a Galvão "tudo o que lhe foi prometido" (ll. 1970, 2218). Galvão faz ecoar sua própria fórmula de cortesia de quando era hóspede do senhor: "Se o desejardes, eu me entregarei totalmente a vós".

---

* Também chamadas de Irínis ou Fúrias (pelos romanos), eram divindades do mundo infernal que não reconheciam o poder dos deuses olímpicos. Protetoras da ordem social, vingavam toda falta passível de colocá-la em risco. Representam a ideia básica do espírito grego: a ordem deve ser preservada contra as forças desintegradoras. [N.T.]

64   O GOLPE DO MACHADO

Quando ele se ajoelha para receber o golpe, a postura de Galvão reflete a cena da alcova, com a dama "inclinando-se graciosamente" sobre ele para entregar-lhe um beijo. Contudo, ele se submeteu à "vontade de Deus" e, o tempo todo, sua mente está alerta para o potencial de cada momento, praticando seu ideal de cortesia com tenaz passividade. Ele pretende apegar-se à sua palavra, mas não se submeter à destruição: daí a tensão do diálogo com o cavaleiro. Este aborta o primeiro golpe porque Galvão encolhe-se enquanto o machado desce, zombando dele, como fizera a dama com: "Tu não és Galvão ... fugindo de medo antes de sentir o golpe" (l. 2270). Isso prova, diz o cavaleiro, que ele deve ser o melhor homem. Galvão, impassível, responde que sua prova é verdadeira, e não um conto de fadas – ele não poderá substituir a cabeça depois que ela tiver rolado para o chão. O cavaleiro atiça as chamas do espírito de Galvão da mesma forma que afiava seu machado. O efeito é condimentar o cavaleirismo reprimido de Galvão com seu próprio temperamento de fogo e enxofre. Ele desafia o cavaleiro a "ser breve" e "levar-me direto ao ponto":

> *Pois eu suportarei o teu golpe, e não me moverei*
> *Até que o teu machado me atinja: eis a minha verdade.*
> *Que assim seja, diz o outro, e ergue o machado bem alto,*
> *Com um olhar furioso, como se estivesse insano.*
> *[ll. 2286-2289]*

Dessa vez, Galvão fica imóvel como uma pedra, ou como uma árvore presa por centenas de raízes a um chão pedregoso (introjetando a energia da natureza do cavaleiro). Em resposta, o "homem verde" mais uma vez aborta o golpe e zomba dele animadamente:

Então, agora que recobraste a coragem, toca-me
atingir-te.
Apega-te ao alto ideal de cavaleiro que Artur te deu,
E mantém teu pescoço à espera deste golpe, se puderes
[ll. 2296-2299]

Como não havia se encolhido, Galvão se inflama de raiva – mais uma vez tirando do cavaleiro o colorido emocional e a força. Ele faz uma acusação contundente que tem o efeito de, enfim, incitar o cavaleiro à ação:

Ora! Ataca, homem feroz, já ameaçaste demais:
Acho que teu coração esmorece por tua própria causa.
[l. 2300]

Quando Galvão desfere este golpe verbal, depois do qual percebe que "nenhuma maravilha" poderá salvá-lo, o cavaleiro finalmente, com precisão cirúrgica, desfere seu "golpe no pescoço". O sangue que esguicha sobre a neve branca – "o sangue tingiu a neve" (l. 2315) – lembra como o sangue do cavaleiro "brilhou sobre o verde" no início da história, quando sua própria cabeça foi decepada: agora ele encontra sua recíproca.

A identificação de Galvão com a "ferocidade" do cavaleiro não resulta em literalmente repor sua cabeça, mas numa sensação de renascença:

Desde o dia que nascera de sua mãe,
Nunca se sentira a criatura mais alegre deste mundo.
[ll. 2320-2321]

Era como se fosse o sangue de seu nascimento caindo sobre a neve; ele sobreviveu ao "xeque" da catástrofe. Contudo, a contrapartida verbal é mais complexa, quando o cavaleiro revela sua identidade e o envolvimento da dama. Quando o cavaleiro diz a Galvão que este agora cumpriu "uma penitência no fio de meu machado", entendemos que "fio" não é apenas a lâmina concreta do machado, mas o impacto total do conhecimento emocional como agora se mostra, como num lampejo de *insight*. Por meio do corte do cavaleiro, Galvão experimenta o duplo significado da prenda da dama como protetora e a que fere. Ela é a força por trás do golpe do machado – "Morgana, a deusa" (l. 2452). Meltzer criou a frase "o golpe do temor e do assombro",[8] referindo-se ao impacto estético da mãe sobre o bebê recém-nascido; um golpe análogo é sustentado por Galvão. Sua "penitência" o deixa, afirma o cavaleiro, tão puro "como se nunca tivesse pecado desde o nascimento" (l. 2394).

Assim que Galvão recebe seu "xeque" e confessa sua culpa e seu medo, o caráter do cavaleiro muda. Ele abandona seu feroz maneirismo e se ergue apoiado no machado, tão calmo quanto um fazendeiro que se apoia sobre sua pá. Deixando cair seu manto transferencial ou confessional como o demoníaco sacerdote da natureza, ele se torna o humano Sir Bertilak de Hautdesert. Na verdade, assume um benigno papel paternal e tenta persuadir Galvão a voltar ao castelo e fazer parte da família. Quando Galvão (em reação ao "golpe") tenta devolver o cinto, chamando-o de coisa "ruim" e "falsa" (como a pele da raposa), ele não o permite. Ele incentiva Galvão a aceitar a responsabilidade por seus sentimentos: a maldade está nele mesmo, e não no cinto. "E em seu coração, o cavaleiro gostava dele" (l. 2335). Esse é um momento revelador, a primeira indicação que o poeta dá a respeito de o cavaleiro possuir sentimentos. Isso contrasta, em sua qualidade espontânea e imprevisível, com a afirmação complacente de que ele sabe tudo sobre a relação entre Galvão e sua esposa:

*Agora sei bem de seus beijos e também de seus
predicados,*

*Bem como da corte à minha esposa: eu mesmo a
arquitetei. [ll. 2360-2361]*

É verdade que o cavaleiro "sabia", por meio de uma espécie de
contratransferência, do predicado dos "beijos" (imaginando Galvão beijando-o diretamente). Contudo, seu papel direcional é responsável apenas pela estrutura da ação, e não por seu significado íntimo. Os "predicados" da interação entre Galvão e a dama estão intrinsicamente entrelaçados, como no "predicado" do cinto. De algum modo, o cavaleiro incentivou Galvão a "conhecer" mais que ele próprio sobre a feminilidade, pois ele ainda está preso à velha mentalidade, convencido – em virtude de sua masculinidade – do favor e da proteção de Morgana. Isso difere da confiança em Maria e em Deus como objetos internos que responderão à sua fé e, de algum modo, salvarão sua vida. Como Próspero na caçada a Caliban, o cavaleiro pratica a conversão da vingança em virtude com uma onipotência divina, mas sem a consciência penosa da perda de Ariel – a feminilidade que deve ser livre para não se tornar furtiva e semelhante à raposa. Ele pode "rir como se estivesse louco" e parar quando quiser, da mesma forma que pode pôr a cabeça de volta, mas será que pode perdê-la no sentido de se apaixonar? O Cavaleiro Verde, bem-sucedido em seu papel analítico como testador e programador da alma de Galvão, talvez tenha obtido menos sucesso ao desenvolver sua própria alma, quando volta ao seu estado humano comum. Ao contrário de Galvão, ele permanece cego com relação à sua própria vulnerabilidade. Não obstante, o desenvolvimento de seu imprevisível "gostar" de Galvão indica a mudança em seu coração que pode, pelo que sabemos, ter sido instrumental ao salvar o pescoço de Galvão: o cavaleiro respeitou seu "cuidado por sua vida" do mesmo modo que simpatiza com sua

68   O GOLPE DO MACHADO

suscetibilidade em relação à "encantadora esposa". Que mensagem
da dama ele realmente vê nos "predicados" do cinto? Será a dama,
na verdade, um avatar tanto de Maria quando de Morgana?[9] Se
Galvão tivesse chegado à capela *sem* o cinto, ficamos imaginando,
o machado teria escorregado? As palavras irônicas do cavaleiro no
castelo podem ter adquirido mais verdade do que ele previra ao
dizer que "estaria melhor ao receber Galvão como hóspede". A im-
penetrabilidade da gramática profunda do poema testifica as obras
desconhecidas da musa do poeta (ele também apela para Maria),
infundindo com ambiguidade as comunicações inconscientes de
que as palavras do cavaleiro são inadequadas à explicação.

Galvão, nesse ínterim, reconhece a justiça do golpe de conhecimento do Cavaleiro Verde, como objeto paterno que guarda acesso
ao ambíguo castelo-capela, com seus conteúdos poéticos. O golpe
do machado revela, mas não explica, o mistério da dama e sua relação com a Virgem Maria – que primeiro lhe apresentou os brancos
pináculos do erótico castelo –, por um lado, e a Fada Morgana,
pelo outro. Ele sempre terá a cicatriz no pescoço, sinal do derra-
mamento de seu sangue: é a marca de seu destino, como numa
tragédia grega, impressa em sua personalidade. Mas ele também
usará sua cor complementar, o cinto verde, com os "predicados" do
amor e suas propriedades salvadoras, no sentido espiritual, e não
no literal. Sempre que o orgulho o atormentar, afirma ele, por seus
feitos com as armas, "um olhar para este cinto do amor aplacará meu coração" (l. 2438). As duas funções cavaleirescas – os dois
tipos de "armas" – complementam uma à outra. Ele não é mais o
cavaleiro puro de Maria – a pureza pertencerá ao posterior e mais
aborrecido Galahad, o único cavaleiro a ter sucesso na demanda
do Santo Graal. Sua ideia de Maria e as expectativas dela com relação a ele mudaram. Seu novo objeto integra a verdade de Maria
e a ambiguidade de Morgana – com um toque do colorido feroz
do Cavaleiro Verde, contudo sem a complacência de Sir Bertilak

MEG HARRIS WILLIAMS 69

como homem. O objeto combinado do amor-nó está "trancado em seu braço esquerdo", no local onde ele usa o escudo, sob os signos do Pentagrama e da Virgem,

> *Como sinal de que ele foi tomado pela mácula da culpa,*
> *Assim voltou à corte, um cavaleiro são e salvo.*
> *[ll. 2487-2489]*

Apesar de sua cicatriz – ou antes, por causa dela –, o poeta agora pode chamá-lo de "um cavaleiro são e salvo". Sua internalização da experiência-sonho é sua nova proteção. Assim, quando ele volta à corte de Artur, fortalecido por uma nova disposição de se apaixonar – não simplesmente para se sentar entronizado ao lado de Guinevere e fazer discursos cortesãos –, ele descobre que todos os outros jovens desejam imitá-lo: todos decidem usar um cinto verde, como sinal do novo jogo que deve ser jogado com mortal seriedade.

Notas

1. D. Meltzer e M. Harris Williams, *The apprehension of beauty* (Strath Tay: Clunie Press, 1988), p. 229.

2. Milton, *An apology for Smectymnuus*, em: *Poetical works*, ed. D. Bush (Oxford: Oxford University Press, 1942), p. XXX.

3. *Sir Gawain* foi contemporâneo de Chaucer, mas escrito no dialeto das terras médias do norte, que foi suplantado pelo inglês do sul, mais suave, usado por Chaucer em sua luta pelo inglês como língua da poesia (em lugar do francês, usado pela corte, ou do latim, usado pela Igreja). Esse inglês do sul acabou por resultar no inglês moderno.

4. Termo de Meltzer: ver Capítulo 8 deste volume.

70 O GOLPE DO MACHADO

5. As citações, seguidas pelos números de linhas, baseiam-se em *Sir Gawain and the Green Knight*, ed. J. R. R. Tolkien e E. V. Gordon, segunda edição de Norman Davis (Oxford: Oxford University Press, 1967).

6. Para uma análise da mudança catastrófica de Bion, ver Meltzer, *The Kleinian development* (Strath Tay: Clunie Press, 1978), Livro 2, Cap. XIV.

7. Definição de Oscar Wilde para caça à raposa.

8. Meltzer e Harris Williams, *Apprehension of beauty*, p. 57.

9. Como Galvão vai de coração leve para a confissão imediatamente depois e é "seguramente absolvido", fica claro que, para o poeta, sua aceitação do cinto e o fato de tê-lo escondido do senhor não são, em termos religiosos, um pecado.

2. A evolução de Psique

O elemento trágico da experiência estética não reside na transitoriedade, mas na qualidade enigmática do objeto: "A alegria, com a mão sempre nos lábios dele, / Dizendo adeus". É um objeto verdadeiro que está sempre lembrando ao amante da transitoriedade, ou um objeto sedutor, como La Belle Dame? O conflito estético é diferente da agonia romântica neste sentido: que sua experiência básica da dor reside na incerteza, tendendo à desconfiança, beirando a suspeita. O amante está descoberto como Otelo diante do que lhe sussurra Iago, mas é resgatado pela busca do conhecimento, o vínculo-K, o desejo de conhecer, e não de possuir o objeto do desejo. O vínculo-K aponta para o valor do desejo como estímulo do conhecimento, e não apenas como anseio pela gratificação ou pelo controle sobre o objeto. O desejo torna possível, e até mesmo essencial, dar ao objeto sua liberdade.

Donald Meltzer[1]

A EVOLUÇÃO DE PSIQUE

A gênese da visão que os poetas românticos tinham do objeto estético – a musa, com seu repertório de imagens poéticas – está na descrição que Satã faz de Eva em *Paraíso perdido*:

De celestial beleza ela se adorna,
É digna de ser amada pelos deuses:
Terror não infunde, embora ele exista
No amor e também na formosura,
Salvo se os assole forte ódio:
Mais forte ódio eu tramo . . .[2]

Satã descobriu, por meio de tentativas que foram se desdobrando – contrárias à gramática em termos de prosa, mas eloquentes em termos de poesia –, como o objeto estético é definido pelos contrários amor e ódio, beleza e terror, inerentes à relação entre o objeto e o aventureiro-poeta. Eles compreendem o "odioso cerco dos contrários" que se tornariam a filosofia de Blake do "casamento dos contrários" em *O casamento do céu e do inferno*, bem como o conceito de "temível simetria" em "O tigre":

Tigre, tigre, ardendo em fulgor
Nas florestas da noite;
Que mão ou olho imortal
Conseguiu conter tua temível simetria?

Em que distantes profundezas ou céus,
Ardeu o fogo dos teus olhos?
Com que asas atreveu alçar-se?
Que mão ousou segurar esse fogo?

E que braço, e que arte,

Pôde urdir as fibras do teu coração?

E quando teu coração começou a pulsar,

Que mão ousou, que pés ousaram?

Que martelo, que corrente,

Em que fornalha se formou o teu cérebro?

Em que bigorna? Que terrível mordaça

Pôde conter os teus temíveis terrores?

O poeta, como Prometeu, imagina se "ousaria segurar o fogo" do núcleo de energia poética instalado nos olhos do tigre. A construção do poema segue, na imaginação, a construção do tigre, traço por traço, pelo poder de Los, o deus da criatividade como construção. Los, com seu martelo, dá ritmicamente forma ao tigre, linha por linha e, ao mesmo tempo, põe seu coração a pulsar – sua "terrível mordaça" que controla a força que está sendo liberada. Dessa forma, a natureza do objeto estético é evocada como algo conhecido por meio da tensão entre emoções contrárias, resultando no grito de reconhecimento:

Quem fez o Cordeiro também te fez?

Essa é uma pergunta retórica, que responde a si mesma. O tigre-musa não pode ser "contido" pelo poeta – que não pode simplesmente agarrar o fogo do céu. Em vez disso, o poeta adapta sua visão para que corresponda à contenção desta impressionante conjunção de objetos. Agora ele compreende a criatividade como inspiração. O que acontece é que o martelo de Los na verdade tem trabalhado em sua percepção interna, forjando e purgando até ele estar corretamente alinhado com a beleza e a estupefação do objeto.

Esse reflexo da eterna fonte de fogo interior nas distantes profundezas dos céus do inconsciente é a alternativa romântica aos fogos infernais das fornalhas industriais. A alma, para "se criar", deve ter uma inerente vitalidade para além do controle da sociedade ou da individualidade. Em Wordsworth ela surgiu como o "brilho visionário" que, como um raio de sol animando uma forma natural, repentinamente irradiou a percepção do poeta, outorgando significado à natureza e a transformando na matéria de que os sonhos são feitos. Essa irradiação não é tão prazerosa ou mesmo esclarecedora quanto é impressionante. Uma dessas "nódoas de tempo" em *O prelúdio* descreve um rapaz remando um barco e apavorado por um rochedo:

Era um barco pequeno; com vigor

Eu mergulhava meus remos no lago silencioso,

E, quando os erguia, meu barco

Avançava pela água como um cisne;

Quando por trás da escarpa íngreme, até então

O limite do horizonte, um enorme rochedo,

Como se levado por um poderoso instinto voluntário,

Ergueu a cabeça. Eu golpeava com força sempre maior,

Mas, crescendo sempre em estatura, o enorme rochedo

Ergueu-se entre mim e as estrelas e,

Com passo calculado, como uma coisa viva,

Avançou atrás de mim.[3]

O rapaz em seu "barco pequeno" sente-se um explorador magicamente protegido sobre o lago de sua mente, cercado por montanhas que parecem conter não exatamente uma ameaça. O movimento de erguer e baixar os remos que fere a superfície do "lago silencioso" é iniciado por ele mesmo: "Eu mergulhava meus remos . . . E quando os erguia". Repentinamente, a natureza do horizonte, que circunda seu mundo com segurança, sofre uma mudança: a "escarpa íngreme" libera a figura de um enorme rochedo, cujas forças sobrenaturais tornam ínfimas as do remador. Agora, seu remar em pânico é agressivo, como se lutasse contra o rochedo: "eu golpeava com força sempre maior". Essa ação, ou sentimento, parece incitar ainda mais o rochedo, que, "crescendo sempre em estatura" em resposta ao medo do rapaz, persegue e parece engolir em sua sombra a figura do remador e do barco. O rochedo perseguidor torna-se a fonte de uma "escuridão" em sua mente, que assume as fantásticas

> *formas enormes e poderosas que não têm vida*
>
> *Como os vivos moviam-se devagar pela mente*
>
> *Durante o dia e perturbavam meus sonhos*
>
> *[ll. 424-426]*

Dessa forma, Wordsworth, sem esforço, relata as origens da experiência religiosa e poética (e também psicanalítica). Como afirma Susanne Langer:

> *A atração estética e o medo misterioso provavelmente são as primeiras manifestações daquela função mental que, no homem, torna-se uma peculiar "tendência a ver a realidade simbolicamente", e que se manifesta no*

poder da concepção e no hábito da fala, que se estende por toda a vida.[4]

O rochedo gigantesco de Wordsworth, como o Cavaleiro Verde afiando o machado em sua capela, é um aspecto masculino da deusa-montanha cujos braços cercam a cena das experiências de vida do poeta de uma forma segura e ameaçadora. As remadas de seus braços diminutos atingem a água de seus sonhos como as forças enormes e poderosas de seus deuses internos – "não como os vivos" – movem-se lentamente por seu consciente em resposta, evocando o que (no Livro 2) ele chama de "a linguagem fantasmagórica da antiga Terra", a fonte de onde ele "bebeu seu poder visionário".[5]

Quando Wordsworth sentiu diminuir o poder visionário, em vez de mergulhar mais fundo nas águas do inconsciente, atribuiu sua retirada ao inevitável processo do desenvolvimento:

As sombras da casa-prisão começaram a se fechar

Sobre o rapaz que se desenvolvia.[6]

Ele aceitou os pressupostos básicos da "prisão" da sociedade. Coleridge, contudo, dono de um espírito mais inquisitivo, desenvolveu – como Byron – um interesse metafísico pelos aspectos mais tortuosos da relação entre o *self* infantil e seus objetos. Em contraste com a conclusão de Wordsworth de que devia ser um dos "seres favoritos" da natureza,[7] Coleridge empatizou com o medo de ser posto de lado, abandonado em sua culpa pela aridez espiritual. "O remorso", afirmou ele, era "o mais difícil e, ao mesmo tempo, o mais interessante problema da psicologia".[8] Em *A balada do velho marinheiro*, o poeta-viajante assume a forma de um convidado de bodas que é impedido de entrar na igreja pela convincente história do marinheiro, que "o detém com os olhos brilhantes". Assim, ele descobre o que é ser apartado das fontes do alimento espiritual:

Bem num céu quente de cobre,
O Sol ensanguentado, ao meio-dia,
Bem acima do mastro se colocou,
Não maior que a Lua.

Dia após dia, dia após dia,
Ficamos parados, sem respirar ou nos mexer;
Tão imóveis quanto um navio pintado
Num oceano pintado.

Água, água por toda parte,
E todas as tábuas se encolhiam;
Água, água por toda parte,
Mas nem uma gota para beber. [ll. 111-122]

Essa sede de água visionária, que leva ao ressecamento da mente e a um tipo de poesia artificial e estéril – "um navio pintado num oceano pintado" –, é o resultado do onipotente disparo do marinheiro contra o albatroz com sua "balestra", o seu temperamento. O sol fixa o navio no oceano colocando-se no topo do mastro, onde o albatroz costumava pousar. O grande pássaro, como "uma alma cristã", havia supervisionado a rotina simples e quase pueril dos marinheiros: procurar comida, jogar e "rezar a novena". Ele havia pousado no topo do mastro, no nível dos enormes *icebergs* que rachavam, urravam e gemiam de maneira assustadora. A musa feminina da fase poética da primeira infância guiou o marinheiro

78 A EVOLUÇÃO DE PSIQUE

por entre os temíveis aspectos desses poderes gigantescos (como o rochedo de Wordsworth) e guiou o navio,* que se inclinou diante do temporal masculino:

> *E então veio o TEMPORAL, e ele era*
>
> *Tirânico e poderoso:*
>
> *Atingiu-nos com suas asas poderosas,*
>
> *E nos perseguiu em nossa rota para o sul. [ll. 41-44]*

Contudo, o albatroz, com suas imensas asas abertas, também nasceu do temporal com suas "asas poderosas", bem como a própria tormenta foi introduzida pelo avanço ritmado da nave, que vai varrendo diante de si a "alegre cantoria", num movimento que imediatamente se transmuta no vento fustigando a nave cheia de homens em direção aos *icebergs* do oceano meridional. Assim, a noiva, o albatroz e o temporal são parte da mesma teia de objetos. Então, depois de o marinheiro ter atingido o albatroz, esses componentes machos e fêmeas assumem a forma vingadora do "Sol ensanguentado" e do "pesadelo da morte em vida", que "se vira e inclina" como um míssil em direção ao navio encalhado:

> *Os lábios dela eram rubros, seu olhar era livre,*
>
> *Suas madeixas eram como ouro:*
>
> *A pele era de um branco de lepra,*
>
> *O pesadelo de uma MORTE EM VIDA era ela,*
>
> *Que enregela o sangue de um homem.*

---

* Lembramos que, em inglês, referimo-nos a "navio" (e hoje até às naves espaciais) no feminino: she (ela). Isso se deve, possivelmente, ao fato de os marinheiros referirem-se ao navio como "sua companheira" enquanto estão longe de casa. [N.T.]

Seu casco nu se aproximou,

E o sinistro par jogava dados . . . [ll. 190-196]

A noiva que era "vermelha como uma rosa" torna-se o temível espectro do tormento sexual, "livre" no sentido de solta, pintada com falsas cores para disfarçar sua "lepra" interna. O ato sexual e o poético transformam-se num jogo mortal de dados pela morte espiritual do marinheiro e, o que ele constata ser muito pior, a morte física de seus companheiros. Nesse contexto, o poeta perde sua capacidade de expressão, seu coração se torna "seco como a poeira" e só produz um "difícil suspiro". Só depois que a cena é transfigurada pelo luar, representando o retorno da feminilidade supervisora, é que volta a capacidade do marinheiro de apreciar a beleza, sob a forma de serpentes marinhas que, a princípio, ele havia achado tão hediondas:

Na sombra do navio,

Observei suas ricas vestes:

Azul, verde lustroso e negro aveludado,

Elas nadam e se enovelam, quando cada trilha

De áurea chama é um lampejo.

Afortunadas criaturas! Nenhuma palavra

Poderia descrever sua beleza:

Uma fonte de amor jorrou de meu coração,

E as bendisse inconsciente: [ll. 277-287]

O jogo de luzes traça a linha restaurada da identificação entre o poeta e sua musa, a lua, que transforma a sombra seca e escaldante num mundo interior vital de luzes e fontes brilhantes (a imagem característica de Coleridge para se referir à "razão", seu termo para

80 A EVOLUÇÃO DE PSIQUE

inspiração). Quando se percebe que o feio se torna belo e a visão do poeta e a beleza são restauradas, o aspecto de "casco nu" do princípio feminino é exorcizado – representado pelo cadáver do albatroz caindo "como chumbo no mar", enquanto seu espírito se ergue com a lua:

> *A Lua, movendo-se, ergueu-se no céu,*
> *Sem perseverar em nenhum lugar . . . [ll. 263-264]*

A feiura que estivera na mente do espectador é suspensa quando as portas da percepção são descerradas. Isso acontece "inconscientemente", sem volição do consciente. A força inspiradora da lua que se move, com suas longas vogais de balada, restaura o movimento na mente do marinheiro, reparando o dano causado pela seta lançada da balestra de seu *self* onipotente e ignorante.

Dessa forma, os românticos estavam descobrindo, ou redescobrindo, os traços essenciais da fase infantil do romance entre o poeta e sua musa. O princípio de voltar à mãe natureza estava associado à ideia de uma linguagem "natural" da poesia – mais ou menos da forma como Shakespeare supostamente havia "gorjeado seus sons naturais e nativos". Só Wordsworth acreditou nisso literalmente; mas, em sua obra, as linguagens da natureza externa e interna aparecem como um todo sem emenda, de uma forma que outros poetas achariam inimitável. Keats, contudo, tinha um interesse experimental e crítico nas variadas qualidades da linguagem poética, bem como uma fé profundamente enraizada em sua organização pela musa. A relação entre a "música inglesa nativa" e sua complicação por coisas como os idiomas miltônico ou latinizado é uma constante preocupação em suas cartas. Nesse contexto, podemos afirmar que a *Balada lírica* por excelência é o poema "La Belle Dame Sans Merci", de Keats.[9] É a culminância lógica da imersão dos primeiros românticos nas formas tradicionais da balada e de sua missão rousseauniana de retratar a natureza original, primitiva ou essencial da composição poética.

Contudo, antes de "La Belle Dame", Keats escreveu *A véspera de Santa Inês*, outra abordagem bastante diferente do tema familiar do poeta como cavaleiro errante em busca do prêmio do amor.[10] O medievalismo dos dois poemas tem diferentes raízes linguísticas – uma é a terra das fadas neomedieval de Spenser; a outra, o exíguo ideal romântico de uma música natural nativa, livre em sua simplicidade. *Santa Inês* foi escrito em Chichester em janeiro de 1819 e combina uma forma spenseriana de verso com o romanesco gótico e o medievalismo histórico, como visto nos monumentos da catedral. O tema é a superstição popular de que na véspera de Santa Inês (20 de janeiro), as donzelas podem ter uma visão de seu amor verdadeiro – pois as virgens são os "carneiros tosquiados" de Santa Inês.* A luxuriante evocação e a técnica composicional compreendem um novo nível de realização técnica na obra de Keats: uma concentração intensa em como obter o máximo da linguagem empregada, por meio de associação, condensação da frase e contrastes complementares – calor e frio, ruído e silêncio, luz e sombra, passado distante e presente vívido. Vemos Porfírio "sustentado pelo luar", Madalena "meio oculta", como uma sereia entre as algas marinhas. Os vínculos sensoriais são delicadamente trançados ao longo do poema como numa tapeçaria medieval: assim, a lebre que "salta tremendo pela grama gelada", como uma imagem de calor e

---

* Santa Inês preferiu a morte a entregar sua virgindade. Depois do martírio, apareceu aos pais segurando um carneiro, símbolo de sua pureza. Assim, a santa é tida como protetora das virgens e das noivas. Todos os anos, os padres da Basílica de Santa Inês, em Roma, levam dois carneiros para o papa abençoar. Depois, os animais são tosquiados e sua lã é usada para fazer pálios, duas tiras de lã branca que os arcebispos usam na liturgia católica como símbolo de seu poder de jurisdição. [N.T.]

82 A EVOLUÇÃO DE PSIQUE

vitalidade contidos, leva diretamente a Madalena "tremendo em seu ninho macio e enregelado", sentindo

Como se um rouxinol mudo se debatesse
Em vão em sua garganta e morresse, o coração abafa-
do, em seu pequeno vale. [ll. 206-207]

O uso do verso alexandrino por Keats – o longo último verso – cria um efeito parabólico de crescendo e diminuindo.

O despertar do sexo em Madalena, "adormecida no seio de velhas lendas", baseia-se – como muitas vezes se demonstra – em *Romeu e Julieta*, mas, de maneira ainda mais fundamental, no conto de fadas púbere *A bela adormecida*. Ela é uma rosa que "se fecha para permanecer um botão"; as fantasias eróticas a envolvem como pétalas, "encobertas pela fantasia dos contos de fadas". Porfírio enche o ar com os perfumes e as cores de uma festa; ele descobre o "alaúde tumultuoso" dela (uma bela frase compacta) e nele toca aquela antiga canção provençal, "la belle dame sans merci". A música dele corresponde ao crescente desejo do rouxinol de Madalena, silenciado pelas restrições baronais do castelo de sua família (sua castidade obediente). Seus monumentos esculpidos "padecem em enregelados capuzes e armaduras", "aprisionados pelos negros balaústres do purgatório". Como o príncipe de *A bela adormecida*, Porfírio avança pelo espinheiro e entra no quarto dela, depois em seu leito e, em seguida, em seu "sonho":

Em seu sonho ele dissolveu-se, qual rosa
Que mescla à violeta seu sutil perfume,
Doce união – enquanto o vento gélido sopra
Qual alarme do amor tamborilando nos vitrais

O frio granizo; a lua de Santa Inês havia se posto.
[ll. 321-324]

Keats suaviza imediatamente a pudicícia sacarina do momento do clímax com o tamborilar do vento tempestuoso contra os vitrais. Trata-se de um truque técnico, que resulta na popular distinção entre o sonho indulgente e a áspera realidade que, com frequência, tem sido vista como característica do pensamento de Keats. Madalena desperta e se "lamenta com palavras insensatas", declarando-se "uma pomba abandonada e perdida". É uma boa oportunidade para Porfírio – diferente de Hamlet, que perdeu a oportunidade com Ofélia durante a loucura da moça – levá-la pela charneca até o porto seguro do casamento e da respeitabilidade. Há um toque de impaciência no desejo do poeta de se livrar dos amantes por meio de um distanciamento ligeiramente teatral do senso e do tempo:

Eles se foram – sim, há muito tempo
Esses amantes escaparam em meio à tormenta.
[ll. 371-372]

Pois ao cerne erótico do poema falta espiritualidade – ele é *meramente* sensual. A "tormenta" que poderia acompanhar a "boda" que se segue, como se sugere no *Marinheiro*, é imediatamente dispersa no "há muito tempo" da terra dos contos de fadas.

Keats teve um desentendimento com seu editor, John Taylor, quanto à estrofe final: Taylor temia que ela tornasse o poema inapropriado para as damas, e Keats, forçado a revisar a versão original, replicou que não tinha a intenção de escrever para damas. O tema do poema tinha, na verdade, sido sugerido pela sra. Isabella Jones, uma viúva que estava tendo um caso com Taylor e com

84   A EVOLUÇÃO DE PSIQUE

quem Keats também tivera uma espécie de ligação erótica insatisfatória. Ela insistiu em manter a coisa em segredo com relação a
Taylor, para a indignação de Keats; na verdade, ele sentiu que ela
o estava tratando como menino, oferecendo-lhe queixas e comi-
das requintadas em vez de seu corpo. O caráter dessa associação
permeia o poema. Já ao escrevê-lo, Keats julgou *Santa Inês* com
indiferença, considerando-o sentimental demais ou "evanescente".
Ele o incluiu em seu volume de 1820, com pouco entusiasmo com
relação a seus genuínos méritos e seu "colorido"; mesmo assim,
o poema nunca fez parte do grosso de sua ambição poética (ao
contrário de *Hiperião*, que ele estava escrevendo no mesmo período). Sua insatisfação não era técnica, mas espiritual e emocional.
A divisão da feminilidade em jovem e bela ou velha e feia aqui
existe como em *Sir Galvão e o Cavaleiro Verde*, mas não existe nenhuma tensão estética entre elas, nenhuma fusão de identidade.
Isso requer um senso de mistério, de limites fluidos e quantidades
desconhecidas. A acompanhante de Madalena é a Velha Ângela,
"com o rosto magro deformado" e "olhos antigos e pasmados / em
virtude do medo de serem vistos", mas ela não é nenhuma Morgana, da mesma forma que a ingênua Madalena não é uma dama;
e Porfírio não é Galvão. Em vez disso, Ângela é uma alcoviteira
declarada como a ama de Julieta, implorando a Porfírio que se case
com Madalena se ele quiser tirar-lhe a virgindade. Ela traz em seu
cérebro abalado a excitação do erotismo no contexto do sigilo e da
proibição paterna (autoritária); e a parceria de Porfírio com ela –
que é insultante e adequada – reflete essa característica da atitude
do rapaz para conquistar Madalena. Ele se intromete no sonho de
Madalena por meio de um truque de identificação projetiva. Esse
truque está associado a algumas observações caracteristicamente
keatsianas com relação às mulheres (sempre fazendo exceções específicas), com o efeito de ele preferir dedicar-lhes "uma ameixa
cristalizada que o meu tempo" etc.[11] Elementos do pornográfico

e do néscio resultam, de maneira não resolvida, da musa Ângela-Madalena, por mais evocativos que sejam o rouxinol volumoso e o alaúde tumultuoso. A moça-ameixa cristalizada encontra seu par num cavaleiro errante que, depois de despojado do encanto das armadilhas medievais de *Santa Inês*, ostenta uma certa semelhança com o "menino travesso" que Keats havia retratado para sua jovem irmã Fanny alguns meses antes, num autorretrato tipicamente humorístico e modesto:

> *Era um menino travesso,*
> *Muito travesso ele era,*
> *Pois não queria fazer nada*
> *Além de rabiscar poesia –* [12]

Foi esse garotinho que "seguiu seu próprio nariz na direção norte", como ele havia feito numa brincadeira da infância, em busca de peixes, fontes, fantasmas e bruxas para elaborar uma coletânea para seus futuros volumes de poesia.

Keats terminou *Santa Inês*, um poema muito apreciado e presente em muitas antologias, no início de fevereiro de 1819. A obra nada significava para ele – em termos de uma luta espiritual subterrânea que estava enfrentando na época, após a morte de Tom dois meses antes, e durante os estágios iniciais de sua relação com Fanny Brawne. Ele havia se queixado, em outubro, de experimentar "todos os vícios de um poeta – irritabilidade, amor pelo efeito e pela admiração".[13] Isso se referia principalmente às cadências miltonianas de *Hiperião*, que ele estava escrevendo na época; mas a escritura de *Santa Inês*, que possuía seu próprio toque de autoconsciência poética, nada fez para dissipar essa sensação de ser presa dos "vícios". Na verdade, suas cartas daquele inverno e começo de primavera nos contam sobre o fato de não ter escrito "nada

86 A EVOLUÇÃO DE PSIQUE

– nada – nada", "pois, para dizer a verdade, não tenho me dedicado muito a escrever ultimamente – devo esperar pela primavera para me incentivar um pouco".[14] Por "escrever", ele queria dizer escrever poesia do tipo que o ajudaria a seguir com sua ambição de "ser um poeta – vendo a grandeza do que se trata".[15] Contudo, havia uma sensação de que, em vez da própria poesia, suas longas cartas-diário a George e Georgiana Keats na América estavam cumprindo essa função – no sentido de preparação mental, distinta da preparação técnica. Keats era profundamente sensível com relação à sua solidão, agora que o trio íntimo de irmãos havia se dispersado. Quando George apressadamente emigrou com sua nova esposa em junho, Keats se preparou para a tragédia que se aproximava, dizendo que, por causa da irmã que permanecera, ele "talvez não seguisse [seus irmãos] para a América ou o túmulo – a vida tem de ser suportada".[16] Tom morreu em 1º de dezembro, com a idade de 19 anos. Keats usou a dor dessas ausências físicas para estabelecer um modo analítico de comunicação interna, no qual ele se sentia o mediador entre as almas ausentes:

Eu não tenho dúvida quanto à imortalidade de alguma natureza ou outra – Tom tampouco tinha . . . por vezes imagino uma imensa separação e, por vezes, como agora, uma comunicação direta do espírito com você. Esta será uma das grandezas da imortalidade – não haver espaço e, consequentemente, a única interação entre os espíritos será por meio de suas inteligências – quando eles entenderem completamente uns aos outros – enquanto nós, neste mundo, limitamo-nos a nos entender em diferentes graus –[17]

As longas cartas-diário ocupam o lugar de um "conto" em prosa, que ele havia prometido a George que escreveria para satisfazer "a incapacidade de permanecer em descanso" de sua mente.[18] O conto nunca se materializou; mas a carta de fevereiro-março, em particular, tornou-se sua própria versão de um "Prelúdio, ou desenvolvimento de uma mente individual".[19] É o prelúdio de "Ode a Psique" – o poema que se materializa a partir do desejo expresso de Keats de que suas cartas, de alguma forma, permitam que George e Georgiana façam nascer "o primeiro poeta americano", infundindo um espírito de "sublimidade" no pragmatismo do novo país.[20] Sua atividade mental apoiaria e transformaria a colonização material de George das "terras bravias da América",[21] pois "Psique" é para John Keats – tomando emprestadas as palavras de John Donne – "minha América, minha terra recém-descoberta".[22]

O grande salto adiante ocorre em 21 de abril, quando Keats espontaneamente rascunha "La Belle Dame Sans Merci" no meio de sua carta. Nesse ínterim, contudo, as sementes da alma começaram a germinar em silêncio, apesar da sensação de que sua musa o houvesse desertado inteiramente. Em 13 de março, ele escreveu: "Não sei por que minha poesia e eu temos estado tão distantes ultimamente – devo fazer algum progresso logo, ou ela me abandonará por completo". A implicação é que o deus-poesia pode tê-lo abandonado em virtude de seus "vícios" poéticos, da mesma forma que, dois anos antes, ele havia dito que não havia "pecado maior" que ser um "Autodissimulador . . . bajulando[-se] com a ideia de ser um grande poeta".[23] Agora, ele faz a distinção entre o tipo de poeta que "recorta uma figura", mas "não é figurativo" em si mesmo (ele escolhe sua *bète noire* Byron para exemplificar isso), e o tipo shakespeariano, cuja vida (poética) é alegórica ou misteriosa. Pois "a vida de um homem de algum valor é uma alegoria contínua – e pouquíssimos olhos podem ver o mistério de sua vida".[24] Ele pensava em Shakespeare como o que "presidia" suas tentativas poéticas;

88   A EVOLUÇÃO DE PSIQUE

e a implicação aqui é que sua própria vida pode ser figurativa – não no sentido grandioso de ser como um grande poeta, mas, pelo contrário, como tendo um mistério ainda desconhecido para ele mesmo. Assim, embora ainda em 15 de abril ele sinceramente acredite que está prestes a desistir totalmente da poesia,[25] a alegoria de sua vida está se escrevendo subterraneamente. Este sério confronto com a ideia de "desistir" deriva menos de sua depressão que de sua descoberta de novos desamparo e dependência da musa, separando isso dos "vícios e irritabilidade" do poeta que se fez sozinho.

Na verdade, Keats estava aprendendo uma ignorância socrática – ele estava lendo sobre Sócrates por essa época – e começando gradativamente a perceber que isso melhoraria seu ânimo e sua saúde mental. Ele havia sugerido, alguns meses antes, a maneira como "um pouco mais de conhecimento . . . nos torna mais ignorantes".[26] Em seguida, completou seu giro pela Escócia no topo do Ben Nevis, numa névoa de ignorância – "não apenas nesta altura / Mas no mundo do pensamento e do poder mental".[27] No dia 19 de março ele transcreve um soneto que é similarmente desprovido de qualquer tentativa do que ele chama de "luxo poético" (beleza sensorial). Ele começa "Por que ri esta noite?", e nele Keats declara: "Coração, aqui estamos, tu e eu, tristes e solitários". O soneto é uma meditação sobre o conceito de uma "morte" figurativa que, na verdade, é "o alto prêmio da vida" – uma mudança catastrófica. Para que George não confunda isso com uma tendência suicida, ele tenta explicar que realmente se trata de parte da alegoria de sua vida se desdobrando, parte de sua busca pelo conhecimento:

> *Você acha que eu não procuro me conhecer? . . . Sempre tenho medo de que sua ansiedade com relação a mim o leve a temer pela violência de meu temperamento continuamente me oprimindo: por esse motivo, não tive a*

intenção de lhes mandar o seguinte soneto – mas examinem as duas últimas páginas e perguntem-se se não tenho em mim aquilo que suportará bem os açoites do mundo. Esse será o melhor comentário ao meu soneto; ele lhes mostrará que não foi escrito com agonia, mas com ignorância; sem sede de nada, além do conhecimento levado a seus limites . . .[28]

Essa formulação de sua condição de ignorância, sozinho com seu coração, levou Keats a concluir triunfalmente: "São fui para a cama e são me levantei". Nesse dia, ele havia conseguido um olho roxo num jogo de críquete – um "açoite" que usou para indicar a George sua resistência mental. Ele forneceu a seguinte meditação, preparatória da passagem sobre "o vale da feitura da alma" de algumas semanas depois:

As circunstâncias são como nuvens continuamente se juntando e se separando – enquanto estamos rindo, a semente de algum problema está sendo lançada na ampla terra arável dos eventos – enquanto rimos, ela brota, cresce e, de repente, oferece uma fruta venenosa que devemos apanhar –[29]

Até as frutas envenenadas da vida têm potencial para desempenhar um papel no desenrolar dos acontecimentos – em contraste com o anódino das especiarias de galeão do *Santa Inês*. Quando o fardo dos pecados ou "vícios" poéticos saiu de seus ombros, Keats passou a apreciar a treva de sua ignorância, afirmando que estava "batalhando contra as partículas de luz em meio a uma grande treva" e interpretando isso em termos religiosos próprios, como a

90   A EVOLUÇÃO DE PSIQUE

existência de um tipo mais elevado de conhecimento (o dos "seres superiores", os deuses internos):

> *Contudo, não posso me livrar do pecado? Não pode haver seres superiores que se divertem com alguma atitude graciosa, embora intuitiva, de minha mente, enquanto me entretenho com a precaução de um arminho e a ansiedade de um cervo?*[30]

Ele se identifica com os animais da floresta – o arminho, o cervo, o rato selvagem – em busca desse "rumo instintivo", que, como em *Galvão*, tem associação com a feminilidade. Esta mentalidade receptiva e não dogmática tem um tipo de "graça", um toque mais leve que as lutas pela grandeza e a ansiedade de nunca atingir um lugar na "boca da fama". Em vez de fama poética, Keats agora estava absolutamente seguro de que o dever para com sua família e, num sentido mais amplo, com a humanidade era chegar a "conhecer a si mesmo" e seguir instintivamente o caminho que vislumbrou em direção à feitura da alma, da mesma forma que, na carta em que fala da "câmara do pensamento virginal", havia imaginado como as passagens escuras são abertas: "Estamos em meio à névoa . . . Sentimos o fardo do mistério".[31]

A passagem escura por onde ele se aventurou foi a do luto e da identificação com Tom. E não teve que escolhê-la: ela escolheu a si mesma, pois ele sempre sentira a "identidade [de Tom] pressionando-o" durante o período de sua doença. Tom representava uma fagulha da identidade de sua família que não tivera a oportunidade de se tornar uma alma plena, como na descrição das crianças inocentes na passagem do "vale da feitura da alma". Keats sentia-se particularmente protetor com relação a ele e ligado a um aspecto mais gentil, mais feminino, dele mesmo. Um dos fatores que acreditava haver contribuído para a aflição emocional de Tom no final de sua doença fora um romance epistolar com uma falsa "Amena" – na verdade um conhecido deles chamado Charles Wells. Na época que estava escrevendo "Belle Dame", Keats andou examinando essa estranha correspondência e ficou indignado com o embuste, concluindo que Wells era "um rato".[32] A ingenuidade de Tom ao acreditar que o amor de "Amena" era genuíno – apesar de Keats ter imediatamente percebido que se tratava da "mão de um homem imitando a de uma mulher" – passou a simbolizar o espírito do poeta-criança cuja falta de conhecimento fez dele presa das ilusões da falsa musa. Um ano antes, Keats havia descrito para Reynolds como a suscetibilidade do poeta com relação às "sensações" precisava ser "emplumada" pelo conhecimento:

> *A diferença entre as elevadas sensações com e sem conhecimento parece-me ser esta – no último caso estávamos caindo continuamente para a profundidade de dez mil braças e sendo expelidos novamente sem asas e com todo o horror de uma criatura de ombros nus – no primeiro caso, nossos ombros são emplumados e cruzamos os mesmos ar e espaço sem medo.*[33]

Pelo bem de Tom, que estava em certo sentido flutuando no purgatório, Keats sentiu que tinha de retificar essa falta de conhecimento, essa vulnerabilidade à sedução, essa incapacidade de distinguir entre a arte verdadeira e a falsa, para se tornar um poeta e um amante "emplumado". Ele decidiu "abandonar [Wells] à sua miséria, exceto quando se puder torná-lo um pouco mais infeliz" e devotar suas energias à atividade positiva e reparadora. "Vou alçar-me pelas nuvens e existir", como escrevera a Haydon na primavera.[34]

92 A EVOLUÇÃO DE PSIQUE

Não é por acaso que sua meditação sobre a "musa-rato" se sobrepõe ao sonho de estar no purgatório de Dante, o que se segue imediatamente na carta:

> *O sonho foi um dos momentos mais prazerosos que já*
> *tive em minha vida – eu flutuava pela atmosfera que*
> *girava como está descrito, com uma bela figura a cujos*
> *lábios os meus se juntavam, no que parecia uma eter-*
> *nidade – e em meio a todo aquele frio e escuridão eu*
> *me sentia aquecido – os topos floridos das árvores se*
> *elevavam, e nós pousávamos sobre eles, por vezes com*
> *a leveza de uma nuvem, até tornarmos a ser soprados*
> *para longe pelo vento –*[35]

Ele está na região de Paolo e Francesca, os amantes inebriados, flutuando pelos topos das árvores, de uma forma que faz eco ao relato de Apuleio* do mito de Psique, fonte para a ode que Keats logo escreveria. Nesse ínterim, ele transforma o sonho num soneto, que começa com "Enquanto Hermes lançava-se ao ar com suas asas leves":

> *Pálidos eram os doces lábios que vi,*
>
> *Pálidos eram os lábios que beijei, e bela era a forma*
>
> *Com quem flutuei por aquela torrente de melancolia –*

---

* Lúcio Apuleio (em latim: Lucius Apuleius, c. 125-c. 170) foi um filósofo e escritor satírico romano e representante da filosofia platônica de sua época. Sua obra mais conhecida é *O asno de ouro*, uma narrativa em prosa cujo episódio mais destacado, um verdadeiro precursor do romance moderno, é a fábula "Amor e Psique", que pode ser interpretada como uma alegoria da união mística entre dois seres: Eros, o deus do amor, e a bela Psique, que, mais tarde, daria origem ao termo psicológico "psique". Dessa união nasceu a Volúpia. [N.T.]

No soneto, ele conta como o próprio processo de escrita da poesia o inocula contra o "mundo-dragão" infernal da espia, da crítica e da maledicência – relembrando os "dragões adormecidos" que guardam o castelo em *Santa Inês*, enquanto os amantes fogem em meio à tempestade.

Contudo, existe uma diferença entre esse sonhador soprado pelo vento e o poeta "emplumado" que é o ideal de Keats – o poeta que existe "em parte na sensação, em parte no pensamento", que pode "enfrentar a tempestade" em vez de ser levado por suas emoções. O poeta-Paolo é como Tom em seu desespero para ter algum tipo de caso amoroso antes de morrer, ou como Porfírio em sua confiança nos fantasmas e nas lendas da voluptuosidade. Ele está associado com a insubstancialidade das "asas leves" de Hermes, e não com o poeta "águia alada" a que Keats aspirava. Esse tipo de poeta é vulnerável não apenas às tentações internas de "recortar uma figura", mas também aos ataques externos de inimigos da promessa, como os comercializados pelas críticas poderosas e da moda, as de *Blackwood* e do *Quarterly Review*. Keats havia descartado desafiadoramente a estupidez de mentalidade estreita da crítica de seu *Endimião* e, com certeza, não fora "apagado por um crítico" à maneira do mito póstumo.[36] Mas essa "fustigada" menor ajudou-o a se concentrar na vulnerabilidade e desempenhou seu papel em sua digestão mental por essa época, como mostra a transcrição apreciativa de longas passagens da brilhante invectiva de Halzitt contra Gifford, o editor do *Quarterly*. "Você é o crítico do governo", escreveu Hazlitt, "um personagem perfeitamente diferente de um espião do governo – a ligação invisível que conecta a literatura com a polícia".[37] Espionagem, voyeurismo, superficialidade, a polícia do pensamento do *establishment* político-literário – em suma, o claustro – eram os fatores que oprimiam a alma no purgatório. E todos foram rotulados de "falta de conhecimento". Keats estava bem cônscio de que "poucos pensam por si mesmos"

94 A EVOLUÇÃO DE PSIQUE

e era isso que dava força às críticas. Um ano depois, quando Keats reelaborou o *Hiperião*, transformando-o em *A queda de Hiperião*, sob a forma de um poema-sonho, esta flutuação purgatória nos limites do conhecimento se tornaria a base de sua distinção entre o "poeta" verdadeiro e o falso "sonhador". O sonhador, uma espécie de "autoilusionista", está intimamente associado com os "pecados" ou "vícios" poéticos que Keats vê como sufocadores da alma infantil confusa, impedindo a comunicação com sua musa, como acontecia com a depressiva paralisia emocional de *Hiperião*, que Keats havia recentemente abandonado. A "névoa" nunca se transforma no "mistério". Da mesma forma, a centelha da "inteligência" divina representada por Tom – nos termos da passagem do "vale da feitura da alma" – ainda não havia feito contato com o "mediador", semelhante a Beatrice, para dissipar as nuvens claustrofóbicas do purgatório e iluminar sua alma com conhecimento. O que se fazia necessário não era sequer o advento de uma nova "circunstância" em sua vida, mas um ajuste de visão, como ocorrera a Blake com o tigre.

Keats havia conhecido Fanny Brawne um pouco antes da morte de Tom, e durante todo esse período seus pensamentos com relação à poesia estão cada vez mais ligados a seus sentimentos em relação a ela. Keats tinha 23 anos de idade; Fanny tinha 18. Ele a conhece por meio de ocasionais "bate-papos e amuos", chama-a de "namoradeira" cujo comportamento pode "voar em todas as direções" e, de maneira crucial, a acha "estranha" – ela não se encaixa em suas noções preconcebidas de feminilidade como sentimental, erudita ou fraternal.[38] E quando, em seguida, Keats se dedica à sua carta-diário (seis dias depois de transcrever seu sonho de Dante), esta nova estranheza transfere-se, junto com as necessidades espirituais de Tom, para sua musa poética:

E, com certeza, numa língua estranha, ela dizia:
Eu te amo de verdade.

A qualidade da estranheza, que implica a aceitação da ignorância, é complementar ao desejo de conhecimento que infundia o diário de Keats com uma urgência crescente. "La Belle Dame" é expressão poética sucinta das tensões emocionais desse sedutor umbral do conhecimento. O poema aparece em meio a uma carta, quando ele volta a ela na noite de 21 de abril, uma quarta-feira, depois de ter anotado sua admiração por uma exposição sobre o Polo Norte em exibição em Londres:

> *Fiquei muito satisfeito com o panorama dos navios no*
> *Polo Norte – com os icebergs, as montanhas, os ursos,*
> *as morsas – as focas, os pinguins – e uma grande baleia*
> *flutuando acima da água – é impossível descrever o lu-*
> *gar – quarta-feira à noite –*

> *La belle dame sans merci –*

> *Oh, o que pode aliviar-te, cavaleiro armado,*
> *Que vagueia tão só e pálido?*
> *O junco já secou na beira do lago*
> *E os passarinhos não cantam!*

> *Oh, o que pode aliviar-te, cavaleiro armado*
> *Tão abatido e tão devastado pelo sofrimento?*
> *A dispensa do esquilo está cheia*
> *E a colheita foi feita.*

Vejo um lírio em tua fronte,

Úmida de angústia e do orvalho da febre,

E em tuas faces, uma rosa evanescente

Também fenece com rapidez –

Tom-Paolo transformou-se no "cavaleiro armado que vagueia só e pálido", paralisado no umbral do purgatório da experiência, o lago do amor. O rubor da emoção assumiu a forma sinistra de um rubor tísico no rosto. A "palidez" é uma qualidade reiterada por Keats durante aquelas semanas (também a pele de Fanny Brawne era pálida). Ela contrasta com a acumulação satisfeita dos esquilos em sua dispensa de segurança mundana e emocional. O cavaleiro, pelo contrário, participou de uma refeição sobrenatural de comida de fadas, como ele mesmo relata ao ouvinte:

Encontrei uma dama nas campinas,

Belíssima, a filha de uma fada;

Seu cabelo era longo, seu passo era leve

E seus olhos eram selvagens –

Trancei uma guirlanda para seus cabelos,

E também braceletes e um cinto perfumado,

Ela me olhou como se me amasse,

E gemeu de mansinho.

Eu a coloquei em meu corcel trotante

E não vi mais nada o dia inteiro

Pois, sentada junto a mim, ela se inclinava e cantava

Uma canção de fadas.

Ela me ofereceu raízes de sabor adocicado,
Mel silvestre e maná
E, numa língua estranha ela, com certeza, dizia
Eu te amo de verdade.

Ela me levou à sua gruta duendal
E lá chorou e suspirou com tristeza,
E lá fechei seus olhos selvagens, selvagens
Com quatro beijos.

E lá ela me embalou até dormir,
E lá eu sonhei – ah, que coisa sofrida!
O último sonho que sonhei
Na encosta fria da colina.

Vi cavaleiros e príncipes pálidos,
Pálidos guerreiros, todos com uma palidez de morte,
Eles gritaram: "La belle dame sans merci
Te mantém prisioneiro".

Em essência, a história do cavaleiro mostra como sua crença original de que era o parceiro ativo no relacionamento – colocando a dama em seu corcel trotante – é gradativamente erodida pela crescente consciência de que é ela que determina o ritmo e delimita o território mental. Dessa vez, não é um Porfírio-cavaleiro que oferece o banquete, a sustância do amor, mas a bela dama que lhe traz "raízes de sabor adocicado / Mel silvestre e maná", e ela que

98 A EVOLUÇÃO DE PSIQUE

o leva à sua "gruta duendal". Esse processo de reversão gradativa, correspondendo ao despontar de seu conhecimento, é característico do gênero balada, cuja inevitabilidade rítmica tradicionalmente sugere o fatalismo; e também é análogo à clássica peripateia, a marcha do destino. Além disso, a balada não tem tempo para acidentes, nem espaço para devaneios ou elaboradas e belas frases; segue-se, com lógica inerente, uma sequência paratática determinada pela primeira estrofe e se desdobrando gradativamente até a revelação. As "etapas" são delineadas com total precisão pelo uso efetivo da repetição, com o desenlace em "E os passarinhos não cantam". Keats posteriormente chama isso de "impetuosidade precipitada" de sua musa. De maneira similar, na balada de Coleridge, a "noiva" caminhando para o local das bodas deixa o convidado paralisado à porta, imaginando o que ele está fazendo lá. Assim, ao eleger a forma da balada, Keats permite que o tema caminhe em direção à sua conclusão. É a primeira vez que ele permite que isso aconteça em sua obra, embora saiba muito bem que "o criativo deve criar a si mesmo".[39]

Pois na "Belle Dame" ele não é o instigador ou mesmo o protagonista da experiência poética: ele se identifica basicamente com o questionador a quem o cavaleiro relata sua história e, assim, torna-se um observador analítico dos conflitos emocionais que são caros a seu coração, mas estão distantes dele: como o psicanalista, ele tem um sonho com o sonho do cavaleiro-paciente. O cavaleiro-paciente é uma combinação entre ele mesmo e Tom, ambos pertencentes ao grupo de adolescentes "pálidos reis e príncipes" que veem na possibilidade de se apaixonar algo ameaçador, responsável – se não sofrer reciprocidade – por levar à fome espiritual:

Vi seus lábios famintos na penumbra,

Escancarados numa expressa advertência,

E eu acordei e me encontrei aqui,
Na encosta fria da colina.

E é por isso que vago por aqui,
Sozinho e pálido,
Embora o junco tenha secado junto ao lago
E nenhum passarinho cante.

Em *Santa Inês*, era Madalena que se via prisioneira do "pálido encantamento", a rede de superstição e não a da poesia, com Porfírio rondando a coberta de seus sonhos como "a legião de fadas", tentando perscrutá-la:

Nunca os amantes se encontraram numa noite como
essa,
Desde que Merlin pagou a seus demônios sua dívida
monstruosa. [ll. 170-171]

Ao reverter a perspectiva em "La Belle Dame", de modo a torná-la comunicativa, e não voyeurística, Keats protege-se contra o sinistro potencial dessa Morgana-demônio (a sedutora do poeta-Merlin) e também investiga mais profundamente os sentimentos ambíguos despertados pela ambiguidade da fada, sua "selvageria".

O cavaleiro de Keats originalmente encontrou sua dama "nas matas", antes de alterar a palavra para "campinas" ao longo do processo de composição, de modo que pudesse usar a palavra para enfocar especificamente a dama – em particular seus olhos "selvagens", que mais adiante se expandem assustadoramente para "selvagens, selvagens", num contexto que esclarece a autoilusão do cavaleiro:

100　A EVOLUÇÃO DE PSIQUE

E lá fechei seus olhos selvagens, selvagens
Com quatro beijos.

No desvario repetido ele vê o reflexo de si mesmo caindo diante do "horror de uma criatura com os ombros à vista", o poeta despojado de sua plumagem. A noção colonial de poder controlar o "selvagem" provém dos domínios dos olhos de dragão, dos moinhos satânicos e da repressão do purgatório – dos pressupostos básicos da sociedade e, especificamente, da onipotência poética. Na selvageria da fada jaz seu caráter estranho, sua liberdade inata, seu vínculo orgânico com o desconhecido. E em sua dupla selvageria – os quatro beijos – jaz seu potencial sinistro, com sua qualidade blakeana de "terrível simetria". No fim do poema, de fato, Keats brinca com os "quatro beijos" – reconhecendo em retrospectiva que quatro é o número certo para se obter o máximo efeito.[40] O "selvagem, selvagem" também faz eco à balada "Meu amor é como uma rosa vermelha, vermelha", de Burns, com jogo similar com os atributos agradáveis e assustadores do vermelho – a rosa e seu espinho. Keats havia se preocupado com Burns e a "miséria" de sua vida durante seu *tour* pela Escócia naquele verão, que se tornou tão "horrivelmente clara" para ele "como se fôssemos espias de Deus". Burns pareceu-lhe outro poeta no purgatório, não associado, desta vez, com a morte literal, mas com um tipo de loucura poética. Keats escreveu alguns versos estranhos depois de visitar "o local de nascimento deste bardo no norte silencioso", terminando com uma prece

Que esse homem nunca dissipe a mente em
montanhas frias e nuas;
Que ele possa correr légua após légua para encontrar
seu rincão natal,

*E manter sua visão sem mácula, seu olhar interno
desbloqueado.*[41]

O conceito de "desbloqueio da visão", com sua dupla negativa
e sua inversão miltônica, carregada de significado, faz referência
às "coisas invisíveis para a visão humana" de Milton. Nesta área de
"neblina" mental e ambiguidade jaz o desafio dos olhos da Belle
Dame. Serão eles uma janela para o mundo do amor e da poesia, ou
uma armadilha que leva à insanidade, ao isolamento, à desilusão?

Keats, portanto, segue seu cavaleiro até este umbral erótico ou
guarnição de plumas, equivalente ao receber das esporas; é o mesmo território emocional em que entrou Galvão em seu encontro
com a dama e os animais da "selva". Quando o cavaleiro faz uma
guirlanda para a fronte da fada, a resposta dela é olhar para ele
"como se o amasse", deixando ambíguo se ela realmente o ama ou
parece amá-lo. O cavaleiro realmente entende a "língua estranha"
em que ela diz: "Eu te amo de verdade"? Passados alguns dias, depois de escrever a "Ode a Psique", ele explica que vinha fazendo
experiências com a forma do soneto, a fim de suavizar as "rimas
agressivas" que, para ele, restringem a expressão da musa: assim,
"se não deixarmos que a musa seja livre, / Ela ficará atada em suas
próprias guirlandas".[42] Keats agora reconhece que a intoxicação de
sua visão – "E não vi mais nada o dia todo" – deve ser aceita como
subjetiva, e não como indicadora do controle da musa; essa ilusão
agora podia ser deixada para críticos e os de mau gênio. Ele aprendeu a aceitar a ambiguidade da musa, confrontando, simultaneamente, os aspectos amados e odiados dela no verdadeiro sentido
do conflito estético. Agora ele conseguia ver que a musa-rato é algo
falso, uma irrelevância; a fonte da verdadeira dor não está numa
personificação feminina, mas na própria musa feminina; foi ela
que exigiu de Merlin a "monstruosa dívida" do perpétuo encantamento. Finalmente ficou claro que a que lida com o prazer e a

102 A EVOLUÇÃO DE PSIQUE

morte é a mesma pessoa: a sereia Madalena e a espectral Ângela, de mãos dadas, como Galvão as encontrou pela primeira vez.

Dessa forma, Keats exorciza o aspecto de "pesadelo da morte em vida" da musa. Realmente, o breve relato da exposição sobre o Polo Norte, com suas baleias e *icebergs*, sugere uma associação preparatória com Coleridge e seu albatroz dos mares do Sul – o monstruoso peito branco com sua transformação em esqueleto. De fato, Keats havia encontrado Coleridge em Hampstead Heath e o havia escutado durante uma hora falando de poesia, de pesadelos, da "segunda consciência", de monstros e sereias – todo o material para o "selvagem" do cenário do poema.[43] Outra obra em prosa também fornecera uma preparação relevante para o poema; foi a crítica de Keats para a sátira que seu amigo Reynolds escrevera sobre "Peter Bell", a muito anunciada obra de Wordsworth. A crítica, como a própria "La Belle Dame", foi espontaneamente escrita na carta um pouco antes naquele mesmo dia. Nela, a falsidade que se acumula contra até mesmo um poeta verdadeiro (Wordsworth) quando ele se torna complacente é exposta por meio do próprio satirista que se põe na pele do poeta (seu exoesqueleto), assumindo seus modos e sua dicção. A crítica catártica de Reynolds foi o complemento perfeito para a "fraude cruel" de Well, que disfarçou sua intenção destrutiva por meio da aparência superficial da feminilidade. Keats ficou claramente satisfeito com ela e escreveu em sua crítica:

> *Essa falsa Florimel* escapuliu da imprensa e se fechou para os olhos do público, embora saibamos que a verdadeira ainda pode estar vagando pelos bosques e pe-*

---

* Nome da heroína de *Secret love, or the maiden queen*, uma tragicomédia de 1667 da autoria de John Dryden. Florimel é uma dama de honra da corte extremamente feminina e esperta. [N.T.]

las montanhas. Esperemos que ela possa aparecer em breve e fazer valer seu direito ao seu cinto mágico . . .[44]

A falsa Florimel e a falsa Duessa são formas spenserianas do falso cavaleiro errante e sua musa – elas imitam os atributos dos protagonistas reais. A sátira de Reynolds foi publicada antes que o poema de Wordsworth tivesse a oportunidade de sair dos bosques e montanhas, não para ser visto, mas por motivo de vaidade (o claustro do seio-cabeça, segundo Meltzer). A questão levantada por Keats, quando o poema realmente aparece, é se ele é verdadeiro e merecedor do "cinto mágico", a iconografia da guirlanda poética. Em vez de condenar Wordsworth antecipadamente por ter, num certo sentido, fraudado a si mesmo, ele aponta para o próprio poema como a única coisa que resolverá a questão. Se o poema for digno do cinto, ele já o estará usando, apesar dos críticos, do público, dos olhos do dragão e das falsas Florimel. E depois de escrever seu próprio poema, a exaltação de Keats expressa sua crença de que, por fim, ele foi o veículo para uma verdadeira Florimel – não pressionada pela imprensa, mas conduzida pela "impetuosidade" de sua musa:

Por que quatro (four, em inglês) beijos? – dirão vocês – quatro porque desejo restringir a precipitada impetuosidade de minha musa – ela poderia ter muito bem ter dito "um rol de" (score, em inglês) sem prejudicar a rima – mas devemos moderar a imaginação como dizem os críticos com julgamento. Fui obrigado a escolher um número par para que os dois olhos fossem igualmente brindados: e, para falar a verdade, achei que dois para cada um era o suficiente . . .[45]

104 A EVOLUÇÃO DE PSIQUE

Como perguntou Ferdinando sobre a canção de Ariel: "De onde vem essa música? Do ar ou da terra?". O poema se materializa na página como se Keats o tivesse agarrado "pela asa" – como ele descreveu a faculdade poética de Milton – enquanto estava passando, com seu padrão rítmico como resultado não apenas de seu próprio "passo veloz", mas também do espírito da musa. Keats sabia muito bem que "o criativo deve criar a si mesmo"; agora, como quando pela primeira vez ele "pôs os olhos no Homero de Chapman",* é como se um "novo planeta [tivesse mergulhado] em sua percepção".[46]

Assim, a nova força poética atingida por Keats deriva de uma nova passividade ou aceitação do desamparo. Ela foi, muito tempo antes, esboçada por sua filosofia impressionista – como na imagem do tordo que aguarda passivamente o calor –, mas no sentido de que ele não tinha devotado suas energias a alcançar essa "capacidade negativa" até que a morte de Tom, com premonições de sua própria morte, tornou imperativo que ele se engajasse decididamente na feitura da alma. Inicialmente em prosa, ele se colocou no quadro mental no qual a balada "La Belle Dame Sans Merci" podia chegar e, num certo sentido, escrever a si mesma. Ela termina com a costumeira ênfase da volta à primeira estrofe com uma diferença. Mas não é a circularidade claustrofóbica do marinheiro, para sempre condenado a repetir sua história a quem cruzar com seu olhar. A "Belle Dame" termina com uma sensação de mistério e uma pergunta implícita, *o que acontecerá em seguida?* Keats não tem mais a opção de seguir os tolos "esquilos" que havia nos bosques em torno do lago da Belle Dame em sua hibernação sazonal. Ele estava pronto para explorar outro âmbito do conhecimento, em honra aos "pálidos guerreiros" mortos de fome como os

---

* George Chapman (1559-1634) foi um dramaturgo e tradutor elisabetano que traduziu livremente Homero para o inglês. Keats expressou sua admiração por essa tradução num soneto, hoje considerado obra menor do poeta. [N.T.]

passarinhos na "encosta fria da colina" de seus ninhos abandonados. A ilusão de flutuar como os "pálidos amantes" de Dante, com lábios eternamente unidos, não mais podia sustentar essas almas privadas da capacidade de voar – a quem, na "Ode a um rouxinol", Keats chama de as "gerações famintas". A ideia do poeta-criança simbioticamente fundido com o mamilo-musa era realmente cálida e deliciosa – mas não era verdadeira. Outros modos de nutrição espiritual tinham de ser descobertos, permitindo maior variação sazonal que o "brilho visionário" de Wordsworth. Keats reuniu seus pensamentos sobre os golpes infligidos pelo mundo e as circunstâncias semelhantes a nuvens na famosa parábola do mundo como o "vale da feitura da alma", uma alternativa ao supersticioso e pessimista "vale de lágrimas". Foi nesse contexto que ele descobriu "a deusa negligenciada" que habitava as maiores profundezas de sua mente, não inventada, mas platonicamente preexistente: Psique, a "abstração personificada".

A "Ode a Psique" foi, segundo Keats, a primeira vez que ele tivera "dores moderadas" em sua escrita, que previamente havia sido apressada e descuidada. Esse poema foi escrito "vagarosamente":

> *Acho que a leitura dele é mais rica e espero que ele me incentive a escrever mais coisas dentro de um espírito mais pacífico e saudável.*[47]

Ele acrescenta que, embora Psique não tivesse sido formalmente instituída como deusa antes do tempo de Apuleio, o platônico, ele próprio é "muito ortodoxo para permitir que uma deusa pagã seja tão negligenciada". A ode foi escrita durante os dez dias que seguiram a "La Belle Dame", quando Keats também fazia experiências com maneiras de expandir e suavizar a forma do soneto, abrandando suas "rimas agressivas". Quando a sua forma própria de ode surge, ela se baseia irregularmente em sonetos ampliados e

106 A EVOLUÇÃO DE PSIQUE

interligados, mas dispensa a agressividade dos dois tercetos finais. Em vez disso, ele faz as seções girarem em versos curtos, típicos da balada tradicional. Assim, ecos do movimento para frente da balada reforçam o desdobramento da pompa da ode. O poema tem uma direção e se movimenta, mas sem a inevitabilidade predeterminada da balada. Em vez disso, tem um ritmo variável, baseado num núcleo estrutural diferente, o que permite descobrir, questionar, perder e afirmar, uma estrutura psicológica que tem raízes – como veremos mais tarde – nos processos de aflição do *Lycidas* de Milton. Keats "preenche todas as fendas com minério" (como ele certa vez aconselhou a Shelley), e há espaço para o significado se concentrar e expandir. Esta forma mais espaçosa e fluida é capaz de responder ao tipo de busca mental que o poeta precisa guiar nela. Ela transcende a artimanha do soneto, a falta de forma do sonho "flutuante" e a fatalidade da balada. Pode acomodar a riqueza spenseriana de *Santa Inês*, mas não tem sua habilidade indulgente nem sua inventividade verbal – seus "vícios" poéticos. Contudo, ao contrário de "La Belle Dame", permite-se que a dicção varie entre os grupos de palavras sensoriais ("flores de raízes frescas, de olhar perfumado") e simplicidade enfática ("Sagrado o ar, a água e o fogo). Acima de tudo, o foco é, ao mesmo tempo, exterior e interior – preservando o espaço ou cesura entre a deusa Psique e a alma individual do poeta:

> *Com certeza hoje eu sonhei, ou terei visto*
> *A alada Psique com meus olhos despertos?*
> *A história dela e a dele coexistem, a alma dele e a*
> *Alma despertadas simultaneamente dentro do sonho.*

Em vez das janelas defensivas da ambiguidade e da ilusão que são despertadas nos protagonistas de "La Belle Dame", temos um drama reflexivo ente a alma e a deusa da alma, uma gradativa absorção de significado. O começo é experimental, desculpando-se por cantar a Psique seus próprios segredos e transformando a causa do poema em seu tema:

> *Ó deusa! Ouve estas palavras sem melodia, arrancadas*
> *Pela doce execução e pela lembrança querida . . .*

O poeta "perambula pela floresta distraidamente" – ou seja, sem uma intenção, de modo que a visão do caramanchão de Cupido e Psique é uma descoberta, representando o recente despertar de Psique do esquecimento. Ele a reconhece por meio do amor:

> *O menino alado eu conhecia;*
> *Mas quem és tu, ó feliz, feliz pomba?*
> *Sua fiel Psique!*

À medida que as abstrações se concretizam, ele percebe, pela primeira vez, que elas fazem parte do mesmo sistema. Isso corresponde à descrição de Keats (na menção à "feitura da alma" em sua carta) de como "mediadores" como os da mitologia pagã simplificam em muito o "sistema" de feitura da alma ao fazerem uma ponte entre a consciência infantil e a personalidade do adulto, para a qual "identificar" é o começo da identidade. Em outubro, pouco antes de seu aniversário no dia 31, ele havia escrito uma balada premonitória para a aguardada chegada do primeiro filho de George e Georgiana, dizendo que ele "tinha em mente fazer uma profecia, e dizem que as profecias acabam por se cumprir":

> *Vede, vede a lira, a lira*
> *Numa língua de fogo*

Sobre o topo do berço,

Brilhando, brilhando, brilhando.

Além do que suporta a visão –

Despertai-o de seu sono

E vede se ele consegue manter

O olhar sobre essa chama.

Maravilhe-se, maravilhe-se![49]

Keats aqui antecipa o sentimento "maravilhado" de sua vindoura descoberta de Psique, quando ele se tornará um recém-nascido "bardo do oeste selvagem", o primeiro dessa terra recém-descoberta.

Agora vemos como o caramanchão da floresta com Cupido e Psique superou o "ninho de tristeza" dos titãs e o agitado flutuar entre os topos das árvores do sonho de Paolo e Francesca. Ele descobriu seu próprio berço de criatividade. O sonhador não aspira por uma eternidade escapista do esquecimento; no sonho ele está desperto e faz perguntas (como a balada). Em "La Belle Dame", a fada disse, ou parece ter dito, numa "língua estranha": "Eu te amo de verdade". Aqui se ouve o eco da rima e do ritmo em "Sua Psique de verdade". É um tipo diferente de subjetividade, sem a perigosa ambiguidade do sonho com a fada, pois o poeta não é levado à mesma identificação total. Ele não acredita que a deusa esteja apaixonada por *ele*, nem que sua salvação depende de estar no controle da visão. Em vez disso, o "amor" brilha nele de maneira moderada. A figura de Cupido substitui o poeta como amante, e, ao contrário do sonho, "seus lábios não se tocam"; o momento é de tempo em suspenso, antes e depois de um fazer amor continuamente renovado, "sempre pronto a um sem-número de beijos". Assim, não existe uma qualidade voyeurista; o momento responde ao sonhador e, à medida que ele enumera as características desse momento, oferece-lhe a oportunidade de um reconhecimento vagaroso, no ritmo do sonhador:

Ó mais jovem e de longe mais encantadora
De toda a esmaecida hierarquia olímpica!
Mais bela que o astro-safira de Febo
Ou Vésper, amoroso vagalume dos espaços;
Mais bela, embora não possuas templo
Nem altar de flores adornado;
Nem coro virginal a erguer lamento deleitoso
Nas horas da meia-noite . . .

No início, o poeta sentiu que suas "palavras sem melodia" eram inadequadas para se aproximar da deusa. Agora, à medida que enumera os atributos da veneração que pareciam faltar a esta nova deusa "negligenciada", ele descobre que, paradoxalmente, eles na verdade parecem acumular-se nela, mas de um modo gerado por suas próprias qualidades internas, e não pelo costume religioso, como nos dias das "felizes devoções" – os dias dos velhos deuses olímpicos. A voz, o alaúde e a flauta surgem como emanações da própria Psique, como seus "leques luminosos, / flutuando entre os esmaecidos olímpicos". Ao mesmo tempo, a música vai se instilando na ode. E agora o poeta pode fazer esta declaração confiante e enfática:

Eu vejo e canto, inspirado por meus próprios olhos.

Esse verso é o ponto vital do poema – quando o poeta se confia à realidade de sua visão e à veneração da nova deusa. Seus antigos deuses da poesia mergulharam nas sombras, à medida que

Keats repete os versos, quase palavra por palavra, com uma aura de transferência e confirmação rituais – a música deles agora é *dele*:

> *Assim, seja eu teu coro, e erga um lamento*
>
> *Nas horas da meia-noite;*
>
> *Tua voz, teu alaúde, tua flauta, o doce incenso*
>
> *A fluir do turíbulo oscilante;*
>
> *Teu santuário, teu bosque, teu oráculo e o fervor por ti*
>
> *Do profeta de lábios pálidos a sonhar.*

Inspirado pelas qualidades internas da musa, o poeta agora vê que sua função é fazer eco e refleti-las, usando os materiais sensoriais de sua arte: "seja eu teu coro . . . tua voz, teu alaúde, tua flauta . . .". Com a repetição vem o envolvimento e o estabelecimento de uma relação de aprendizagem. É o momento que equivale ao de Blake:

> *E ao pulsar teu coração,*
>
> *Que mão ousou? E que pés ousaram?*

A vida interna da deusa é transferida por meio do "esvoaçar" de seus leques para o hálito do poeta como profeta, sob a forma de "calor" – o "calor . . . do sonho profético" –, mais tarde "deixar entrar o quente amor". A corrente de ar quente é tirada do "prazeroso" sonho de Paolo e Francesca; ela contrasta com as ocasionais lufadas de vento "mortiças" ou "decrescentes" que Keats havia descrito no épico inconcluso *Hiperião*, com seu hálito de vida paralisado pela depressão quando a morte de Tom se aproximava:

Altos carvalhos, ramas encantadas pelas estrelas
solenes,

Sonham, e então sonham toda a noite sem mexer a
folhagem,

A não ser pelo gradual sopro solitário

Que rompe o silêncio e morre ao se afastar,

Como se o ar em vazante tivesse uma só onda ...
[ll.74-78]

Aqui, os altos carvalhos, personificando os sofrimentos titânicos, grandes demais para que os homens possam suportá-los, não provocaram nenhuma música no céu – com seus galhos estáticos, como os frios "corrimões do purgatório" de *Santa Inês*, cujos "anjos esculpidos com perenes olhos sequiosos" lembram essas "estrelas solenes" com sua artificiosa ilusão de proteção.

O "profeta de lábios pálidos" é uma reformulação do poeta-menino fantasmagórico ou com uma palidez de morte que aparece na escrita de Keats ao longo de todos esses meses: uma complexa fusão do Tom morto, cuja voz foi silenciada por uma musa cruel, com o poeta lutando por encontrar uma voz. Keats havia contrastado a natureza suave de Tom com sua própria "violência", sua determinação de açoitar o mundo. Agora sua identificação com Tom emerge, transformada no "sonho do profeta de lábios pálidos", o bebê no seio depois de ter sido amamentado, a boca entreaberta como Cupido e Psique, mas não como os lábios escancarados das vítimas da Belle Dame, e não pressionados uns contra os outros como os de Paolo e Francesca numa ilusória eternidade. Agora o bebê é alimentado por seus sonhos.

Esse estabelecimento da relação entre bebê e musa é a firme base psicológica sobre a qual Keats fundamenta a gloriosa afirmação da última estrofe da ode:

112 A EVOLUÇÃO DE PSIQUE

Sim, eu serei teu sacerdote, e erigirei um templo
Numa região não trilhada da minha mente,
Na qual os pensamentos, ramos recém-crescidos com
aprazível dor,
Murmurarão ao vento em vez dos pinheiros;
Ao longe, aquelas árvores que formam grupos negros
Emplumarão, aclive por aclive, a serra de deserta
crista;
E lá os zéfiros, correntes, pássaros e abelhas
Embalarão as dríades deitadas no musgo;
E, bem no meio dessa larga paz,
Um róseo santuário adornarei
Com a grinalda trançada de um ativo cérebro,
Com botões, sinos, com estrelas sem nome,
Com tudo o que jamais pôde inventar aquela
jardineira, a fantasia,
Que, produzindo flores, não produz jamais as
mesmas;
E para ti lá estará todo o prazer suave
Que pode obter o pensamento umbroso,
Um claro archote e uma janela aberta à noite
Para deixar entrar o cálido amor!

Não mais vagando sem rumo, o poeta descobriu sua vocação: construir o relicário na floresta de sua mente, em que a feitura da alma possa ocorrer. Este novo cavaleiro não é um equitador, um nômade ou um colonizador; ele descobriu que, na verdade, é um construtor e jardineiro. Ele cuida do jardim de seu próprio cérebro, em preparação para as visitas poéticas da deusa. Como sacerdote de Psique, ele deve preparar o solo para sua própria "salvação", sem captura ou propriedade, pois a poesia deve "elaborar sua própria salvação em um homem". Escarpa por escarpa, passo a passo a partir do "muito, muito distante", a paisagem mental vai se revelando, "emplumando" o cérebro ao seguir seus contornos escalonados. A Belle Dame não mais se inclina "para o lado" ou "precipitadamente" em resposta ao corcel trotante do poeta. A marcha inquieta de sua mensagem é substituída por esse processo de revelação, e seu espírito encontra um lugar de descanso na paisagem. A qualidade persecutória de seus "olhos selvagens, selvagens" modula-se para uma aura de mistério e inacessibilidade à medida que seus traços se acomodam nessa estrutura "escura", "selvagem" e "escarpada", terrível em escala como o rochedo de Wordsworth.

No verão anterior, Keats havia escrito a Tom sobre "o semblante do timbre intelectual" das primeiras montanhas que viu em seu passeio a pé (no distrito dos lagos) e como, pela magnitude de contraste, esse timbre "deixava sua imaginação em repouso": "Nunca esqueci minha estatura tão completamente".[50] Não eram montanhas sem árvores, mas "emplumadas com freixos"; aqui, a paisagem mental evocada por Keats sugere uma crista coberta de vegetação acima de um nicho. Como disse Ruskin, em empatia com o desagrado de Keats com relação a paisagens sem árvores, esta "maravilhosa Ode a Psique" demonstra "a influência das árvores sobre a alma humana". A ideia tradicional de um poeta portador de asas sofre uma mudança brusca, como resultado da intensa significância que Keats atribui à palavra "emplumar", que ele usa para descrever o desenvolvimento das forças poéticas e também a maneira como as árvores crescem das fendas da encosta de uma montanha. Na verdade, Keats transformou a emplumação das montanhas distantes por ramos de pensamento em uma metáfora

114 A EVOLUÇÃO DE PSIQUE

da própria feitura da alma, o desenvolvimento do conhecimento. Meses depois, ainda naquele ano, ele expressa o desejo de "disseminar o colorido de Santa Inês por todo um poema com caráter e sentimento, o que constituiria as figuras dessa tapeçaria".[51] Ele está se referindo a um poema em larga escala, um drama shakespeariano ou um épico miltônico. Mas, na verdade, suas palavras descrevem exatamente o que ele já havia feito, numa escala menor e íntima, na "Ode a Psique". A música e o colorido do "luxo" recaem sobre os ombros do conhecimento estrutural, pois o poema traça atentamente os contornos da montanha-deusa. Ele não evocou meramente as rochas sob a folhagem, mas o músculo e o palpitar do coração – "que arte / Pôde urdir as fibras do teu coração?". A condição afetiva para isso é "de aprazível dor"; ao mesmo tempo, de maneira imperceptível, os ramos do pensamento se multiplicam. Neste "róseo santuário", a hostilidade dissolve-se a partir de "vermelho, vermelho" e "terrível, terrível". Os topos das árvores de *Hiperião* ganham vida, dissolvendo a qualidade estática das estrelas fixas em seu céu indiferente: elas se tornam pontos de som e cor – pássaros, abelhas, brotos, sinos. O movimento descendente aprimora a flutuação de topo a topo das árvores do sonho de Paolo e Francesa, e o mito em que Psique era carregada da Terra por ventos suaves. Esse movimento chega ao descanso no jardim, com suas "treliças engrinaldadas" espelhando as intrincadas voltas do cérebro. O jardim é a área íntima e pessoal de cultivo, a área genital, com intensos zumbidos de abelhas (zéfiros-correntes- -pássaros-abelhas-musgos-dríades-sono-centro-quietude), como a "clareira plena de zumbidos de abelhas" de Yeats e lembrando o conceito anterior do próprio Keats de elementos ativos e passivos na criatividade, expressos pela cooperação entre a atarefada abelha e a flor "despontando pacientemente sob o olhar de Apolo".[52] Agora Apolo foi superado por Psique como divindade da poesia.

Dessa forma, o princípio feminino, há tanto tempo "esquecido" ou visto com suspeita pelos poetas românticos, é revelado por meio do processo quase sacerdotal de Keats da capacidade negativa, para constituir o núcleo da musa poética. Ele é alcançado por um "imaginar" poético das qualidades do sexo oposto, distinto da autoinsinuação porfiriana sob as cores de seu próprio verso.[53] Keats não precisa perguntar: "Quem fez o cordeiro também te fez?". A imagem de Blake e de Shelley do poeta que, como Prometeu, ousa roubar o fogo dos deuses em suas "distantes profundidades ou céus" foi transformada na visão idiossincrática de Keats na chama de Psique: pois a imagem final da janela aberta é alegre reverso do mito em que Cupido foi queimado pelo candelabro de Psique quando foi visitá-la à noite. Essa janela com sua luz acolhedora é um meio de comunicação, e não uma barreira de separação, sempre receptiva às visitas de um "pensamento sombrio". Torna-se uma imagem característica em Keats, indicando o umbral de uma nova experiência, uma mudança catastrófica bioniana. Keats expulsa a advertência da Belle Dame quanto a ser abandonado "Na encosta fria da colina", junto com o pesadelo da morte em vida de Coleridge, quando faz eco ao ritmo de balada dessas obras em seu último verso, breve e triunfante: "Deixe entrar o cálido amor". Um ano antes, ele havia escrito antecipadamente: "É impossível saber até que ponto o conhecimento nos consolará pela morte de um amigo".[54] Ele não foi consolado, mas ganhou em conhecimento. Seus ombros estão emplumados; ele entendeu como trabalhar em sua própria alma. Nas palavras de Milton,

Amanhã rumo a novos bosques e pastagens.

Notas

1. D. Meltzer e M. Harris Williams, *The apprehension of beauty* (Strath Tay: Clunie Press, 1988), p. 27.

2. Milton, *Paraíso perdido*, IX.489-492.

3. Wordsworth, *O prelúdio*, I.401-412.

4. Susanne Langer, *Philosophy in a new key* (Cambridge, MA: Harvard University Press, 1942), p. 110.

5. *O prelúdio*, II.328.

6. Wordsworth, "Ode: intimations of immortality from recollections of early childhood".

7. *O prelúdio*, I.364.

8. Coleridge, *Notebooks*, ed. K. Coburn (London: Routledge & Kegan Paul, 1957), Vol. 3, n. 4047.

9. As *Baladas líricas,* de Wordsworth e Coleridge, foram publicadas em 1798; as *Canções da inocência e da experiência*, de Blake, em 1789-1794.

10. Um antigo tema de Keats – como em seu mais antigo romance em verso, "Calidore".

11. Carta ao casal George Keats, 14-31 de outubro de 1818, em: *Selected Letters,* ed. R. Gittings (Oxford: Oxford University Press, 1975), p. 170.

12. "A Song about Myself", escrito em julho de 1818, em: *Complete poems,* ed. J. Barnard (Harmondsworth, Middlesex: Penguin, 1973); as citações seguintes são desta edição.

13. Keats, carta a Haydon, 22 de dezembro de 1818, em: Gittings, *Letters,* p. 173.

14. Keats, carta-diário de fevereiro-março ao casal George Keats, em Gittings, *Letters*, p. 214.

15. Keats, carta a Leigh Hunt, 10 de maio de 1817, em: Gittings, *Letters,* p. 10.

16. Carta a Bailey, 10 de junho de 1818, em: Gittings, *Letters,* p. 99.

17. Dezembro de 1818-janeiro de 1819, carta-diário ao casal George Keats, em: Gittings, *Letters,* pp. 175-176.

18. Carta ao casal George Keats, 14-31 de outubro 1818, em: Gittings, *Letters,* p. 168.

19. Título completo do Prelúdio, de Wordsworth

20. Ver carta ao casal George Keats, 14-31 de outubro de 1818, em: Gittings, *Letters*, pp. 164-165.

21. Keats, carta ao casal George Keats, 16 de dezembro-4 de janeiro de 1819, em: Gittings, *Letters*, p. 185.

22. John Donne, "To his mistress going to bed". Keats mais tarde ficou muito amargo com relação aos Estados Unidos – uma terra que "desconhecida por qualquer deus de cabelos de ervas" – depois que George não deu sorte e se mostrou ingênuo em seus negócios no Novo Mundo.

23. Carta a Haydon, 10, 11 de maio de 1817, em: Gittings, *Letters*, pp. 12-13.

24. Carta diário de fevereiro-maio ao casal George Keats, em: Gittings, *Letters*, p. 218.

25. Ibid, p. 233.

26. Carta a Bailey, 21 de maio de 1818, em: Gittings, *Letters*, p. 98.

27. Soneto de 2 de agosto de 1818, "Read me a lesson, Muse".

28. Em; Gittings, *Letters*, p. 230.

29. Ibid, p. 228.

30. Ibid, p. 230.

31. Keats, carta a Reynolds, 3 de maio de 1818, em: Gittings, *Letters*, p. 95.

32. Carta-diário de fevereiro-maio ao casal George Keats, em: Gittings, *Letters*, p. 239.

33. Carta a Reynolds, 3 de maio de 1818, em: Gittings, *Letters*, p. 92.

34. Carta a Haydon, 8 de abril de 1818, em: Gittings, *Letters*, p. 83.

35. Carta-diário de fevereiro-maio ao casal George Keats, em: Gittings, *Letters*, p. 239.

36. A opinião satírica de Byron (em reação ao mito idealizado de Keats feito por Shelley em *Adonais*): "Estranha é a mente, essa partícula inflamada, que se deixa levar por um artigo".

37. Carta-diário de fevereiro-maio ao casal George Keats, em: Gittings, *Letters*, p. 222.

118   A EVOLUÇÃO DE PSIQUE

38. Carta-diário de dezembro-janeiro ao casal George Keats, em: Gittings, *Letters*, p. 178.

39. Carta a J. A. Hessey, um de seus editores, com relação ao "relaxado" *Endimião*, às críticas e à sua própria autocrítica, 8 de outubro de 1818, em: Gittings, *Letters*, p. 156.

40. Já se sugeriu que dois deles lembram as moedas colocadas sobre as pálpebras dos mortos.

41. "Linhas escritas nas terras altas, depois de uma visita à região de Burns", julho de 1818.

42. "Se o nosso inglês deve ser encadeado por rimas tediosas", copiado no final desta carta-diário.

43. Keats reconta sua caminha com Coleridge na carta de fevereiro-maio, em: Gittings, *Letters*, p. 237.

44. Ibid, p. 242.

45. Ibid, pp. 243-244. Keats faz correções durante o processo de escrita do rascunho (não reproduzido anteriormente).

46. Soneto de Keats, "Ao lançar os olhos no Homero de Chapman pela primeira vez".

47. Carta de fevereiro-maio, em: Gittings, *Letters*, p. 253.

48. Das duas formas de soneto (a de Petrarca e a de Shakespeare), a shakespeariana consiste em três quartetos e conclui com dois versos rimados.

49. Keats, linhas começando por: "É a hora enfeitiçada da noite", em: Gittings, *Letters*, pp. 165-166.

50. Carta a Tom Keats, 25-27 de junho de 1818, em: Gittings, *Letters*, p. 103.

51. Carta a Taylor, 17 de novembro de 1819, em: Gittings, *Letters,* p. 340.

52. Carta a Reynolds, 19 de fevereiro de 1818, em: Gittings, *Letters*, p. 67.

53. A carta sobre a "capacidade negativa" de Keats é a de 21, 27 de dezembro de 1817 a seus irmãos, em: Gittings, *Letters*, p. 43. Sua descrição da capacidade de "imaginar dentro" de Milton é feita em suas notas sobre *Paraíso perdido*: ver Barnard, *Poems*, p. 518.

54. Carta a Reynolds, 3 de maio de 1818, em: Gittings, *Letters*, p. 92.

3. Milton como musa

O que deve ser buscado é uma atividade que é tanto a restauração do bem (a Mãe) quanto a evolução de deus (o informe, o infinito, o inefável, o não existente), que só pode ser encontrada no estado em que NÃO existe memória, desejo, compreensão.

Wilfred Bion[1]

Quando Keats estava viajando a pé pela Escócia no verão anterior à morte de Tom, recolhendo material para sua poesia, em particular para o projetado épico miltônico *Hiperião*, ele escreveu a seu amigo Bailey que a primeira coisa que tencionava fazer ao voltar era "ler sobre Milton, Ceres e Prosérpina".[2] A passagem a que ele se refere está marcada em sua cópia de *Paraíso perdido*, de Milton, com a seguinte nota:

> *Existem duas espécies de beleza extraordinária no Paraíso perdido; elas são de uma natureza, até onde li, que não existe em nenhuma outra parte – são inteira-*

mente distintas da breve comiseração de Dante – e não são encontradas nem em Shakespeare. Elas estão de acordo com a grande prerrogativa da poesia mais bem descritas em si mesmas que num volume todo. Uma está nesta passagem: "O que custa a Ceres toda aquela dor"; a outra, naquele final: "A musa tampouco pôde defender seu filho" – ambas parecem exclusivamente miltônicas, sem qualquer sombra da mentalidade antiga ou moderna.[3]

Tanto o mito de Orfeu quanto o de Prosérpina são histórias sobre os limitados poderes da relação mãe-criança dos quais depende o florescimento da natureza. Num deles, o poeta é separado da mãe-musa e se torna vulnerável ao bandidismo da "multidão que emitiu o terrível rugido", um barulho que mata o poeta; em outro, o espírito poético – a ideia bela – é tomado pelos poderes das trevas e separado da musa a que pertence, embora numa base menos prejudicial e "sazonal". São mitos muito conhecidos, parte da cultura recebida, embora Keats os veja como sendo *a respeito de Milton e de ninguém mais* – Milton os recontou de tal modo que eles formam uma parte orgânica de sua história poética pessoal, "sem a sombra de alguma outra mente". Essas histórias só adquirem seu total impacto quando desempenham um papel na feitura da alma de uma mente individual. Quando um mito é incorporado como "ideia", ele pode então – em termos de Bion – tornarse "generativo".[4] Na verdade, Milton menciona os mitos de forma bastante breve em certos pontos-chave, mas Keats reconheceu que seu significado é disperso por toda a história mais ampla e parece ter adivinhado como o próprio Milton certa vez expressou sua vocação em termos da busca pela "ideia do belo de todas as formas e aspectos das coisas . . . com a mesma diligência de Ceres buscando

Prosérpina, sua filha perdida".[5] A ligação é o platonismo, a que Keats fez eco muitas vezes; recapitulando sua vida, ele se descreve como tendo "amado o princípio da beleza em todas as coisas".

Para os dois poetas, a relação com a musa passou a ter uma analogia com a da mãe-criança; embora em certos pontos, inicialmente, eles tenham um ideal mais narcisista do poeta apolíneo que tinha a chave da divindade, do conhecimento universal. Sua visão empírica era de que a musa, embora fonte da riqueza poética, não é, de nenhum modo, onipotente, pois o fluxo da inspiração – o "princípio da beleza" – depende da natureza das comunicações. Para Keats, "Milton como Ceres" formava um componente significativo de sua própria musa interna, junto com o de seu "comandante" Shakespeare, embora sua influência apareça de maneira diferente em virtude de sua diferença enquanto poetas. Coleridge descreveu-os como "picos gêmeos da montanha poética", com Shakespeare tendo a "genialidade proteica" de entrar numa ampla variedade de diferentes identidades, e Milton a genialidade subjetiva ou egoísta de traçar outros tipos dentro de si mesmo. Contudo, Milton, tanto quanto Shakespeare, praticou um método introjetivo-projetivo de conhecer seu tema – o que Adrian Stokes descreve como "envolvimento e incorporação".[6] Realmente, era o "imaginar dentro" da cabeça da serpente de Milton que Keats tanto admirava. Pois o interesse de Keats por Milton tinha duas facetas (inter-relacionadas), sendo uma o poder expressivo de sua linguagem, e a outra, a *natureza de sua inspiração* – ou seja, a natureza de sua relação com sua musa. Se seguirmos a luta do desenvolvimento de Milton, olhando simultaneamente pela janela a luta de Keats durante a evolução de Psique, podemos ver paralelos estruturais que nos dizem muito sobre o processo de estabelecer contato com a musa. A influência de Shakespeare em Keats está em toda parte – naturalizada, invisível. Mas ler Keats com um "detector" miltônico ligado permite-nos detectar todo passo adiante significativo em seu desenvolvimento, mostrando-nos todo ponto crucial, todo conflito, como ponto de plumagem. Shakespeare se dissolve; Milton se sobressai. De maneira similar, ler Milton levados pela mão de Keats dá-nos um *insight* privilegiado não somente do desenvolvimento dos dois poetas, mas do processo de evolução do objeto que é tão fundamental para o método psicanalítico e a base da visão estética pós-kleiniana de sua operação.

Keats sempre teve dúvida quanto à "filosofia" de Milton, mas seu conhecimento adquirido, como todos os românticos, compartilhava dos ideais republicanos e achava que a nobreza da frase de Milton "por medo da mudança, os monarcas ficam perplexos" teria poder em si mesma "para tirar aquele débil animal Carlos* de seu trono ensanguentado".[7] Como Blake, que achava que o Deus de Milton era uma função de sua individualidade, Keats tinha suspeitas quanto ao dogma e a teologia de Milton quando se apresentavam sob forma política ou de pregação e considerava que isso era algo à parte de seu *self* poético, cujo meio de expressão era a opulência da linguagem. "Com algumas exceções", afirmou ele, a melhor poesia de Milton acontecia quando ele se esquecia dos "ardores" dos cantos e se devotava a seus "prazeres", mas essas "exceções" eram as maiores passagens de *Paraíso perdido*, ocorrendo quando ele ia além da dor e do prazer e "se comprometia ao extremo" em seus ousados voos de imaginação:

> *Se ele não tivesse irrompido pelas nuvens que envolvem tão deliciosamente os Campos Elísios e se dedica-*

---

* Referência ao rei Carlos I (1600-1649). Filho de Jaime I, foi destronado e executado pelo líder puritano Oliver Cromwell, que deu início ao breve *interregnum* republicano da história inglesa (1649-1660). Como puritano e republicano, Milton atuou como uma espécie de Ministro da Educação do governo Cromwell. [N.T.]

do ao extremo, nunca teríamos visto Satã como ele o descreveu –

"Mas seu rosto

Era marcado por profundas cicatrizes feitas pelo trovão" etc.

Existe uma grandeza que o Paraíso perdido *possui acima de qualquer outro poema – a* magnitude do contraste, *e isso é suavizado pelo fato de o contraste ser antigrotesco até um determinado ponto.*[8]

As deliciosas nuvens dos Campos Elísios, bem como as tormentas do inferno, podem ter uma qualidade claustrofóbica, como o cavaleiro descobriu em "La Belle Dame". Enquanto os momentos "extremos" de avanço para a grande poesia ocorrem quando são unidos pelo confronto estético como em Satã, cuja beleza de arcanjo é marcada por cicatrizes feitas pelo trovão. É interessante que Keats escolha a "magnitude de contraste" como característica notável da grandeza de *Paraíso perdido* e enfatize que ela não é, de forma alguma, "grotesca", como se poderia esperar – ou como de fato Pope a retratou em sua sátira *The rape of the lock* (*A violação do fecho*, em tradução livre). As estonteantes mudanças de escala no épico, como quando os diabinhos se alvoroçam num pandemônio como abelhas, evocam o contraste entre uma visão de criança e uma visão parental ou divina. Os anjos decaídos nunca tiveram uma amplitude de visão para se venderem e diagnosticarem sua lógica infantil. Contudo, essas mudanças de escala não são grotescas, pois são significativas e comoventes. Poder-se-ia dizer que elas têm sua gênese num quadro íntimo que Milton ofereceu de suas ambições poéticas no início de sua carreira, em que se refere a si mesmo como uma criança de dois anos aprendendo a falar:

124 MILTON COMO MUSA

Salve, língua nativa, que, por meio de débeis bases
Moveste minha língua esforçada a falar pela primeira
vez
E produziste palavras imperfeitas com tropeços pueris,
Quase não pronunciadas, deslizando por meus lábios
infantis,
Impondo um silêncio parvo do umbral da porta,
Onde essa criança se sentava dois anos antes . . .[9]

Esses versos fazer parte de "Exercício de férias" – um endereçamento público de quando ele estava na universidade. Nessa obra, "salta por cima dos estatutos" (como ele mesmo diz) – pois apenas o latim, e não o inglês, era permitido nessas ocasiões – para saudar a "língua nativa" que ele acreditava ser a fonte emocional e educativa adequada da poesia. Deliberadamente, e de maneira até provocativa, ele criou um confronto entre o conformismo oratório e a poesia inspirada que esperava escrever mais tarde sob a égide da musa (língua nativa), da mesma forma que seu *self* de dois anos aprendera sua língua materna. Milton foi um grande linguista, tendo sido primeiramente reconhecido como poeta na Itália, como resultado de sua poesia escrita em italiano. Contudo, anos depois, mesmo em meio às complexas e envolventes orações de *Paraíso perdido,* ele ainda teria, em termos emocionais, "lábios infantis" com relação à musa de sua própria língua. E, como numa cerimônia religiosa, ele escolheu essa ocasião pública para declarar seu intento particular e, assim, num certo sentido, comprometer-se com ele.

Pouco depois desse episódio universitário, em 1629, Milton escreveu espontaneamente sua "Ode à manhã da natividade do Cristo", contando a história de como o espírito poético nasce ou é

MEG HARRIS WILLIAMS   125

implantado na mente do "mundo recém-iluminado" e marcando o
início de sua vida como poeta:

O inverno segue rigoroso
Enquanto a criança nascida do céu
Jaz mal-agasalhada na rude manjedoura . . . [ll. 30-32]

O passado histórico simples (o do era uma vez) é trazido para
o presente: a sequência das palavras "criança nascida do céu" (sugerindo uma neve lenta que cai em flocos isolados e prefigurando
a chegada posterior de estrofes falando da paz) expressa a trans-
mutação do ser celeste em terreno. A ideia abstrata e mística torna-se imediatamente enraizada na Terra numa situação humilde
e concreta: "mal-agasalhada na rude manjedoura", com seus sons
ásperos, dá uma veracidade ao local do nascimento e à existência
da criança, caída do céu intangível; e Milton inventou uma nova
forma de verso que, por meio de entrelaçamento de linhas longas
e breves, ecoa continuamente este movimento de chegada do espírito ao sentido. Ele usa o alexandrino spenseriano (verso com
seis tônicas), como Keats, para dar ênfase sensorial – um efeito de
ondulação e envolvimento. Assim, a paz, prefigurando a posterior
descida de Psique pelos topos das árvores, vem "suavemente deslizando / Para baixo por meio da esfera que gira", então

Ela lança uma paz universal sobre o mar e a terra.

A característica fundamental do poema, contudo, não é sua inventividade, mas sua inspiração. As estrofes introdutórias, que in-
vocam a musa, enfatizam a instantaneidade e a realidade sensorial
da visão que ele vê e do lugar onde ele está – o estado em que ele se
encontra. O que tem de acontecer acontece "Agora". Estas estrofes

não são como geralmente se explica, meramente convencionais. Está claro que o poeta se sente forçado a se dirigir à musa – não de modo polido ou reverente, mas com as palavras que lhe vêm à boca, urgentes, ávida e coloquiais:

> *Diz, musa celestial, teu véu sagrado*
>
> *Não ofertará um presente ao menino-Deus?*
>
> *Não tens um verso, um hino ou palavra solene*
>
> *Para saudá-lo nesta sua nova morada,*
>
> *Agora que o céu ainda não percorrido pelo Sol,*
>
> *Não assumiu nenhum tom da luz que se aproxima,*
>
> *E as lantejoulas celestes montam guarda em brilhantes esquadrões?*

No misterioso momento que precede a aurora, o limite entre a noite e o dia, o sentido-experiência parece fluido e mágico; abstração e metáfora fundem-se uma na outra, enquanto a "luz intolerável" transforma-se no céu povoado pelas estrelas (o exército de anjos); e o estado de assombro do poeta exige que a "luz que se aproxima" imprima-se não apenas na face do céu, mas também nas palavras da poesia:

> *Vê como pela longínqua rota do oriente*
>
> *Os magos, guiados pela estrela, acorreram com doces perfumes,*
>
> *Oh, corre e os guia com tua humilde ode,*
>
> *E deposita-a a Seus pés abençoados . . .*

A "humilde ode" é o seu equivalente da jornada em direção ao conhecimento feita pelos magos guiados pela estrela. É a reciprocidade da musa para com ele: o impacto estético sobre ele fazendo eco à encarnação da divindade. Milton escreve a um amigo nessa época, num tom entusiasmado e surpreso, que os versos "foram-me trazidos pela primeira luz da aurora".[10] O primeiro contato do poeta-criança com a idade de ouro, com as brilhantes realidades da luz do sol platônica, é de tal ordem que a mãe-musa não apenas glorifica e irradia, mas também protege a mente. É o que Meltzer chama de "deslumbramento do nascer do sol":

> *Pode muito bem haver inúmeros bebês que não contam com as tradicionais mães belas e devotadas que os veem como belos bebês comuns, e que não são saudados pelo deslumbramento do nascer do sol. Contudo, não posso afirmar com convicção que já tenha visto um em meu consultório.[11]*

As passagens mais comoventes e musicais do poema dizem respeito à maneira como os deuses pagãos banidos brilham com vida no exato momento de sua morte e fornecem um cenário perfeito para a ideia infantil deste catastrófico ponto de mudança:

> *Os oráculos estão mudos,*
>
> *Nenhuma voz ou cantarolar medonho*
>
> *Corre pelo teto arqueado com palavras enganadoras.*
>
> *Apolo, de seu santuário,*
>
> *Não pode mais predizer,*
>
> *Com seu berro oco saindo da encosta de Delfos.*
>
> *Não mais o transe noturno ou o feitiço sussurrado*

128 MILTON COMO MUSA

Inspiram o sacerdote de olhar pálido em sua cela
profética.

Por sobre as montanhas solitárias

E as praias retumbantes,

Uma voz chorosa ouviu-se, e um grito de lamento;

De uma fonte e de um vale assombrados,

Margeados de pálidos choupos,

O gênio parte lançando um suspiro;

Com as tranças desfeitas, não mais intercaladas de
flores,

As ninfas choram à luz crepuscular do arvoredo
emaranhado.

Na terra consagrada,

E no fogo sagrado,

Os lares e os lêmures* gemem seus queixumes
noturnos . . . [estrofes xix-xxi]

Se alguém ler isso depois de ler Keats, poderá pensar que se trata do mesmo poeta. A influência do banimento dos deuses pagãos feito por Milton sobre a "Ode a Psique", com a "hierarquia desgastada do Olimpo", é bastante conhecida. Os dois poetas estão descrevendo uma nova ideia que se sobrepõe ao velho mundo religioso. A ode de Keats, e as outras que escreveu de mesma inspiração, entrelaça imagens e ecos miltônicos: seu "coro de virgens que produz um delicioso lamento / altas horas da noite" provém

---

* Os lares eram divindades romanas de origem etrusca, encarregadas de velar sobre o recinto doméstico e as encruzilhadas; os lêmures, também entre os romanos, eram as almas dos mortos. Eram considerados gênios malfazejos que afligiam os vivos. [N.T.]

das ninfas que "choram nos arvoredos entrelaçados" e "gemem seu queixume noturno"; os "ramos assombrados da floresta" provêm de "uma fonte e um vale assombrados"; as "treliças trançadas", de "tranças desfeitas, não mais intercaladas de flores"; os "escuros grupos de árvores", de "emplumados de montanhas escarpadas"; "encosta por encosta", de "saindo da encosta de Delfos"; "nenhum santuário, nenhum bosque, nenhum oráculo, nenhum calor / de profetas de lábios pálidos sonhando" vem dos oráculos mudos "sem voz" e o "feitiço sussurrado", que "inspira o sacerdote de olhar pálido em sua cela profética", que, por sua vez, se torna a estrutura em forma de cela do "cérebro operante" de Keats com seus ramos entrelaçados derivando do "teto arqueado", o abrigo para as sombras e o pensamento sombrio.

No final do poema, o movimento descendente envolvente que prevalece é demonstrado pela "temível mão da criança" que se estende como o raio de sol para organizar a paisagem em um símbolo poderoso, unindo os elementos pagãos em harmonia:

Nosso bebê, para mostrar sua divindade verdadeira,

Pode, envolto em suas cobertas, controlar a horda condenada.

Então, quando o sol se deita,

Acortinado em vermelho nebuloso,

Descansa seu queixo numa onda oriental,

O rebanho das sombras pálidas

Marcha para a prisão infernal;

Cada fantasma agrilhoado

Desliza para a sua própria sepultura,

E as fadas de saias amarelas

130 MILTON COMO MUSA

> *Voam atrás dos corcéis,*
>
> *Deixando para trás seu labirinto enluarado.*
>
> *[estrofes xxv-xxvi]*

Aqui, Milton coloca o novo "sol" (filho)* em seu sombrio contexto pagão como uma gema num broche, aninhando o cristão no pagão. É uma descrição maravilhosa do rebanho de nuvens horizontais de um poente que se mistura rapidamente com o mar. Como o "pensamento sombrio" de Keats, que "produz flores", este "rebanho de sombras pálidas" finalmente ganha uma posição, uma encarnação, centrada em uma fonte de luz rósea ("vermelho nebuloso", o "santuário róseo" de Keats). Como os "luminosos leques" de Psique, as camadas de luz respiram calor e vida. As "fadas", os "corcéis noturnos" e o "labirinto enluarado" do poema de Milton tornam-se, por meio de uma associação sonora, os "zéfiros, regatos, pássaros e abelhas" de Keats, os elementos vitais. Por fim, vemos como o "sacerdote de olhar pálido na cela profética" abriu-se como uma flor, metamorfoseando-se no Cristo menino, daí se transformando no "profeta de lábios pálidos" que é o bebê e o sacerdote de Psique.

A criança de Milton, como a de Keats, inicialmente aparece faminta – "o olhar pálido", temerosa de que o "canto sombrio" dos altos tetos abobadados da boca de sua mãe não seja uma música, mas "palavras enganadoras" como as da *Belle Dame* ou o "o telhado adequado para um ninho de dor" de Hiperião.[12] Suas esperanças são alimentadas, e seus medos, tranquilizados, terminando com faces rosadas "aconchegadas" na "onda oriental" do seio da mãe. De repente, o bebê aparece poderoso, como mostra sua mão cerrada. Essa mão se estende para pegar as ambíguas fadas e duendes

---

* Em inglês, os substantivos *sun* (sol) e *son* (filho) têm a mesma pronúncia; daí, o jogo de palavras. [N.T.]

do mundo pagão para transformá-los em "anjos brilhantemente ataviados" alinhados numa "ordem obsequiosa". Em Keats, esse processo torna-se a construção do santuário, do jardim. "Obsequiosa" é uma faceta-chave do conceito da reciprocidade. Lembremos a "profecia" que ele fez para o filho ainda não nascido de seu irmão na América ("espantoso, espantoso . . . além do que suporta a visão"). Esse acalanto referia-se ao "deslumbramento com o nascer do sol" da "Ode à natividade", tanto em termos de linguagem quando de sua ideia de um novo poeta que tinha "alguma coisa operando nele" na natureza de uma "Profecia sendo realizada". Aqui, vemos as origens do Milton que não podia limitar-se à pura luxuosidade da canção, mas que sentia que devia lutar para descobrir o significado engastado nela. Keats, "seguindo os passos do autor", chegou à mesma conclusão depois de escrever *Santa Inês*. Seu poema tinha um "colorido" de natureza similar ao da "Ode à natividade", mas faltava-lhe sua "estrutura" – a forma mental que o qualificaria como contribuição à feitura da alma.

Vemos como o processo pensado de Keats é modelado pelo de Milton – não por sua doutrina, mas por seu profundo significado, contido na música e na estrutura de seu verso. É o Milton-pregador que chama os deuses suplantados de "horda condenada". Keats, em posição mental equivalente na "Ode a Psique", não tem noção dos olímpicos "condenados"; seus elementos vestigiais simplesmente desaparecem, enquanto seu espírito vivo prossegue, soprado de volta à vida. A doutrina de Keats não é a do bem contra o mal, mas de uma "grande marcha do intelecto" em que sucessivas gerações baseiam seu pensamento nas maiores implicações da anterior. Ele atinge uma visão mais histórica e menos política da realização mental. Mas nos dois poetas a velha crença, purgada de suas feias superstições, torna-se fundo para a nova visão, o berço da nova ideia. Realmente, Keats, em suas cartas, mostra-se bem consciente de que a orientação mais civilizada de sua própria era não resultava dos maiores "poderes do intelecto", mas de sua privilegiada base nas lutas das gerações anteriores de poetas.

Agora desejo voltar à luta propriamente dita – para ver o que Milton aprendeu e o que ele pôde, portanto, ensinar aos poetas subsequentes sobre os aspectos negativos do "aprender com a experiência" (no sentido proposto por Bion). Alguns meses depois de escrever a "Ode à natividade", Milton tentou escrever um poema sobre o mesmo tema, e que fizesse par com ela, sobre o tema "A paixão", começando por se referir à sua realização anterior e prosseguindo na linguagem que se tornava cada vez mais tensa e amaneirada, à medida que ele tentava injetar-lhe "paixão" pela força de sua vontade artística. Ele nomeia a "noite" como sua musa, pois ela é a "melhor protetora da dor" e pede-lhe que ela "transforme minha fantasia lisonjeira em crença / de modo que o céu e a Terra fiquem coloridos de meu sofrimento". Mas, depois de algumas estrofes, ele se queixa de que, a despeito de seu controle técnico – seus "personagens ordenados" e suas "lágrimas bem instruídas" –, seu verso não parece "tão vívido quanto antes". Do ponto de vista psicológico, o que fascina é a maneira como Milton parece abandonar seu tema pretendido – Cristo na cruz – e, à medida que o poema avança, o foco acaba sendo sua própria reação ao tema, como se tentasse analisar as razões pelas quais o poema se recusa a vir à vida. Numa breve nota no fim do poema publicado, para explicar por que ele está incompleto, Milton diz que achou o tema "acima de sua idade". Mas seu veredicto dentro do poema é um pouco diferente: ele sugere que a obra fracassou não por ser sobre o sofrimento e a morte, mas por seu clamor narcisista, sua luta pelo controle sem o poder supervisor da musa, resultando não em "notas da maior tristeza", mas numa autoestimulada "infecção veemente de tristezas":

E eu (porque a tristeza é facilmente cativada)
Talvez pensasse que a veemente infecção das minhas
mágoas
Tivesse emprenhado uma nuvem com uma linhagem
de tristes.

Assim, o poema demonstra a aguda capacidade de Milton de se auto-observar, sempre mantendo a "Ode à natividade" – a coisa real – nos fundos de sua mente. Ele transformou "A paixão" em uma lição para si mesmo: a de que a inspiração não podia ser co-mandada pelo *self* – ela era realmente um atributo da musa. Em um soneto, "Ó, rouxinol", escrito mais ou menos nessa época, ele troca a musa-noite pelo rouxinol. Aqui, ele contrasta o verdadeiro pássaro da poesia com o falso cuco, o "rude pássaro do ódio", concluindo que deseja seguir a "musa, ou amor", qualquer que seja o parceiro do rouxinol: pois "A ambos sirvo e faço parte de seu séquito".

Keats estava interessado em "A paixão". Sua famosa frase "a in-visível sala da poesia" na "Ode a um rouxinol" é tirada de "A pai-xão"; enquanto "Ode à melancolia", a última do grupo das odes de primavera, expressando o resultado da inspiração, é impregnada de ecos de "A paixão" – "devida distribuição em caráteres ordenados" torna-se "melancolia devida se distribuirá" e assim por diante. Ele a usa para fechar um período de criatividade, para dizer adeus à inspiração. Mas faz um uso mais importante dela, durante o perío-do que leva às odes, em termos de aprender a lidar com o fracasso poético e a depressão – o período em que a musa parecia se negar a lhe falar, e em que ele estava a ponto de desistir completamente de escrever poesia. Foi também a época em que estava enfrentando sua mais intensa luta entre e amor e ódio com Milton, enfocado em seu épico *Hiperião*, que ele começou e parou de escrever durante o outono e o inverno daquele ano. Em contraste com a *Véspera* de *Santa Inês*, que ele escreveu rápida e facilmente, o *Hiperião* era quase o veículo obsessivo para suas sérias ambições políticas. O épico conta como os titãs, uma raça de gigantes, são suplantados pelos olímpicos "mais belos" – em particular, como Hiperião, o antigo deus-sol, é substituído por Apolo, deus da cura e da poesia. O princípio de evoluções, subjacente à "Ode a Psique", aqui teve sua primeira formulação pela boca de Oceano, que é uma personificação de Milton, o debatedor intelectual da elevada base moral. Oceano, o deus titânico do mar, ergue-se com suas "madeixas não lodosas" e começa a se dirigir à assembleia dos titãs decaídos. Ele é um daqueles "deuses de cabelos semelhantes a ervas" que, como Keats se queixará mais tarde, parecem estar ausentes da América.[13] Na verdade, Oceano respinga referências miltônicas, e Keats usa um estranho eco do "Exercício de férias" e de seu quadro das origens da fala para descrever o comportamento do deus do mar:

> *Em balbucios da sua língua nos esforços iniciais que*
> *Como bebê aprendeu com as distantes areias cheias de*
> *espuma: [II.171-172]*

Mas Oceano assume uma postura puramente intelectual, não exibindo nenhum sinal de simpatia por seus companheiros titãs decaídos. Ele lhes diz que devem "receber a verdade" e "que ela lhes seja um alívio":

> *Assim, em nossos calcanhares uma nova perfeição*
> *trilha,*
> *Um poder mais forte em beleza, de nós nascido*
> *E fadado a nos sobrepujar, à medida que*
> *Em glória passamos*
> *Para aquela velha escuridão . . . [II.212-214]*

A recomendação de Oceano com relação à "verdade" é um tipo de catecismo, um ritual de instrução, e não uma ideia trazida à vida por meio de um símbolo. Keats exibe sua própria doutrina da beleza, equivalente à de Milton, como se tomasse emprestado seu peso político, sua certeza. Inevitavelmente, isso não consegue sustentar o poema, que logo desmorona; Keats abandona o poema, na verdade, no meio de um verso, de uma sentença incompleta. Apolo é abandonado no processo de nascimento cheio de angústia e convulsão, enquanto a musa, Mnemósine,* estende os braços sobre ele "como alguém profetizando". O episódio é uma espécie de caricatura tensa das esperanças de Keats de nascer como um novo tipo de poeta, sob a égide dos grandes poetas que o precederam, como Milton e Shakespeare. De fato, Milton como musa não sustenta a visão narcisista do belo Apolo, a despeito de Keats reproduzir efetivamente o estilo miltônico nos dois primeiros livros. Não é este o Milton com que Keats, como filho poético, precisa se comunicar. Ele precisa de um tipo diferente de identificação para incorporar a força de Milton em sua própria estrutura-objeto: não a personificação, mas a inspiração. Mesmo com Apolo insistindo que "O enorme conhecimento faz de mim um deus", nós – e o próprio Keats – ficamos impressionados com a incapacidade do poema de se tornar um veículo para o conhecimento da alma, em contraste com suas cartas do mesmo período, com seu progresso tranquilo e despretensioso em direção ao conceito de "agonia da ignorância". Keats aprende, por este meio negativo, que precisa abandonar seu ídolo Apolo e abrir a janela da mente para revelar Psique, a "deusa esquecida".

Durante aqueles meses de inverno, Keats foi gradativamente percebendo que o que estava errado com *Hiperião* era algo similar

---

* Para os gregos, a personificação da memória ou da lembrança. Zeus amou-a durante nove noites e, ao fim de nove meses, Mnemósine deu à luz as nove musas. [N.T.]

ao que estava errado com "A paixão". Sua falsa premissa de conhecimento da natureza da dor mental meramente mascarava a ignorância subjacente. A ignorância genuína, com sua necessidade de comunicação com a musa, não podia encontrar uma voz, pois era sufocada por uma falsa aparência – as nuvens do purgatório da estilística artificial. Mais tarde, ele achou que *Hiperião* continha "demasiadas inversões miltônicas" – como "madeixas não lodosas", "língua pretensiosa poupada".[14] As "lágrimas bem instruídas" de Milton equivalem aos lamentos de Apolo ou à preleção de Oceano. Milton tem seus conceitos metafísicos; Keats tem suas inversões e cadências miltônicas. Contudo, os importunos recursos estilísticos são meramente um sintoma, e não a doença. O âmago do problema é um tipo errôneo de identificação: é o poeta em identificação projetiva que fala, e não a musa. A musa miltônica de *Hiperião* torna-se a paisagem rochosa do poema – um tipo de exoesqueleto composto de construções e temas linguísticos consciente e habilmente imitados. É uma paisagem dura, mas, ao mesmo tempo, frágil, sem força interna. Keats a descreveu, com uma autocrítica um tanto severa, como "a falsa beleza procedendo da arte", e não "a verdadeira voz do sentimento".[15] O que Keats precisava não era da imitação de Milton, mas da inspiração de Milton – não a cópia da técnica, mas o trilhar do caminho interior. Ele precisava "escalar as nuvens para existir", da mesma maneira que Milton "irrompeu pelas nuvens" e "dedicou-se ao extremo".

Não obstante, *Hiperião* contém as sementes da comunicação potencial com seu objeto-Milton: ou seja, com o Milton inspirado, não com o Milton egocêntrico. Milton sentiu claramente que "A paixão" havia fracassado pelo excesso de confiança, uma espécie de arrogância poética; contudo, *Hiperião* fracassa pelo peso congelado da depressão que a inspiração não consegue romper. O fracasso-objeto é o de Ceres, não o de Orfeu. Cada tênue movimento em direção à comunicação é interrompido, dissolvendo-se no ar – o poeta, como o decaído Saturno, rei dos titãs, é incapaz de encontrar a reciprocidade que busca:

Floresta sobre floresta acima de sua cabeça,
Como nuvem acima de nuvem. Lá, o ar sequer se movia,
A vida era escassa como num dia de verão,
Sem roubar nem um fio de luz da grama emplumada,
Mas onde a folha morta caía, ali ficava.
Um córrego passou emudecido, ainda mais morto
Por causa de sua divindade caída,
Espalhando uma sombra; a náiade entre os juncos
Pressionou seu dedo frio mais perto dos lábios. [I.6-14]

Os titãs decaídos habitam um "ninho de dor" onde "despenhadeiros e rochas / Erguem-se com a fronte de monstruosos cornos", lembrando-nos da "triste rocha sepulcral" de "A paixão". A ressonância do som, a habilidade de falar, está dramaticamente ausente em Saturno. Ele está asfixiado num silêncio em que "a descrença não tem espaço para respirar". No entanto, essa passagem, do início do épico incompleto, expressa a "dor da sufocação" que Keats admirava na descrição que Milton fez da serpente;[16] ela tem uma empatia que vai além da mera habilidade de estilo e se aproxima de uma identificação mais profunda, talvez um tanto adesiva, com o modelo "poeta como musa". Trata-se do melhor do poema. Aqui, os materiais são unidos a partir de sua fonte na "Ode à natividade", como se estivessem prontos para seu uso posteriormente revisado em "Psique". As "ninfas emaranhadas nas matas" da natividade tornam-se a náiade nos juncos e, posteriormente, Psique em seu caramanchão; a "luz crepuscular" das ninfas torna-se a sombra

138 MILTON COMO MUSA

da "divindade caída" de Saturno – que jaz quiescente, como se hibernando, até poder ser usada para o "pensamento sombrio" de Psique. O "transe noturno ou encanto sussurrado" dos deuses pagãos de Milton, no *Hiperião*, transforma-se nas árvores "em transe" e "de ramos encantados" antes de chegar aos lábios entreabertos de Psique, uma reformulação da náiade com o dedo nos lábios. Como o rei Lear, Saturno é um rei-bebê que sente que perdeu seus poderes, cruelmente desmamado da mãe-terra; na verdade, ele é ridicularizado por outros dos titãs por suas "palavras de bebê". Ele se sente sufocado pela "monstruosa verdade" que pesa sobre ele, "abafado" por sua perda da graça. Sua "mão" jaz "fraca, apática, morta", ao contrário da "temível mão do menino" na "Ode à natividade; mas é ressuscitada em "Psique" quando o jardineiro descobre uma nova função para ela. Pois, em última instância, este berço rochoso da dor – uma saliência no terraço infernal de Dante – será transformado nas montanhas ferozmente sulcadas de Psique.

Essa transformação é uma função de identificação mudada, e os meios da mudança são sugeridos pelo próprio Milton em *Licidas*, a maior das elegias inglesas. Ela foi escrita em 1637, depois da morte de sua mãe, embora se refira ostensivamente a um colega de universidade que se afogou no mar e cujo corpo nunca foi resgatado. Aqui, Milton confronta o que não conseguira fazer em "A paixão" – ou seja, a ideia da morte em poesia: uma mudança catastrófica que não podia se sustentar sem a ajuda da musa. Alguns anos antes, ele havia condenado veementemente a busca da poesia como profissão, chamando-a de "pecado sem proveito da curiosidade" que interfere na ambição mundana normal: é um tipo de inferno em si mesma, pela qual "um homem se aliena de toda ação e se torna uma criatura completamente desamparada, pusilânime e desarmada neste mundo".[17] É interessante que o objeto de seu ódio seja, com efeito, sua própria criatividade – o senso de desamparo que deriva da permissão para que seu talento seja usado pela musa para servir a humanidade. Este é o Milton admirado por Keats quando o viu "sofrendo na obscuridade pelo amor de seu país"; ele estava empatizando não apenas com as ideias republicanas fracassadas de Milton, mas com sua coragem interna e a luta expressa por meio de sua poesia.[18]

Milton registrou esta expressão de ódio pela poesia numa "carta a um amigo" em meio aos rascunhos de seus primeiros poemas. Na verdade, era uma carta para si mesmo, para apresentar uma primeira formulação da violência da emoção que – no final desse mesmo manuscrito de poemas – acabou por encontrar lugar em sua poesia. Em *Licidas*, pela primeira vez, Milton usa essas emoções conflitantes de amor e ódio, pedindo que a musa demonstre sua resistência espiritual e forje nele uma capacidade recíproca de internalização. Quando Keats começa a "Ode a Psique" com os versos

> *Ó deusa, ouve estas palavras dissonantes, extraídas*
> *Por sincera aplicação e pela grata lembrança,*

ele está se referindo deliberadamente às qualidades que Milton evocou em sua musa quando iniciou sua elegia com um soneto áspero e irregular, que quebrado pela força da emoção contém:

> *Mais uma vez, ouvi loureiros, e mais uma vez,*
> *Mirtos castanhos, com vossas heras nunca ressequidas,*
> *Eu vim colher vossas bagas ásperas e cruas,*
> *E com forçosos dedos rudes*
> *Despedaçar tuas folhas antes do amadurecimento.*
> *Amarga aplicação e ocasião cara e triste*
> *Compelem-me a perturbar o curso normal de vossa*
> *estação . . . [ll. 1-7]*

Keats pede desculpas por cantar os "segredos" de Psique; Milton pergunta "Quem não cantaria por Licidas?". Silenciosamente, todo o impacto de *Licidas* é compactado nesses dois versos de "Psique", com sua ideia de "sincera aplicação". Keats aprendeu com Milton que a musa ouvirá o apelo do poeta mesmo que – ou especialmente caso – ele seja monótono ou dissonante; e que sua declarada "violência de temperamento" não constitua uma desqualificação. Os "forçados dedos rudes" de Milton rasgam a coroa de louros da poesia; as "palavras dissonantes" de Keats não fazem justiça à sua música. Contudo, elas são "extraídas" dele por uma urgência interna, da mesma forma que Milton é "compelido" a perturbar o curso normal da estação. Com "grata lembrança", ele invoca a "cara e triste ocasião". Essa necessidade e esse apelo internos são aquilo a que a musa responderá; é a musa que deve eventualmente dar forma ao poema, pois é evidente que o poeta sozinho não consegue fazê-lo. Em "Psique", a deusa parece ter sido negligenciada; só será possível encontrá-la por meio do amor. No caso de Licidas, "o abismo sem remorso" fechou-se sobre seu corpo e tampouco pode ser encontrado. A imagem do corpo à deriva, sem âncora – o princípio poético da vida –, é a de Prosérpina e Orfeu, bem como a de Tom Keats. As progressivas vagas do poema, como as do próprio mar em que Licidas se afogou, delineiam a busca por esse corpo não encontrado, não reclamado, flutuando e "rolando" nas ondas. O estar à deriva, em *Licidas*, contrasta com uma época antiga quando a figura do irmão morto e o elegíaco pareciam inseparavelmente unidos, "cuidados na mesma colina". Então, houve uma morte, uma partida, narrada com o acompanhamento de uma música nostálgica e vocálica, um débil eco da partida "com um suspiro" dos deuses pagãos da "Ode à natividade":

Agora tu partiste, para nunca mais voltar!

O pastor, os bosques e as cavernas desertas,

Com o tomilho silvestre e a vinha abundante,

Fazem ecoar seu lamento por ti. [ll. 37-41]

A beleza dessa música perdeu seu poder. Ela está esvaída e tímida, como o início da "Ode a Psique". Milton, por seu lado, cava além da nostalgia para enfrentar sua amargura e sua raiva. No curso do poema, todo o ódio que o poeta sente pela poesia é desnudado – o senso de degradação e humilhação que acompanha o "ofício simples e de pouca monta do pastor"; a "musa ingrata"; os falsos prelados e poetas de "bocas cegas" e "canções mirradas e fugidias". E no centro da violência do poema jaz o medo de que, quando chegar ao ponto de erupção, a musa será insuficiente e incapaz de suportar a raiva e o desespero do poeta:

O que pôde fazer a musa que gerou Orfeu,

O que fez a musa por seu filho que a tudo encantava,

Ele que toda a natureza pranteou,

Quando o bando [das Mênades], emitindo selvagem rugido,

Lançou sua cabeça ensanguentada na corrente,

Que desceu o Hebro até dar nas praias de Lesbos?*
[ll. 58-63]

---

* Orfeu era filho de Apolo com a musa Calíope. Inventou a lira e, com seu canto suave, abrandava a natureza e fascinava animais, plantas e até as pedras. Casou-se com a ninfa Eurídice, que, no dia das bodas, foi picada por uma cobra e morreu. Desesperado, Orfeu desceu até o mundo dos mortos para resgatá-la. Foi autorizado a trazê-la de volta, com a condição de não olhar para seu rosto antes de retornar ao mundo dos vivos, mas Orfeu não resistiu e olhou para a mulher. Perdendo Eurídice de vez, passou a vagar pela Grécia chorando-a; várias mulheres o assediavam, mas a todas ele repelia. As Mênades (ou Bacantes), enfurecidas com seu desprezo, despedaçaram-no às margens do rio Hebro, na Trácia. Levadas pelas águas, sua cabeça e sua lira foram parar na ilha

142 MILTON COMO MUSA

Esse é o "selvagem clamor" que reaparece em *Paraíso perdido*, mais uma vez com o lembrete da impotência da musa: "tampouco pôde a musa defender / Seu filho".[19] As forças que matam a poesia são a fraqueza, a fama e a hipocrisia que substituem seu "selvagem rugido" e a "canção fugidia" pela verdadeira voz do sentimento. São similares às forças que, na fantasia onírica de Keats, mataram seu irmão Tom – o encanto enganador da musa-rato. É por isso que, em *Paraíso perdido*, em que Milton sente que está explorando um território muito perigoso, ele é cuidadoso ao invocar a "musa celestial" a quem, em determinado ponto, ele chama de Urânia; mas, caso o nome esteja equivocado, ele se protege com: "O significado, não o nome, eu invoco".[20] Ele reconhece que se este objeto interno for, de alguma forma, deficiente em qualidade ou força, ele pode buscar o ilusório apoio do narcisismo ou se tornar presa do bandidismo dos grupos internos básicos da presunção ["o bando"].

O clímax da raiva, neste ponto de *Licidas*, deriva de uma sensação de desamparo. Contudo, este contato com a vulnerabilidade é, na verdade, o ponto de virada do poema. Ele libera o rio de lágrimas e desperta os "olhos esmaltados" da paisagem, cobrindo as margens com flores recém-abertas:

> Ó vales profundos, onde os suaves sussurros provêm
> De sombras e ventos lascivos e riachos borbulhantes,
> Em cujo colo puro a estrela trigueira raramente se mira,
> Voltai para cá todos os vossos olhos esmaltados,
> Que na relva verde sugam as chuvas doces,
> E tornam púrpura todo o chão com flores vernais.
> Trazei a prímula matinal que morre abandonada,

---

de Lesbos, onde lhe foi dada sepultura. Em outras versões da lenda, o corpo de Orfeu foi transformado em constelação por Zeus. [N.T.]

O cornichão em tufos e o pálido jasmim,
A cravina branca e o amor-perfeito salpicado de
azeviche,
A violeta brilhante . . . [ll. 136-145]

As imagens anteriores haviam sido de ventos "escaldantes", o deserto salgado do mar, as "correntes diminuídas" dos rios, as "cavernas desertas" da terra vazia. Agora, o rio da vida volta e "torna púrpura todo o chão" – como se o sangue estivesse dando vida à carne pálida. Quando o rio começa a correr, os "olhos" das flores se abrem. O "verde tufo suga as doces chuvas". Keats continua a desenhar essa passagem em sua descrição do caramanchão de Psique com "flores de frescas raízes, olhos perfumados"; aqui é o "olhar--amanhecer do amor que desperta", e ele o vê com "olhos despertos", que parecem soprar vida na deusa em reciprocidade. A ideia de que, na imaginação, o corpo à deriva foi encontrado e recebeu o tributo de um funeral possibilita que o lamento – o processo de trazer à vida na mente – tenha início.

Mas existe outra fase no processo do lamentar. A descoberta literal do corpo é separada dos âmbitos da "falsa suposição" (pois ela, na verdade, não aconteceu). Isso deixa mais claro que o que agora deve ser descrito é puramente espiritual, uma abstração. O triunfante final de *Licidas* mostra a recuperação não do corpo--poeta, mas da mãe-musa – não como alternativa, mas como outro estágio do reconhecimento. Os despojos terrestres do continente do conhecimento prévio são suplantados por um sonho de sua fonte espiritual: em termos de Bion, é a fundação não apenas para a "restauração do deus (a mãe)", mas também "a evolução do deus". O elegíaco agora imagina que o corpo de Licidas deve estar num local desconhecido e, portanto, para sempre misterioso, na total turbulência de sua experiência fustigada pela tormenta:

144 MILTON COMO MUSA

Ai de mim! Enquanto tu foste, pelas praias e mares troantes,

Levado para longe, onde quer que teus ossos tenham sido atirados,

Se para além das tormentosas Hébridas,

Onde talvez tu, sob a maré,

Visitas o fundo do mundo monstruoso,

Ou, negado aos nossos votos lacrimosos,

Dormes junto à fábula do velho Belero,

Onde a grande visão do monte fortificado

Olha para Namancos e o forte de Bayona;

Agora, anjo, olha para tua casa com compaixão;

E vós, golfinhos, amparai o desafortunado jovem. *
[ll. 154-164]

---

* As Hébridas compreendem um arquipélago na costa oeste da Escócia. Belero é um herói criado por Milton para explicar a palavra latina *bellerium*, que significa "o fim da terra". Em outras palavras, o narrador está dizendo que Licidas deve estar em algum lugar além do fim da terra, um cabo e uma pequena aldeia no extremo sudoeste da Cornualha, Inglaterra. A "grande visão do monte fortificado" refere-se a uma história sobre como alguns monges tiveram uma visão de são Miguel no Monte de São Miguel, uma ilha a sudoeste da Inglaterra. "Visão" também significa "a linha do horizonte", vista do topo desse monte. Assim, no fim da terra, ou no Monte de São Miguel, a linha se estende em direção a Namancos, antigo nome de uma região do noroeste da Espanha, e a Bayona, uma antiga cidade fortificada no oeste desse país. Os dois lugares evocam a ameaça do catolicismo espanhol; o narrador quer que Licidas olhe para sua casa, a Inglaterra, e não para a Espanha católica. Por fim, o narrador invoca a ajuda dos golfinhos; os marinheiros acreditavam que avistar golfinhos era um bom presságio. [N.T.]

O local onde Licidas agora "dorme" é, em essência, desconhecido; é um santuário tanto quanto o caramanchão de Psique. É um lugar onde a desconhecida experiência futura é gerada, um cadinho de criatividade. "Em que fornalha foi [forjado] o teu cérebro?". Na parte do "arrojar sonoro e submerso", Licidas sonda as "monstruosas" profundidades da turbulência emocional. Então, repentinamente, ocorre uma abstração. Os verbos ativos mudam, "ele dorme junto a uma fábula". O que acontece aqui é uma mudança na abstração, uma concentração na formação dos símbolos. A forma verbal seguinte, repetida, é "olha". No verso climático e famosamente comovente

Agora, anjo, olha para tua casa com compaixão;

ouvimos o apelo do poeta à musa para que "diga a verdade". O ponto de transição, quando o fechamento simbólico ocorre, é a palavra "agora". É o ponto em que o anjo, que olhava para outra direção, vira-se e *olha* para o poeta, que está em casa, imbuído da ideia de Licidas. Os golfinhos erguem seu corpo acima das ondas, em paralelo com o "o grande poder daquele que caminhou sobre as ondas" (Cristo). O poeta-bebê que foi amamentado, erguido pelos braços da mãe, confirma a experiência por meio do vínculo com os olhos da mãe, como a "estrela diurna" que se ergue do mar e

Flameja na testa da estrela da manhã.

Aqui, mais uma vez, reconhecemos a criança da "Ode à natividade", cujo braço se ergue como um raio de sol, firmemente engajado em seus desejos, enquanto a musa, o arcanjo, personifica as qualidades bissexuais do "poderoso" e da "compaixão", da força e da ternura, que capacitam o poeta a cruzar os mares da vida ileso. Juntas, essas qualidades *dizem a verdade*.

Keats, como Milton, não deseja ser protagonista, mas sacerdote: descobrir não uma maneira de fazer, mas uma maneira de ver. É interessante constatar que, mesmo antes de mergulhar no *Hiperião* naquele outono, ele havia estabelecido no fundo de sua mente a imagem de uma musa-Licidas que havia se apresentado a ele sob a forma de uma fantasia não premeditada quando estava visitando a Caverna de Fingal, em Staffa, com suas notáveis formações de colunas de rocha. Ele afirmou que elas pareciam um feixe de palitos de fósforo amarrados por gigantes (como os titãs). Ele se imaginou, como num sonho, aproximando-se do *genius loci* do lugar para pedir indicações poéticas e vendo uma figura envolvida de branco dormindo nas rochas no umbral da caverna, enquanto as ondas se erguiam ao redor dele. Ele se aproxima e toca a figura, que agora ele chama de "espírito", e ela desperta, declarando ser o Licidas de Milton:

> *Eu sou Licidas, disse ele,*
>
> *Famoso pelos cantos fúnebres dos menestréis!*
>
> *Esta forma foi arquitetada*
>
> *Pelo grande Oceano!*
>
> *Aqui suas poderosas águas fazem soar*
>
> *Os tubos dos órgãos o dia todo . . .*
>
> *Tenho sido o sacerdote-pontífice*
>
> *Onde as águas nunca se aquietam,*
>
> *Onde um coro de emplumadas aves marinhas*
>
> *Soa para sempre; o fogo sagrado*
>
> *Eu escondi dos mortais . . .*[21]

Os versos são semissérios e se transformam numa sátira leve sobre como os versos da moda, como os "barcos da moda" turísticos que saem para espiar esta "catedral marinha" natural, apartam-se para sempre do "fogo sagrado" que é o sangue vital da poesia inspirada – o fogo dos olhos do tigre de Blake. Licidas é o "sacerdote" ou guardião da caverna poética – a boca ou cabeça da musa, "emplumada" por seu coro de aves marinhas. Seu corpo envolto em branco entre as rochas lembra o Cristo de "A paixão" de Milton, bem como a apoteose do corpo afogado de Licidas. Uma coisa que fica clara nesse pequeno esboço satírico é que, para Keats, Oceano, o deus titânico que "arquitetou" a Caverna de Fingal, é equivalente ao Milton que arquitetou o épico *Paraíso perdido*. Agora sua descendência, ou sacerdote, Licidas, jaz no umbral da criação poética. O Oceano de *Hiperião*, quando foi esboçado alguns meses depois, era o cruel e austero filósofo da doutrina da "beleza é verdade", indiferente aos sofrimentos dos outros titãs, seus companheiros. Esse superego puritano parecia punir o novo poeta, não tanto por excesso de confiança (por acreditar que podia escrever um grande poema, que podia salvar a alma de seu irmão Tom), mas por supor que a escala detalhada dos desejos humanos individuais deveria ter importância para a marcha total da humanidade vista pelos olhos dos deuses. Isso parecia sugar a vida da ambição poética: diante da morte, a poesia parecia supérflua. Um ano antes, Keats havia imaginado como conseguiria se tornar poeta, "vendo a grandeza da coisa". Então, a experiência de escrever *Hiperião* o fez indagar o que eram o amor e a morte na vida dos irmãos Keats para um poeta de tamanha mentalidade "oceânica" como Milton. Em outras palavras, quem se importa com isso?

Contudo, mesmo quando parecia esmagado por esse severo e elevado Milton, o "Milton das rochas", mais ambíguo, esvoaçava o plano de fundo. O Milton levemente esboçado nos versos sobre a Caverna de Fingal sugere que existe uma escolha de modelos poéticos que pode ser seguida. Keats nunca completou esses versos; eles pararam na metade, da mesma forma que *Hiperião*, com suas perguntas ainda sem respostas, e ele os rejeitou, dizendo: "Lamento ser tão indolente a ponto de escrever uma coisa dessas".[22] Mas as perguntas desempenham uma parte crucial no prelúdio às odes da primavera. O "portal de pedra" de Milton aqui é a entrada de uma catedral ou de um sepulcro, como em "A paixão"? Seu "sacerdote-pontífice" vela lá dentro ou lá fora? O "fogo sagrado" está realmente oculto do homem moderno em virtude de seus modos bisbilhoteiros e intrusivos? Licidas é o tipo de guardião que tranca o tesouro poético, em vez da voz inspiradora que resgata o poeta salvo do naufrágio no mar? Eram as aves marinhas do mundo natural as únicas a "emplumar" o coro celeste, e não os modernos poetas que podem se tornar emplumados e aprender a "voar pelo ar e pelo espaço sem medo"? É o próprio Keats apenas um daqueles turistas nos barcos de passeio? A afirmativa enfática de Milton, depois de encarar o arcanjo nos olhos e, em seguida, se voltar para a *ideia* desencarnada de Licidas, havia sido:

> *Daqui por diante, tu és o gênio da praia,*
> *Como tua grande recompensa, e serás bom*
> *A todos os que vagarem naquele mar perigoso.*
> *[ll. 163-165]*

Agora, em que sentido Keats poderia se beneficiar da "bondade" desse poder que se oferece como "mediador" entre a musa de Milton e as subsequentes gerações de poetas – todos aqueles que "vagam no perigoso mar"? Talvez a resposta de Keats seja dada de maneira belíssima na penúltima estrofe da "Ode a um rouxinol":

Tu não nasceste para a morte, pássaro imortal!
Não pisam sobre ti as gerações famintas.
A voz que ouço esta noite fugitiva foi ouvida
Em velhos dias por Imperador e por campônio;
Talvez o mesmo canto que encontrou caminho
No triste coração de Rute, quando, ansiando pelo lar,
Ela ficou chorando em meio ao trigo do estrangeiro;
O mesmo que encantou, vezes e vezes,
Janelas mágicas abertas sobre a espuma
De mares perigosos, num país de fadas já perdido. *

A voz do rouxinol não é nenhuma verdade catequista, como a de Oceano; é uma real verdade emocional, o único alimento para as gerações famintas entre o trigo estrangeiro de seu mundo de circunstâncias, onde "o jovem empalidece, esquálido como um espectro, e morre". Da mesma forma que a música de *Licidas* leva a "frescos bosques e viçosas pastagens", uma paisagem ambígua sombria e fértil, de modo que o rouxinol abre uma janela para os mares de fadas, enquanto, ao mesmo tempo, sua canção é "enterrada bem no fundo / Nas próximas clareiras do vale". Ela se torna "gerativa". A porta para a próxima experiência emocional abre-se até no momento da resolução do conflito presente. Existem muitas passagens escuras, todas abertas.

Dessa forma, podemos ver Keats permitindo que seus objetos internos "criem a si mesmos", em estágios gradativos, por meio de uma identificação variante e batalhadora com Milton e com o processo deste de evolução do objeto. Na medida em que Milton foi

---

* Tradução de Augusto de Campos, *Vialinguagem* (São Paulo: Companhia das Letras, 1987), pp. 142-149. [N.T.]

150 MILTON COMO MUSA

visto pelos românticos como dividido internamente em suas identificações, ele ofereceu um modelo que podia ajudar a distinguir entre a imitação narcisista e a confiança na "virtude" que, em última instância, dissolveria a aparente crueldade da musa e revelaria suas capacidades de feitura da alma. Assim, nos meses de inverno depois de iniciar *Hiperião*, quando Keats estava à deriva "abandonado em terras das fadas" e sem ser, com certeza, turista nos reinos da dor, ele esclareceu para si mesmo os aspectos úteis e inúteis de Milton como modelo poético:

Por que eu ri ontem à noite? Nenhuma voz
responderá;
Nenhum deus, nenhum demônio de severa réplica,
Digna-se a responder do céu ou do inferno.
Então, para o meu coração humano me volto de
imediato –
Coração, tu e eu aqui tristes e solitários.

Ele acha que se livrou do "demônio de severa réplica", o Milton-Oceano. Céu e terra passaram no sentido dos julgamentos morais, da culpa e da retribuição. Eles fizeram padecer seu "coração", "triste e solitário" – um tipo de purgação. Sua solidão não o prepara para *ser como* Milton, mas para *ver como Milton via*, quando se comprometeu com o extremo. Keats agora pode seguir a identificação com o gênio da praia cuja mediação pode transformar "palavras sem melodia" e o "clamor selvagem" em canção órfica. Por esse meio, a musa de Milton pode ser incorporada como função de seu próprio objeto interno. Mas, desta vez, ela não falará de maneira miltônica, mas com uma voz "sem a sombra de outra mente, antiga ou moderna". Somente quando a influência poética vem sob a forma de inspiração, transmitida via poeta-modelo de sua fonte em seus objetos, distinto do caráter próprio do poeta, ela tem o potencial de transcender esse caráter, colocando as qualidades abstratas de seus objetos num contexto de evolução do objeto que pode se tornar parte do aprender a partir da experiência da próxima geração. A canção é enterrada bem no fundo das clareiras do vale; da próxima vez, ela será do mesmo padrão essencial, mas uma canção diferente.

Depois das odes, quando sua doença iniciou sua implacável deterioração, Keats tem outro período de amargura contra Milton e, na verdade, contra Fanny Brawne, que ficam, por um breve espaço de tempo, associados com a musa enganadora (como em seu poema *Lamia*). Mas depois de ele ter trabalhado isso, Keats seleciona uma citação de *Licidas* para resumir sua empatia com a experiência de Milton de ser um poeta. Em uma de suas últimas cartas, ele escreve a Fanny Brawne que

> *Eu amei o princípio da beleza em todas as coisas, e se tivesse tido tempo, eu teria me feito lembrar . . . agora você divide com esta (eu posso afirmá-lo?) "última enfermidade das mentes nobres" toda a minha reflexão.*[23]

O "princípio da beleza" é a "ideia do belo" de Milton. A fama é, em *Licidas,* a "última enfermidade da mente nobre" – o interessante é que Keats diz "mentes", o que torna a coisa mais íntima. "Contudo, não estarei eu nisto livre do pecado?" ele havia perguntado um ano antes, no contexto da apreciação do valor de sua própria ignorância. Por fim, nas marcantes linhas seguintes de *A queda de Hiperião* (sua revisão do épico original sob a forma de um poema--onírico medieval como *Le roman de la rose*), ele formula a distinção entre o verdadeiro sonhador-poeta e o falso ou onipotente

152 MILTON COMO MUSA

"fanático", uma distinção que havia aprendido e explorado por meio de sua relação com "Milton como musa":

> *Pois só a poesia pode contar-lhe sonhos,*
> *Com o belo das palavras apenas ela pode salvar*
> *A imaginação da atração escura*
> *E do mudo encanto. Que vivente pode dizer:*
> *"Tu que não és poeta; não deves contar teus sonhos?"*
> *Já que todo homem cuja alma não é tola*
> *Tem visões e falará, se tiver amado*
> *E for preparado em sua língua nativa.*
> *Se o sonho agora proposto a ser escrito*
> *É do poeta ou do fanático saber-se-á*
> *Quando este cálido escriba, a minha mão, estiver no*
> *túmulo. [ll. 8-18]*

Ele sabe que existe algo do "fanático" mesmo numa "nobre mente"; nenhum poeta, na medida em que seja um mero mortal, pode estar "livre do pecado" – os pecados de seu individualismo. De maneira correspondente, existe algo do poeta em todo homem "cuja alma não é tola", possa ele ou não encontrar as palavras para suas "visões". O verdadeiro poeta dá voz aos sonhos de todo homem, em seu favor. Não lhe cabe julgar, nem aos seus contemporâneos, mas à posteridade: "Quem sou eu para ser poeta, vendo a grandeza da coisa?".

Notas

1. Wilfred Bion, *Attention and interpretation* (London: Tavistock, 1970), p. 129.

2. Keats, carta a Bailey, 18, 22 de julho de 1818, em: *Selected Letters*, ed. R. Gittings (Oxford: Oxford University Press, 1970), 1987, p. 135.

3. Keats, notas sobre *Paraíso perdido*, reproduzidas em: *Complete poems*, ed. J. Barnard (Harmondsworth, Middlesex: Penguin, 1973), 1988, p. 525. A passagem ocorre em *Paraíso perdido*, IV.268-272.

4. Bion, *A memoir of the future* (London: Karnac, 1991), p. 572.

5. Milton, carta em latim a Charles Diodati, escrita por volta da criação de *Licidas*; em: *Complete prose works of John Milton*, ed. Don M. Wolfe (New Haven, CT: Yale University Press, 1953), Vol. I, p. 324.

6. Adrian Stokes, *The invitation in art* (London: Tavistock, 1965); para a minha discussão, ver "Holding the dream", em: Meltzer e Harris Williams, *The apprehension of beauty* (Strath Tay: Clunie Press, 1988).

7. Keats, nota sobre *Paraíso perdido*, em: Barnard, *Poems*, p. 520.

8. Ibid, p. 517.

9. "At a vacation exercise in the college", ll. 1-6. Os poemas de Milton, no original, foram retirados de *Poetical works*, ed. D. Bush (Oxford: Oxford University Press, 1966).

10. Milton, "Elegia sexta", tradução da carta em versos a Charles Diodati; em: Bush, *Poetical works*, p. 76.

11. Meltzer e Harris Williams, *The apprehension of beauty*, p. 29.

12. *Hyperion*, II.14, em: Barnard, *Complete poems*.

13. A frase de Keats "desconhecido dos deuses de cabelos de ervas" refere-se à sua impressão da falta da alma ou "sublimidade" dos Estados Unidos; ode "A Fanny", outubro de 1819; carta ao casal George Keatses, 14-31 de outubro de 1818, em: Gittings, *Letters*, p. 165.

14. Inspirados exemplos da própria inversão de Milton são as frases "face humana divina" e "arbusto com cabelo frisado implícito"; *Paraíso perdido*, III.44, VII.323.

15. Carta a Reynolds, 21 de setembro de 1819, em: Gittings, *Letters*, p. 292.

154   MILTON COMO MUSA

16. Keats, notas sobre *Paraíso perdido*, em: Barnard, *Poems*, p. 526.

17. Milton, manuscrito "Carta a um amigo", no *Trinity College Manuscript*, conservado em Cambridge e contendo os rascunhos de seus primeiros poemas; edição facsimile, ed. W. A. Wright (Menston: Scolar Press, 1972), pp. 6-7.

18. Keats, carta ao casal George Keatses, 14-31 de outubro de 1818, em: Gittings, *Letters*, p. 164.

19. *Paraíso perdido*, VII.32-38.

20. Ibid, VII.5.

21. Keats, versos iniciais de "Not Aladdin magian".

22. Keats, carta a Tom Keats, 23, 26 de julho de 1818, em: Gittings, *Letters*, p. 144.

23. Keats, carta a Fanny Brawne, fevereiro de 1820, em: Gittings, *Letters*, p. 361

4. Ascensão e queda de Eva

Raras vezes se faz justiça à imaginação de um poeta . . . mal podemos imaginar como a cegueira de Milton pode ter auxiliado a magnitude de suas concepções como um morcego numa imensa abóboda gótica.

John Keats[1]

A luz do dia é mais segura; embora se deva lembrar que esse grande protagonista da luz celeste não foi poupado da cegueira, do domínio do infinito e dos horrores do disforme, do mesmo modo que as formas de Platão não salvaram a ele nem à sua coisa pública dos poetas.

Wilfred Bion[2]

O ideal keatsiano de se tornar um poeta "emplumado" que pudesse "voar pelo ar e pelo espaço sem medo" está fundado nos voos poéticos do *Paraíso perdido* de Milton. "Levado em meio à escuridão total ou parcial", ou chafurdando entre "as águas escuras e profundas" e o incompreensível "infinito vazio e informe", o poeta

156 ASCENSÃO E QUEDA DE EVA

é tão explorador das extraordinárias paisagens de seu próprio poema quanto Satã, rodopiando seu "caminho oblíquo" pelo ar puro, ou "trilhando a grosseira consistência, em parte a pé, / em parte voando". Esta sensação de difícil ajuste à textura de seu próprio poema e às novas áreas da experiência que cada sessão explora é expressa por Milton de maneira vívida e sensorial nas quatro invocações à musa, que ocorrem no início dos Livros I, III, VII e IX. Nelas, Milton retrata, com uma clareza única, a relação poeta-criança lutando para evoluir e contra a dependência com relação à musa maternal, que torna conhecido os perigos mentais da poesia e guia o poeta por eles. Poder-se-ia dizer que esse seja o tema fundamental de sua poesia, continuamente revisada e reexperimentada à luz do mundo das circunstâncias. A musa o mergulhou nos "horrores do informe" e também deles o salvou, da mesma forma que Satã foi resgatado do "abismo sem fundo" por sua ainda latente centelha de divindade e levado a descobrir a forma de sua agonia interna na nova criatura de Deus, o homem – que é o motivo de Blake ter visto Satã como o herói de Milton, afirmando, em sua pilhéria mais cruel, que Milton era "um verdadeiro poeta e, sem o saber, do partido do diabo".[3]

Milton começou a escrever *Paraíso perdido* seis anos depois de ter ficado cego. A Commonwealth* estava desmoronando e, com ela, seu sonho de uma sociedade justa na Terra: sua segunda esposa havia falecido de parto recentemente, após um breve período de felicidade conjugal.[4] A restauração da monarquia em 1660 significou não apenas o fim de sua carreira e da maioria de sua fortuna,

---

* Em português, a Comunidade (da Inglaterra), como ficou conhecido o *interregnum* republicano que exerceu o poder no Reino Unido entre 1649 e 1660. O líder do novo governo foi Oliver Cromwell, que tinha o título de Lorde Protetor. Já lembramos que Milton, como puritano que era, participou desse governo, mas caiu em desgraça com a restauração da monarquia com Carlos II. [N.T.]

mas também que sua vida ficou em perigo durante um certo tempo, até que amigos influentes lhe obtiveram um perdão não oficial, que parece ser sido concedido com certa ironia, pois se acreditava que Deus já o havia punido por meio da cegueira, de modo que a vida seria para ele mais inconveniente que a morte. Em seu dia a dia, Milton ficou dependente dos amigos, de criados analfabetos, de estudantes que o visitavam e de três filhas jovens. (Ele só voltou a se casar em 1663, dois anos antes de terminar o épico.) O gênio da praia,* com sua qualidade predominantemente masculina, parecia tê-lo abandonado; mas, em vez disso, em *Paraíso perdido,* ele perseguiu muito mais de perto os aspectos femininos da musa, que parecem ter aflorado em associação com sua dependência física e seu banimento do poder mundial.

O último soneto escrito por Milton, provavelmente logo depois do início do épico, registrou um sonho com sua falecida esposa Katherine (cujo rosto ele não chegou a ver) retornando "como Alceste do túmulo", vestida de branco e com o rosto velado.

> *Seu rosto estava velado, mas para meus olhos encantados*
>
> *Amor, doçura e bondade na pessoa dela reluziam*
>
> *Tão claros e com mais deleite como em nenhum outro rosto.* [5]

Então, como no mito de Orfeu e Eurídice, ela desaparece quando está se inclinando para abraçá-lo; a falta de fé do poeta não é demonstrada quando ele se volta para ela, como no mito, mas

---

* Assim Milton chamou Licidas, nomeando-o protetor das praias e do poderio da Inglaterra. Esta invocação à colaboração entre poesia e nacionalismo também aparece no início de *Os Lusíadas,* de Camões, outro épico imperialista. [N.T.]

por seu despertar: "e o dia trouxe de volta a minha noite". Milton geralmente compunha sua poesia mentalmente nas horas que antecediam o amanhecer – isso já acontecia quando ele escreveu sua "Ode à natividade", muito antes de o poeta precisar de um amanuense para "ordená-lo". Os elementos desse sonho – a brancura, o espírito brilhante na escuridão e sua intangibilidade, junto com sua incapacidade órfica de relembrá-lo – reaparecem nas invocações de *Paraíso perdido*. O sonho volta a aparecer quando Adão sonha com Eva: "Ela desapareceu e me deixou na treva" (VIII.478). Contudo, como ele havia escrito no soneto sobre sua cegueira alguns anos antes, "Eles também servem a quem se limita a levantar-se e aguardar". A primeira invocação é uma mistura desigual de referência bíblica, grandiosidade (sendo sua intenção "justificar os meios de Deus para os homens") e intensa súplica a um espírito que fecunde o campo escuro de sua mente, sugerindo vagamente uma identificação com sua esposa pesadamente grávida, semelhante a uma pomba e pensativa:

> *Instrui-me, pois tu sabes fazê-lo; tu que desde o início*
> *Estiveste presente, e com tuas poderosas asas estendidas,*
> *Qual pomba pousaste pensativa sobre o vasto abismo*
> *E o emprenhaste . . .*

No sonho, ela também "se inclina" para ele, forçando uma certa passividade, alimentando sua "visão fantástica", a visão de sonho que contrasta com seu *self* desperto.

Na terceira invocação, que se inicia com "Salve, luz divina", ele enfoca especificamente sua cegueira. Por um instante, o poeta é tranquilizado, imaginando que os poetas e profetas cegos anteriores a ele, como Homero e Tirésias, cantaram "às escuras" como o rouxinol, alimentando-se de seus pensamentos:

> *Então me nutro de pensamentos, que, voluntários,*
> *movem*
> *Harmoniosas palavras; como a ave insone*
> *Canta na escuridão e ocultada no abrigo mais obscuro*
> *Entoa seu canto noturno. [Paraíso perdido, III.37-40]*

Milton se identifica com o rouxinol que, em harmonia com a natureza, "canta na escuridão", e por um momento sua dor é aliviada. Quando Keats se refere a essa passagem em sua "Ode a um rouxinol", ele escreve: "Eu ouço a escuridão", revertendo a perspectiva e o fardo da responsabilidade por pensar. Ele entende (em parte por causa de Milton) que as qualidades-musa da canção devem estar no ouvido de quem ouve. Pois a analogia natural, a dos pensamentos que "voluntariamente" fazem música, não compreende suficientemente "a consciência, a febre e o desgaste / Aqui, onde os homens se sentam e ouvem seus lamentos mútuos". Milton também acha que a identificação com o rouxinol simplesmente intensifica, por contraste, a amargura de sua situação humana,

> *das alegrias humanas*
> *Aparto e pelo livro do saber presenteado*
> *Com um vazio universal, nuvem cerrada e escuridão*
> *perene*
> *Das cenas da natureza, eliminadas e arrasadas,*
> *Com a porta do saber totalmente trancada.*

O poeta está isolado e aprisionado pela "nuvem" e pela "escuridão perene", "apartado", "posto para fora", "presenteado com um vazio universal" – um amargo reverso de suas antigas esperanças de um "conhecimento universal". À medida que o trecho avança, a experiência normal da luz é quase selvagemente extirpada, "eliminada e arrasada", junto com a existência cotidiana e as "alegrias humanas". Pois é apenas quando a escuridão e o isolamento do poeta são totalmente estabelecidos e a "porta do saber [é] totalmente trancada" que a entrada do saber, em outro sentido, torna-se imaginável. Assim, a incapacidade do rouxinol de expressar seu conflito emocional leva-o a buscar outra fonte contenedora do saber:

> Quanto mais tu, celeste luz,
>
> Brilhas dentro de mim, a mente em todo seu poder
>
> Reluz, nela planta olhos que toda névoa dali
>
> Limpam e dispersam, para que eu possa ver e contar
>
> As coisas invisíveis para a vista dos mortais.

"Limpam e dispersam" faz eco a "eliminadas e arrasadas", mas desta vez com ênfase da afirmação, e não da amargura. Na imagem contundente e física, os olhos são plantados dentro dele; e o estabelecimento do *insight*, de uma relação com a luz celestial, culmina no novo ritmo regular do último verso, que reforça triunfalmente a primeira invocação "Coisas ainda não tentadas em prosa ou rima". Ficou claro para Milton que essas "coisas" não são heroicas nem fatos sagrados, mas coisas invisíveis, não representáveis – seu significado, não sua aparência. A nova visão não é uma *consolação* pela perda da visão mortal. Em vez disso, é a obtenção de um novo conhecimento que envolveu o apagamento da visão prévia que o poeta tinha da realidade, por mais que ele tenha se sentido dependente dela. A eliminação da visão cotidiana – o pensar cotidiano

– é um requisito necessário para se obter a visão interior. E o conhecimento não traz o sentido de prazer e poder que Milton tinha imaginado em seus primeiros poemas e ensaios em prosa, mas – pelo menos inicialmente – uma impressão dolorosa e assoberbante de impotência e vulnerabilidade.

A separação entre as esferas de operação do *self* e dos objetos é essencial para a criatividade. Ela cria o caminho, a fenda na superfície homogênea do conhecimento existente, em que, como afirma Bion, "uma ideia pode estar alojada", como nas irregularidades formadas dentro da regularidade da métrica poética.[6] Na invocação do Livro IX, Milton descreve como os pensamentos da musa deslizam para a sua mente sob a forma de sonhos:

> *Possa eu obter correspondente estilo*
>
> *Da minha protetora celestial, que se compraz*
>
> *Em me visitar todas as noites sem rogos,*
>
> *E ditar-me ou inspirar, enquanto durmo,*
>
> *Meu verso que espontâneo corre:*
>
> *Há muito este tema para um canto heroico havia*
>
> *Recebido minha escolha, mas só agora o iniciei;*

Esse verso "que espontâneo corre" não é o "canto espontâneo" de Adão e Eva, ainda antes da queda. O poeta já fala assombrado pelo conhecimento da morte e do mal, e esse contexto transforma a qualidade do canto. A ansiedade, o esforço e o senso da vida que passa estão vividamente presentes em sua ansiedade com relação a descobrir o estilo correto, e a "só agora" o tê-lo feito; este processo de longa escolha, pesquisa e pensamento é uma função de seu *self* e conhecimento por este adquirido. Mas imprensada entre as palavras "estilo refutável" e "só agora", em constraste, está a

162 ASCENSÃO E QUEDA DE EVA

visita da musa, cujos movimentos são experimentados como algo fora do controle do poeta: ela visita "sem rogos" e a partir de um mundo diferente daquele do esforço, da motivação e da deterioração. O movimento do verso sugere a respiração do sono; depois do encadeamento "inspira / Fácil", o caminho está aberto para a chegada desprevenida do "verso espontâneo", esgueirado entre os movimentos do sono, sendo "verso" a última palavra a chegar. Fica claro que a musa traz o *verso* oposto ao tema, e que os estados de premeditação e inspiração são diferentes daqueles de despertar e dormir, na medida em que estes estão em conformidade com os valores do mundo cotidiano, enquanto aqueles têm suas leis próprias. Esta é a "resposta" da musa ao "movimento voluntário / Harmoniosas palavras" – a espiritualidade para além da voz natural do rouxinol. A invocação, a última da série, termina com Milton separando explicitamente os poderes de sua individualidade daqueles da musa inspiradora: ele sabe que sua "asa" poética vai ficar "Deprimida . . . se for eu, / E não ela que a trouxer toda noite aos meus ouvidos".

Foi na invocação do Livro VII que Milton redescobriu incondicionalmente, mais uma vez por meio do mito de Orfeu, a centralidade da dependência infantil do poeta com relação à sua mãe-musa. Essa é a mais pungente e assombrada das invocações, sem nenhum vestígio da grandiosidade que se infiltrou nas primeiras, além de uma possível sugestão na famosa frase "apropriado para a audiência, ainda que diminuta". Relembrando a figura de Alceste inclinando-se para ele, ela começa com a invocação para que a musa desça do céu, e ela recebe o nome de Urânia, como se um nome tornasse a ligação mais íntima, embora possa não ser o nome "certo" ("se acertadamente fores chamada"), pois ele sabe que está invocando o significado, ou a função abstrata, para além do nome:

Desce do céu, Urânia, se acertadamente

Fores chamada por esse nome . . .

O significado, não o nome, eu invoco; . . .

Levado por ti eu ousei,

Eu, um visitante terrestre,

Entrar no céu dos céus e aspirar o ar empíreo

Teu temperado . . .

O "ar empíreo" é como o primeiro alento do bebê... trata-se da morte ou da vida? Ele é "temperado" – mesclado, aliviado, pré-digerido – pela mãe-musa. O poeta ergueu-se de seu "elemento nativo". Nesse processo, ele não encontrou a cegueira "noturna" ou comum, mas a treva do "vazio, o infinito informe", e nesse contexto foi "elevado" pela musa, "arrebatado acima do polo". Enquanto Satã, nada cismarento, é aquele que "cavalga com a treva, motivo pela angústia"; por mais longe que cavalgue, ele não consegue escapar dos claustrofóbicos confins de seu *self*, pois carrega o inferno consigo: "Eu mesmo sou o inferno".[7] Milton visitou Galileu, então velho e cego, quando esteve em Florença; e uma coisa que distingue o universo miltoniano do dantesco é seu senso do surpreendente potencial do conceito de espaço infinito. Os terríveis horrores e o arrebatamento não são separados como em Dante: o mundo cósmico da imaginação, o "vasto abismo", está prenhe de ambiguidades poéticas. Keats comenta, em suas notas sobre o *Paraíso perdido*, sobre

> *a luz e a sombra – o tipo de brilho escuro – o diamante de ébano – a imortalidade etíope – a tristeza, a dor, a melodia triste-suave – as falanges dos espíritos tão*

164 ASCENSÃO E QUEDA DE EVA

> *deprimidos a ponto de serem "elevados para além da*
> *esperança"* –[8]

O sofrimento dessa "elevação" é que ela se mostra autoimpulsionada, então não traz nenhuma esperança real. Em contraste o poeta, embora "tombado em maus dias", encontra a escuridão de sua solidão temperada pela musa; a visita dela ocorre quando ele está

> *Na escuridão, com os perigos ao meu redor,*
>
> *E na solidão; contudo, não estarei só, enquanto tu*
>
> *Visitares meus sonos toda noite, . . .*

Entretanto, como o habitante da caverna de Platão a quem "falta visão" em virtude de uma transição da escuridão para a luz, o poeta pode se enganar e cair no campo do erro,* "Vagando por ali e abandonado", ou, como Orfeu, ser feito em pedaços pela "bárbara algazarra / Das seguidoras de Baco":

> *não pôde a musa defender*
>
> *Seu filho. Portanto, não me falhes, a mim que a ti*
> *imploro;*
>
> *Pois tu és divina; ela era um sonho vazio.* **

---

* Referência ao local da queda de Belerofonte. O herói mitológico, depois de muitas façanhas, como matar a Quimera, resolveu voar com seu cavalo Pégaso até o Olimpo para ficar imortal. Irritado com a pretensão, Zeus fez uma vespa picar Pégaso e o herói caiu. Belerofonte não morreu, graças à intervenção de Palas Atena, mas ficou aleijado e passou o resto da vida se arrastando à procura de Pégaso. [N.T.]

** A musa Calíope não pôde defender seu filho Orfeu da morte, mas a musa do poeta é divina, e não apenas "um sonho vazio", ou seja, um mito. [N.T.]

O "sonho vazio", ou falsa musa, não é especificamente uma musa clássica rejeitada, como Clio ou Calíope, mas uma figura que – como a "Duessa" de Spenser – imita as características externas da verdadeira musa, que, em essência, gerou a si mesma e, portanto, conduz à grandiosidade. Ela carrega apenas o "nome", e não o "significado". A confiança neste vazio leva o poeta a se tornar a "coisa sonhadora" condenada por Keats em *A queda de Hiperião*. Os perigos do campo do erro consistem não apenas nos delírios da onipotência, como Milton observou pela primeira vez em "A paixão" e *Licidas*, mas também na sugestão de loucura potencial, equivalente ao que Keats diagnosticou em seus versos depois de visitar a região de Burns: a possibilidade de "o homem perder sua mente nas montanhas sombrias e vazias". Eles estão associados com o viajar para além das margens das premissas cotidianas, como o cavaleiro em "La Belle Dame", privando-se da mentalidade do esquilo. Os esquilos representam o que Milton chama de proteção do "costume e do respeito"; quando o poeta os abandona, existe a possibilidade de se transformarem, como no mito de Orfeu, na "turba feroz" que "afoga harpa e voz". Como diz Bion, "a luz do dia é mais segura".

Para evitar o potencial de desastre e catástrofe deste isolamento, o poeta deve intensificar sua dependência com relação à musa. Neste ponto da catástrofe ambígua, o momento de se emplumar na vida, um compromisso não é possível nos moldes em que ocorre durante o curso geral dos eventos. Contudo, se o poeta não se mostra disposto a entrar nesta esfera do desconhecido escuro, a musa não fala de nenhum modo; a inspiração não consegue encontrar um caminho. *Paraíso perdido* está permeado pelo material da individualidade de Milton – a razoabilidade da doutrina cristã (ele estava escrevendo seu apreciado *De doctrina christiana* ao mesmo tempo) e a hierarquia patriarcal da sociedade de sua época. Ele chegou mesmo a formular uma distinção entre a escrita de sua "mão esquerda" (referindo-se à sua prosa polêmica) e a veia poética natural de sua mão direita. A história do princípio poético no épico segue o caminho áspero aberto na suavidade doutrinal que a inspiração deve descobrir. Na "Ode à natividade", a paz de olhos dóceis deslizou pela esfera que gira; em *Paraíso perdido*, seguindo nuvens de glória, Satã cai vertiginosamente do céu, trazendo com ele uma fagulha prometaica da divindade que, misturada com as obscuridades da "perdição sem fundo", o torna imediatamente interessante:

> *Do brilho original ainda conserva boa porção,*
>
> *Nem menos parecia que um arcanjo,*
>
> *a quem somente falta de sua glória o resplendor mais vivo:*
>
> *De sua glória o resplendor mais vivo: tal é o Sol nascente*
>
> *Quando surge no horizonte nebuloso,*
>
> *Despido de seus raios, ou quando, posto por detrás da Lua,*
>
> *Envolto no escuro eclipse, lança crepúsculo desastroso*
>
> *Sobre metade das nações e os reis consterna*
>
> *Por temerem algum desfalque em seu poder.*
> *Obscurecido, ainda brilha*
>
> *Mais que todos os arcanjos; mas seu rosto*
>
> *Exibe profundas cicatrizes feitas pelo trovão, e o cuidado*
>
> *Instala-se em sua face descolorida . . . [I.591-602]*

As ambiguidades deste momento de mudança aparecem na variada aura emocional que cerca Satã, como um sol nebuloso ou uma lua em eclipse – a origem literária da montanha de Wordsworth, cujas fugidias nuvens de tempestade, precipícios e raios de sol refletem as gigantescas gravações de aparência divina que, como antigas runas, imprimem seu significado na "face descolorida" de Satã.

Os demônios menores, depois da queda, preenchem o vazio de seu tempo no "vasto recesso" do inferno com discursos filosóficos, atividades culturais e jogos. Eles lamentam "com sons angelicais" a "fortuna que escraviza / virtude e valor à força e acaso" (II.550-551). Da mesma forma, Satã emite seus belos discursos de amplo raciocínio e lógica autoenganadora – "uma mente que não deve ser mudada por local ou tempo" etc. Esses discursos representam seu confronto infrutífero e claustrofóbico com "o onipotente", "esse que fez os raios maiores que os nossos": o tédio de uma luta adolescente pelo poder cujos parâmetros são limitados pela noção de autoridade e rebelião – uma mentalidade em que as novas ideias não conseguem penetrar. Mas Satã tem outro aspecto em sua mente. Ele é maior que os outros anjos decaídos porque tem imaginação para conjeturar que o "Espaço pode produzir novos mundos". Ele imagina antecipadamente a intenção de Deus de criar um novo filhote, "para ocupar nosso lugar / Nós, os expulsos e exilados", e se enche de ardente curiosidade para vê-lo e ao seu mundo, ainda que "só dar uma espreitadela".[9] Depois de vadear e voar pelo caos, ele descobre a Terra suspensa na escuridão por um cordão dourado:

> *E neles firme por cadeia de ouro*
>
> *Descobre logo pendurada a Terra, com a grandeza de uma estrela*
>
> *Das menores, e a Lua em sua vizinhança.*
>
> [II.1051-1053]

168   ASCENSÃO E QUEDA DE EVA

A visão telescópica, aproximando a "grandeza" da "pequenez", sugere como a Terra criança é protegida pelos corpos celestes. Deus, desapontado com sua primeira geração, teve "segundas ideias". Este é o seu "novo favorito".[10] A angústia de Satã, a angústia do "odioso cerco dos contrários", acaba por explodir:[11]

> Ó, inferno! O que meus olhos com pesar contemplam!
>
> Em nossa morada venturosa agora habitam
>
> Criaturas de outro molde, talvez de terra feitas,
>
> Não são espíritos, mas dos radiosos seres celestes
>
> Pouco diferem; meus pensamentos maravilhados
>
> A eles perseguem e até me sinto propenso a amá-los, tanto brilha
>
> Neles a divina semelhança . . . [IV.358-364]

A imprecação de Satã, "Ó, inferno!", ainda tem o brilho original de seu significado, cheio de ódio e dor; não é apenas uma imprecação. Ela prenuncia "Ó, Terra! Tão semelhante ao céu" (IX.99). Ao se esconder na beira do paraíso, seus olhos e pensamentos traçam as formas de Adão e Eva diante dele; e o movimento do verso, acompanhando seu pensamento, o conduz por frases curtas interligadas a "maravilha" e, então, a "amor". A frase "e poderia amar" recebe, no original, uma tonicidade irregular, no meio do verso; ela se sobressair, anunciando um novo mundo de possibilidades. Nesse momento, vemos "Satã como herói", que contém a emotividade do conflito estético. Sentimos nas pulsações o "quente inferno que nele sempre arde" e simpatizamos com sua incapacidade de tolerá-lo, enquanto ele sucumbe à sua inveja infantil – o sentimento de que essas criaturas invadiram a sua "morada venturosa", empurrando-o para fora. Ele então justifica seu sentimento de hostilidade por meio do jargão político e da racionalização:

MEG HARRIS WILLIAMS 169

E devo eu, diante de vossa inocência cândida
Enternecer-me, como o faço agora, mas o público
interesse,
A honra e o império com o ardor da vingança
aumentando,
A conquista deste novo mundo agora me compele
A fazer o que antes, embora danado, eu abominaria.
[IV.388-392]

Anteriormente, Milton como narrador havia falado da "necessidade, o apelo do tirano" (I.394). Aqui, a proclamação retórica de "público interesse" etc. contrasta com a frase simples e hesitante "Enternecer-me", que desliza para dentro da sintaxe, da mesma forma que antes fizera Satã, com "As palavras se entrelaçam com os pensamentos e encontram sua saída" – ou da mesma forma que as palavras da musa deslizam para a mente do poeta entre os movimentos do sono.[12] A musa fala nas lacunas deixadas entre as racionalizações fluidas da individualidade. A definição de Milton para a poesia, na verdade, era a linguagem que é "simples, sensorial e apaixonada".[13] A simplicidade da "verdadeira voz do sentimento", no entender de Keats, contrasta com a "falsa beleza da arte".[14] Por meio de Satã, Milton explica a alternância entre o político adolescente e a emotividade infantil que ilustra seu próprio dilema profundamente enraizado tanto como pregador como seguidor da musa. É um dilema que, como Keats sugere, pode pertencer essencial e eternamente à situação do poeta ou artista e, portanto, igualmente ao aspecto de feitura da alma da mente individual. Bion o descreve como a perpétua oscilação de orientações entre a posição paranoide-esquizoide e a depressiva.

Em termos da doutrina miltoniana, Eva é mais suscetível a Satã que Adão, pois ela é o recipiente mais fraco. Em termos da

170 ASCENSÃO E QUEDA DE EVA

história contada pela musa, ela saúda Satã porque quer ficar grávida. Milton, prevendo essa interpretação, defendeu-se cuidadosamente dela por meio de suas descrições do sexo pré-lapsariano,* junto com a insistência de que "mãos mais jovens" são parte do programa predeterminado da vida no Éden. Não obstante, à medida que os livros vão se avolumando e a agradável monotonia de diariamente podar e amarrar videiras começa a se tornar um pouco tediosa, simpatizamos com o desejo de Eva de que alguma coisa aconteça. O "Adão doméstico" teme, não sem razão, que ela possa ficar entediada com ele e sua conversa.[15] Realmente, o Livro IX – a narrativa da queda do homem – abre com as palavras "Chega de conversa". A insatisfação de Eva aparece primeiro em seu sonho perturbador do Livro IV, um sonho que sugere um estudo racional e ineficiente sobre o "mal" por parte de Adão, que havia sido instruído em doutrina por Rafael. Adão assegura a Eva que

"O mal na mente de deus ou homem

Pode entrar – ou sair, sem aprovação,

Não deixando assim nem culpa nem nódoa"
[V.117-118],

empregando inocentemente uma ambiguidade miltoniana-satânica: "entrar – ou sair". Nenhuma nódoa assenta raiz no ventre de Eva desde que ela e Adão, em seu comportamento naturalmente carnal, modelem sua relação segundo a linha dos anjos, que, incorpóreos, misturam-se "mais fácil que o ar com o ar . . . nem precisam de transferência limitada / Como a marca para se misturar com a carne, ou a alma com a alma" (VIII.626-629). Os pensamentos dos anjos são, com efeito, como os do rouxinol, movidos

---

* Em teologia, a condição humana antes da queda (perda do Éden). Do latim, *lapsus* (queda). [N.T.]

"voluntariamente" pelos princípios da harmonia natural. Milton, autor do revolucionário *Doutrina e disciplina do divórcio*, sabia que o casamento não era assim, não menos que a poesia. Sua descrição do estado idílico de "pensamento inexperiente" de Adão e Eva era um tipo de realização veleitária que seu *self* poético sabia ser essencialmente empobrecida (IV.457). A definição de felicidade como "a procura de não saber mais nada" era contrária à sua mais profunda natureza (IV.775); e quando ele atribuiu a fome de conhecimento a Satã, como faz ao longo de todo o *Paraíso perdido*, isso só serve para ampliar a estatura de Satã, e não para condená-lo. Assim, a reação de Satã ao saber da proibida árvore do conhecimento é:

> *O conhecimento proibido?*
>
> *Isso é suspeito e absurdo. Por que Deus*
>
> *Teme isso neles? Será pecado conhecer?*
>
> *Conhecer pode significar a morte? [IV.515-518]*

Milton tomou emprestada a pergunta de Cleópatra: "Pode ser pecado voar para a morada secreta da morte?", com todas suas complexas premonições de uma mudança que podem ser descritas – no sentido bioniano – como "a morte do existente estado mental". É um movimento a novo patamar do conhecimento e do autoconhecimento. De fato, Milton nunca consegue justificar essa atitude de Deus para com os homens. Ele tenta circundar a questão tecendo uma rede de sofisticação acima dela, de um modo verdadeiramente sinuoso. Assim, quando chegamos ao Livro IX, a árvore do conhecimento transforma-se na "árvore da desobediência" ou na "árvore da proibição". Trata-se apenas de um teste de obediência. Milton podia ter se safado da dificuldade apresentando uma Eva que sucumbe aos engodos de Satã por mera vaidade; mas ele não presta a ela esse desserviço – ela é suficientemente madura para

172 ASCENSÃO E QUEDA DE EVA

reconhecer a "bajulação exagerada" e repreender Satã por isso. Em vez disso, ele faz da queda de Eva um tipo clássico de excesso de confiança – seu pecado não em sua busca pelo conhecimento, mas em sua tentação de se tornar "como Deus, que conhece todas as coisas" – uma falsa onisciência. Mas as desafortunadas admoestações do narrador são em vão; sentimos, com Eva, a progressiva inevitabilidade de motivação inconsciente – a de que ela *precisa conhecer* o significado de seus sonhos.

Ela tem dois sonhos. (Adão também tem dois sonhos antes da queda – do Éden e de Eva.) O primeiro, no Livro IV, encontra Satã "Acocorado como um sapo, perto de ouvido de Eva", tentando "forjar ilusões, fantasmas e sonhos" (IV.800-803). Ele é surpreendido no ato por "dois belos anjos", jovens querubins-seio (atributos da própria Eva) que fingem não o "conhecer":

> *"Não me conheceis? [pergunta ele] . . .*
>
> *Não me conhecer vos torna também desconhecidos"*
>
> *[IV.828-830]*

Até o *Paraíso perdido* tem seus interlúdios cômicos. Os dois querubins descaradamente replicam a zombaria de Satã informando-lhe que o motivo pelo qual eles não o reconheceram é que ele não é tão belo como costumava ser no céu. Ele está mais velho e com cicatrizes da experiência. O arcanjo Gabriel vem ajudá-los, ameaçando acorrentá-lo antes que "todo o inferno se abra", ao que Satã replica chamando-o de "orgulhoso querubim limitado". Mas Satã tem obtido sucesso ao testar as águas: no Livro IX, a Eva anteriormente virginal está pronta para receber o sonho dele. Ela pareceu não notá-lo – não "conhecê-lo" – da primeira vez; pois, para Adão, a beleza de Eva parece uma "guarda angelical" colocada em torno dela, evocando "admiração" (VIII.559). A visita de

Satã, não obstante, cria uma mudança sutil na natureza da atenção interna de Eva, embora ele se apresentasse como sapo. Na vez seguinte, Satã, que também aprendera a lição, reaparece menos insolente como a bela serpente, o animal mais sutil do lugar:

> *Pela boca*
> *Satã lhe entra, e seu sentido brutal,*
> *no peito ou fronte, logo apossando inspirado*
> *Com intelectual poder, mas seu sono*
> *Não afujentado, esperando pela chegada da manhã.*
> *[IX.187-191]*

É pela excelência de Milton que a palavra "apossando" alcança, simultaneamente, "sentido" em retrospectiva e "inspirado" progressivamente, unindo o etéreo e o concreto; a poesia pode fazer isso, enquanto a prosa insistiria na escolha gramatical – uma ou outra, nunca as duas juntas. Sua "essência angélica" é "constrangida num animal e misturada com limo bestial", da mesma forma que, em resposta à fantasia de Eva, ele "desliza obscuro" para o jardim dela, "envolto na neblina que se ergue".

Satã se torna o anjo negro da anunciação de Milton. Seu primeiro passo é ganhar a atenção de Eva. Ela não presta nenhuma atenção aos muitos animais mudos que diariamente "pululam" em torno dela; para ela, eles são comensais, aspectos familiares de seu corpo-mente. Eles formam um paralelo com os demoniozinhos que ficam para trás no inferno, entretendo-se com jogos, enquanto Satã sozinho "sobrevoa o abismo desolado", veículo da imaginação poética. Ele se distingue do restante do "rebanho de Circe" por seu explosivo discurso íntimo. As palavras são uma fraude calculada; mas ele precisa falar, e a música da comunicação é real. Por meio

174 ASCENSÃO E QUEDA DE EVA

dela, Satã penetra a atração narcísica pelo próprio reflexo dela, que foi o primeiro ato terreno de Eva. Ele fala "com a língua da serpente / Orgânica, ou simulando a voz humana" – uma língua que evocativamente sugere a estranheza de ser articulada, como a da Pítia* da Grécia antiga (IX.329-330). Ela lembra a "primeira língua tentada" do "Exercício de férias" de anos antes. A intenção de Milton é tornar a fraudulência de Satã convincente, enquanto se mascara como o poeta-criança. Em vez disso, o que acontece é que uma ruptura é criada entre a sensualidade sensorial da serpente e a pseudologicidade dos argumentos de Satã – a serpentina no sentido friamente manipulativo.[16] Keats, em suas notas sobre Milton, observou a "inescrutabilidade" do tipo de operação mental que ele chamou de "descrição em partes", de uma forma que permite ao poeta ir além dos confins da individualidade:

> *Uma das semiespeculações mais misteriosas é, como se poderia supor, a da mente de alguém imaginando a de outrem. As coisas podem ser descritas pela individualidade de um homem em partes, de modo a formar um grande todo que esse próprio homem mal poderia informar em sua totalidade.[17]*

Eva já intuiu a presença de Satã – o "mal", aquele atributo de Deus – e está consciente desta prenúncia do conhecimento em expansão dentro dela. Seu interesse é contido pela concentração de tensões projetivas-introjetivas das ondulações fálicas da serpente quando ela está pronta para se dirigir a Eva:

---

* Sacerdotisa de Apolo no templo do deus em Delfos. Proferia seus oráculos sentada num tripé colocado sobre uma fenda de onde emanavam vapores. [N.T.]

e para Eva

Se encaminhou, não se arrastando pelo chão,

Com sinuosos corcovos ondulantes, mas nas patas traseiras,

A base circular com a cauda formada,

Acima vai-se erguendo em ondeante labirinto; a cabeça

Cristada onde ígneos olhos, quais nítidos carbúnculos, cintilam;

Com o brilhante pescoço de um dourado esverdeado, ereto

Em meio às sinuosas espirais, pela relva

Flutuou redundante. Agradável era sua forma

E bela, nunca se vira um tipo de serpente

Mais adorável. . . [IX.496-505]

A linguagem que descrevia os lamentos de Satã em seus solilóquios é canalizada para o corpo da serpente: frases como "Então, revolvendo-se muito, assim começou, em meio a suspiros" (IV.31) ou "Juntando todo seu poder dilatado, ergue-se", "lembra-se", "satisfaz-se", "insinua", "veneno inspirador", todas se tornam parte de seu movimento mental – tortuoso, de soslaio, oblíquo, flutuante, intrincado, "enrolado em si mesmo", "envolto em neblina ascendente". O poeta-serpente é um ajuste análogo para o verso latinizado, comandado pela cesura de Milton; é característico de Milton o uso da pausa breve entre orações ligadas para apresentar associações retroativas e progressivas, uma pulsação de energia semelhante à de uma harmônica. A serpente brilhante reluz de maneira ambígua através de uma bruma difusa como o fogo-fátuo, com seu "fogo errante, / denso de vapor untuoso, que a noite condensa" (linguagem baseada em Ariel conduzindo Caliban em *A tempestade*, de Shakespeare). A passagem também faz eco ao quadro de etéreas emanações sexuais pintado por Shakespeare na barca brilhante de Cleópatra, ondulando nas ondas e ao vento na pulsação da "serpente do velho Nilo". Em termos estéticos, a serpente assemelha-se à própria Eva (a "mais bela flor sem sustentáculo"); ela é um avatar do Plutão que raptou Prosérpina com suas associações poéticas, "também ela uma bela flor".[18] Satã "abstraído" e "Eva espantada", no coração da vegetação do Éden, "velada por uma nuvem fragrante", são ambos errantes noturnos envoltos uma ambígua névoa espiritual. Dessa forma, "Satã na serpente", uma função tão alijada de Adão – ou, pelo menos, não reconhecida por Milton como adâmica –, encontra a reciprocidade que busca no desejo de Eva de comer a maçã – embora ela soubesse "estar comendo a morte".

De fato, para Adão, Eva *é* a serpente: "Tu, serpente!", ele a acusa no Livro X:

> *Dela nada te falta, tua forma,*
> *E também a cor, como as dela, podem mostrar*
> *Tua interna fraude . . . [X.869-871]*

A ambígua sintaxe miltoniana faz parecer que a beleza de Eva é realmente a de uma serpente, da mesma forma que antes era sua "vigia angelical" e seu "espanto". Mais tarde, na carreira de Milton, a serpente reaparecerá de forma degradada – despida de ambiguidade – como a "víbora" dentro de Dalila nas *Agonias de Sansão*, que se aproxima do decaído poeta-herói "como uma bela flor sobrecarregada de orvalho" para tentá-lo eroticamente quando ele está no ponto mais baixo de sua existência e precisando de "bálsamos secretos que lhe reparem as forças":

Mas quem é essa criatura? Do mar ou da terra?

Parece ser uma mulher,

Tão altiva, ornada e alegre,

Que avança nesta direção

Como uma majestosa nave

De Tarso . . .[19]

Em vez da poética ambiguidade associada por Milton à beleza virtual, aqui temos uma caricatura desdenhosa – "[criatura] Do mar ou da terra?". Contudo, é Dalila que desperta Sansão do torpor de sua depressão e o faz perceber que, na verdade, ele não está impotente – que sua força não estava, narcisisticamente, nos cabelos, não mais que sua força interna estava localizada nos olhos.*

Milton nunca perdoou Eva por esvaziar a serpente de sua estase doutrinária e, num certo sentido, ter tirado o chão de Adão, provocando-lhe "segundos pensamentos" com relação às implicações de todo o seu épico, que ele só conseguia ver como fraqueza, "derrotado pelo encanto feminino". Ele insistiu na ruptura entre o Adão sensual – a serpente – e o Adão terno e leal. A sensualidade foi creditada a Eva e estava associada com a defesa da lógica doutrinária – como quando Adão diz a ela: "Se queres comprovar tua constância / comprova primeiro tua obediência" (IX.367-368), embora o aspecto terno e dependente também tenha um certo desavoramento. Com certeza, a nova sensualidade de Adão e Eva complica o relacionamento entre eles: "elevadas paixões", como "a cólera, o ódio, a desconfiança, a suspeita", abalam "Suas mentes, a calma região outrora / Cheia de paz, agora abalada e turbulenta" (IX.1125-1126). Em última instância, contudo, Adão fica com sua primeira resposta emocional à queda de Eva:

---

* Depois de sua prisão, os filisteus cegaram Sansão. [N.T.]

Viver sem ti, como posso? Como abdicar
De tua doce voz e do teu terno amor, a mim tão caros,
Para viver abandonado nestes bosques inóspitos?
[IX.908-910]

A palavra "abandonado" é usada por Satã para ambiguamente descrever Adão e Eva, quando medita sobre a perspectiva de eles perderem o Éden e, ao mesmo tempo, a si mesmo: "Como tu, a quem eu poderia lamentar por estar abandonado" (IV.375). Ele está efetivamente unido a eles numa "amizade mútua tão estreita, tão próxima" que formam um trio inseparável, "Errando por lá e abandonados" (VII.20). Também é esta palavra que Eva usa para descrever a perda de intimidade com Adão (X.921). "Abandonado!", escreveu Keats, no final da "Ode a um rouxinol": "A própria palavra é como sino / A me chamar de ti para voltar à minha solidão".

Em última instância, a integração entre Adão e Satã só acontece efetivamente na mente de Eva. (Ela será ecoada, dois séculos depois, no romance poético *O morro dos ventos uivantes*, de Emily Brontë, nos personagens de Edgar e Heathcliff.) É o que se faz necessário para que a evolução ocorra. Depois da queda, o papel de Satã como força desenvolvedora está terminado: ele se transforma na simples carcaça descartada de seu antigo *self* apaixonado e trágico. A ruptura fundamental, que sempre existiu, torna-se evidente. Sua individualidade doutrinária continua, no papel de "anjo militante plebeu" (X.422), e é finalmente degradada sob a forma literal de uma serpente sem brilho, que é vaiada por suas companheiras serpentes em sua última assembleia (X.508). Por outro lado, sua função como mensageiro do espírito poético, a centelha vitalizadora da divindade, passa para Eva. Como herói, Satã simplesmente desaparece. Agora que a "árvore da proibição" foi desmistificada, existe um novo conhecimento, contudo numa nova bruma de mistério. Mais uma vez, Eva tem um sonho – desta vez com uma conversa entre Adão e o arcanjo Miguel, que promete "um paraíso dentro de ti, muito mais feliz". O "mundo pervertido" de Satã "dissolve-se" num "novo céu, numa nova terra" (XII.546-549); e o novo "mundo diante deles" será o do tempo e da história, não o do conto de fadas. A conversa é relatada, como evento, na narrativa do Livro XII. Mas o fato de que Eva *sonha* com essa conversa indica, simultaneamente, que é ela quem entende o processo de concepção e internalização que é o ponto crucial da fala do arcanjo. É ela que observa que "Deus também dorme, e os sonhos aconselham" (XII.611). Mais tarde, perturbado pelas implicações da musa, ele escreveu *Paraíso reconquistado* para esclarecer as coisas em relação à implacável predominância de Satã como herói, e *As agonias de Sansão* para invalidar a ideia de Eva como heroína.[20] Contudo, somente como Eva é que Alceste poderia voltar do túmulo. Como Prosérpina, ela compartilha do ciclo de desaparecimento e retorno da musa. Psique descenderá dela por meio da voz de outro poeta, emergindo da escuridão dos "esquecidos".

Depois da queda, não há mais invocações. Em vez disso, o poeta registra os processos de internalização e formação dos símbolos que resultam da ideia de a musa tornar-se enraizada no mundo das circunstâncias – o útero de Eva. Animada pela perspectiva de uma nova vida ativa, de criar filhos em vez de flores, Eva não está mais entediada com o "doméstico Adão", como antes ele temera, e confirma seu apego a ele: "Agora me guia . . . Tu para mim / És tudo o que existe sob os céus, em todos os lugares".[21] O belo final do épico ecoa, e reescreve, a névoa de emoções contrárias que originalmente cercava Satã quando ele era um "arcanjo caído". O Éden, depois de vazio, vai se tornar "uma ilha de sal e estéril". Sua vida interna é retratada na aura que cerca Adão e Eva enquanto eles descem de seus terraços enfileirados – uma névoa composta de querubins

180 ASCENSÃO E QUEDA DE EVA

minúsculos, aglomerados e incandescentes que descem numa corrente de vapor:

> *todos refulgentes,*
>
> *Os querubins desciam; pareciam*
>
> *Meteoros brilhantes ou névoa que à tarde se levanta*
>
> *De um rio que corre manso entre pântanos*
>
> *E vem seguindo do lavrador os passos*
>
> *Quando à morada se recolhe . . .*
>
> *O anjo apressado toma*
>
> *Pela mão nossos pais que se demoram . . .*
>
> *De pena algumas lágrimas eles vertem, mas logo as secam.*
>
> *Diante deles estava inteiro o mundo, a providência como guia;*
>
> *De mãos dadas, os pais da humana prole*
>
> *avançam devagar com passo errante,*
>
> *Tomando o caminho solitário para deixar o Éden.*
> *[XII.627-649]*

O "anjo apressado" que em *Licidas* "olhava em direção ao lar" agora mostra a Adão e Eva o caminho "para casa". Agora que o Éden não é mais um estado mental, a ideia de "casa" assume uma dimensão dupla: o mundo exterior de nossa existência diária e, simultânea, mas distintamente, o mundo interior da mente do casal. Em vez da clássica serenidade decorativa do jardim original, eles são levados para uma paisagem rural inglesa, com campos sulcados e nevoeiros temperamentais. Os jardineiros se transformarão em fazendeiros. Como o poeta "em solidão", seu caminho é "solitário", porém "não sozinho". A sólida realidade do novo mundo é expressa pelo sentir das mãos do anjo, que é literalmente transferido para Adão e Eva "de mãos dadas" para lembrar-lhes de que agora são responsáveis pela manutenção da ideia da providência dentro deles, um guia interno. Satã certa vez deslizou para o Jardim do Éden "envolto em névoa ascendente". Agora, trilhando nuvens de glória, a multidão nebulosa dos querubins ainda segue "os passos do lavrador", fazendo eco à maneira como, no início da história, os anjos decaídos "desciam os regatos de Volombrosa" como "elfos".

Na descrição de Coleridge dos trabalhos internos desse símbolo:

> *O gloriosíssimo nascimento do divino dentre nós, o qual, da mesma forma que a luz, seu símbolo material, reflete a si mesmo a partir de mil superfícies e voa para a morada, para a mente do pai, enriquecida com mil formas, ele mesmo acima de uma forma e, mesmo assim, permanecendo em sua própria simplicidade e identidade.*[2]

As mil formas dessas associações etéreas prenunciam as "inumeráveis" almas da futura humanidade, cada uma delas uma centelha da identidade de Deus com o potencial de se tornar – como disse Keats – "uma individualidade própria". A individualidade-criança estabelece um contato sempre renovador com seu objeto, a "mente do pai". A aura de divindade que outrora acompanhava o Satã recém-caído agora cerca "nossos primeiros pais", como a criança da "Ode à natividade", e constitui a beleza deles. Agora que

182 ASCENSÃO E QUEDA DE EVA

a mente realmente é "seu próprio lugar", e não um descendente do céu ou do inferno, haverá lugar para as "gerações famintas", os futuros filhos de Eva, os pensamentos da mente que está por vir.

Notas

1. Keats, notas marginais sobre Milton, em: *Complete poems,* ed. J. Barnard (Harmondsworth, Middlesex: Penguin, 1978), p. 518.

2. Palavras do personagem "Myself" de Bion, em: *The dream,* o primeiro livro de *A memoir of the future,* edição em volume único (London: Karnac, 1991), p. 56.

3. Blake, *The marriage of heaven and hell,* plate 6, em: *Complete writings,* ed. G. Keynes (Oxford: Oxford University Press, 1972), p. 150.

4. A primeira esposa de Milton, com a qual não houve um casamento de mentes, morrera depois de dar à luz seu quarto filho; o terceiro filho – o único do sexo masculino – morrera na infância.

5. Soneto XXIII.

6. Ver Bion, *A memoir of the future,* p. 268.

7. *Paraíso perdido,* IX.62-64; IV.75.

8. Keats, notas sobre o *Paraíso perdido,* de Milton, Barnard, *Complete poems,* p. 520.

9. *Paraíso perdido,* I.650-656, IV.105-106.

10. *Paraíso perdido,* IX.101, 175.

11. O "odioso cerco dos contrários", *Paraíso perdido,* IX.121-122.

12. "As palavras se entrelaçam . . .", *Paraíso perdido,* I.621.

13. Milton, *Of education,* em: *Areopagitica and of education,* ed. K. M. Lea (Oxford: Oxford University Press, 1971), pp. 54-55; Coleridge, *Notebooks,* ed. K. Coburn (London: Routledge & Kegan Paul, 1957), Vol. 3, n. 3287.

14. Keats, descrevendo seu próprio problema com *Hiperião,* carta a Reynolds, 21 de setembro de 1819, em: Gittings, *Letters,* p. 292.

15. Ver *Paraíso perdido*, IX.318; e "Mas se a conversa demasiada talvez / Te aborrecer, eu preferiria uma breve ausência, / Pois a solidão por vezes é a melhor companhia", 248-250.

16. Coleridge louvou "aquela boa e necessária palavra 'sensorial'", distinta de "sensual, sensível, sensato" etc.; Coburn, *Notebooks*, Vol. 2, n. 2442.

17. Keats, notas sobre *Paraíso perdido*, Barnard, *Complete poems*, p. 518. Seu comentário sobre a passagem em que Satã entra na cabeça da serpente é: "Que espírito não se sente mal no abafamento e no confinamento – a relutante imobilidade – a 'sala de espera'? Que cabeça não fica tonta com as possíveis especulações de Satã na prisão da serpente?" (p. 526).

18. Ver as passagens relacionando Eva com Prosérpina: *Paraíso perdido*, IV.270, IX.396, 432, 792.

19. Milton, *As agonias de Sansão*, ll. 665, 710-715, 728.

20. Milton, segundo o testemunho de seu sobrinho, não suportava ouvir que *Paraíso reconquistado* era "inferior" ao primeiro poema; ed. H. Darbishire, *The early lives of Milton* (London: Constable, 1932), pp. 75-76; *Paraíso reconquistado* é tema de muitos debates; *As agonias de Sansão* é uma reação mais complexa e obra de grande inovação técnica. Onde *Paraíso reconquistado* é tedioso, *As agonias de Sansão* é, em muitas partes, fascinante; contudo, em comparação com *Paraíso perdido*, também é uma obra da individualidade de Milton.

21. O lamento de Eva pelas flores que cultivava no Éden está em XI.273-279.

22. S. T. Coleridge, *The statesman's manual* (1817); em: *Lay Sermons*, ed. R. J. White (London: Routledge, 1972), pp. 23-24.

5. Édipo na encruzilhada*

Nada aqui é para lágrimas; nada de lamentos
Ou bater no peito, sem fraqueza, sem desdém,
Censura ou culpa; nada além de bondade e lealdade,
E o que pode nos aquietar numa morte tão nobre.

Milton[1]

Os pacientes para cujos tratamentos desejo formular teorias
experimentam a dor, mas não o sofrimento. Eles podem estar
sofrendo aos olhos do analista pois este pode e, na verdade,
deve sofrer. O paciente pode dizer que está sofrendo, mas isso
é apenas porque não sabe o que é o sofrimento e confunde a
dor com o sofrê-la.

Wildred Bion[2]

---

* Uma primeira versão deste capítulo foi publicada como "A man of achievement: Sophocles's Oedipus" no *British Journal of Psychotherapy*, *11*(2), 1994. [N.T.]

186 ÉDIPO NA ENCRUZILHADA

As peças de Sófocles começaram a ser impressas no Ocidente no século XVI, e sua influência na literatura inglesa deve ser inestimável. Embora se afirme que Shakespeare não leu Sófocles, é difícil acreditar que o autor de *Rei Lear* não tenha tido conhecimento de *Édipo rei*. Com certeza, o *Paraíso perdido*, de Milton, está imbuído da preocupação sofocleana com a natureza da busca do conhecimento e sua relação com o "pecado"; e sua última obra, *As agonias de Sansão*, foi moldada diretamente, em termos de tema e forma, no *Édipo em Colono*, o veículo final para a sabedoria da velhice de Sófocles. As três peças que contam a história de Édipo cobrem a segunda metade da longa vida de Sófocles. Elas representam uma investigação da natureza do sofrimento e o seu potencial para a criatividade ou o sepultamento da alma. Elas dramatizam, com efeito, a distinção feita por Keats entre o vale de lágrimas e o vale da feitura da alma. Isso equivale, em sua essência, àquilo que Bion formulou em termos do tipo de dor que causa "sintomas" enquanto aprisiona a mente numa espécie de pessimismo confortável, em oposição à dor que é realmente sentida em termos mentais – o que ele chama de "sofrimento". O primeiro tipo de dor é não evolutivo, repetitivo, como nos ciclos de vingança da tragédia clássica e neoclássica. Ele encontra sua expressão nos coros continuamente reiterados sobre como "o homem nasceu para sofrer", no sentido da perseguição sem sentido e predestinada:

Somos para os deuses como as moscas para os meninos desocupados –

Eles nos matam só por brincadeira.[3]

Essa dor está associada com as intermináveis circularidades do claustro.[4] O segundo tipo de dor ocorre nos momentos de "mudança catastrófica" e deriva da tensão entre emoções conflitantes diante no novo conhecimento. A dor da culpa inicial e infantil (como no *Édipo tirano*)* é suplantada pela dor associada ao enigma do momento agridoce de contato entre o *self* e seus objetos, cujo objetivo é a internalização do significado. À medida que a saga de Édipo avança, Sófocles concentra-se, cada vez mais, na natureza, na qualidade e nas implicações do sofrimento que é causado pela bondade dos objetos internos, e também na luta do *self* para que permita ser um veículo para o conhecimento desses objetos, de modo a tornar-se "gerativo" – para usar o termo de Bion – ou transmissível. O símbolo culminante da vida de Édipo é quando a "dádiva" de seu "corpo castigado" é recebida pela cidade-estado de Atenas como um ato de graça.

Antígona, a primeira das três peças, investiga a natureza do primeiro tipo de dor e esclarece o que há de errado com ele – até que ponto é inútil, como a "fraqueza e o desprezo" que Milton julgou inimigos da verdadeira tragédia heroica. A peça refere-se ao incômodo da família depois da morte de Édipo, de modo que ela narra a última parte da lenda; mas em termos da investigação da natureza do sofrimento feita por Sófocles, ela ocorre antes de o "Édipo como herói" nascer sob forma literária. O tema da história é o conflito entre Antígona e Creonte quanto ao sepultamento de Polinice, o filho problemático de Édipo, depois do fracasso de seu ataque a Tebas, sua cidade natal. Polinice encarna os aspectos odiados, indesejados e corrompidos de Édipo – originalmente expulso e agora voltando sob a forma da vingança contra a mentalidade tebana. A solução de Creonte é banir este elemento indesejado da família, ordenando que o corpo permaneça insepulto e, portanto, privado de sua rota para o Hades. Ao proceder assim, ele está, como o coro deixa claro, usurpando o julgamento que caberia aos deuses. Hades (na Grécia antiga associado às mulheres) não é apenas o lar dos

---

* O original do que chamamos *Édipo rei* é, em grego, ΟΙΔΙΠΟΥΣ ΤΥΡΑΝΝΟΣ – Édipo Tirano, literalmente. [N.T.]

188   ÉDIPO NA ENCRUZILHADA

mortos, mas o mundo do mistério e do desconhecido, dos padrões indecifráveis da moralidade, como insiste Antígona:

> *Antígona: A morte deseja os mesmos ritos para todos.*
>
> *Creonte: Mas nunca os mesmos para o patriota e o traidor.*
>
> *Antígona: Que mortal, Creonte, pode afirmar que os deuses não consideram meu irmão puro e incorrupto?*[25]

Ela não tenta atenuar os erros do irmão, mas simplesmente declara seu direito de ser julgado por um poder superior. Mas Creonte, com sua rígida cisão entre "patriota" e "traidor", confina seu conhecimento aos limites estreitos de sua própria autoridade. Ele desconhece "os deuses" no sentido de uma *terra incognita* mental; seus deuses não passam de uma fonte de punição. Antígona, que tem o espírito "apaixonado e selvagem" do pai (ll. 525-526), representa para ele o elemento indomável da mente da família que também se incorporou em Polinice e ameaçou destruir o Estado.

Na discussão com seu filho Hêmon, que é noivo de Antígona, fica claro que a maneira como Creonte entende sua condição de rei é tirânica e autoritária, no sentido de que o rei "possui" a cidade e é a origem e a justificativa de suas leis: "Eu devo governar esta terra com a vontade alheia – ou com a minha?" (l. 823). Isso o tornaria, como mostra Hêmon, o "rei de uma ilha deserta", uma mente infértil. Ele não consegue imaginar como a aceitação dos elementos indesejáveis – edípicos –, vistos de maneiras diferentes por Polinice e Antígona, poderia contribuir para o bem-estar do Estado: como poderiam, na verdade, ser essenciais para a progressão e a fertilidade máximas desse Estado. Com medo desse avanço, ele gostaria de fossilizar o *status quo* e se conservar em segurança. Isso assume a forma de sua decisão de sepultar Antígona viva; somente seu medo supersticioso da punição dos deuses impede-o de matá-la de imediato. Assim, Creonte separa a musa-Antígona de seu *self*-filho no qual deposita suas esperanças e, ao proceder assim, sufoca seu próprio futuro como rei (figurado no suicídio por enforcamento).* Ele teme que esses vínculos com o desconhecido possam privá-lo de sua masculinidade:

> *Agora não sou o homem: ela será o homem*
> *se esta vitória lhe couber e ela ficar livre. [ll. 541-542]*

Seu terror subjacente é o da "anarquia", que ele atribui à infiltração da influência "de uma mulher" (ll. 750-758): "Nenhuma mulher vai mandar em mim" (l. 593). Quando Hêmon tenta lembrá-lo de que ele também tem uma "mulher" dentro dele – uma alma –, Creonte o acusa de estar do "lado das mulheres", ao que ele replica: "Se você é uma mulher, sim – minha preocupação é toda por você" (ll. 829-830). A asfixia que Creonte faz de sua feminilidade põe um fim em sua perspectiva de crescimento mental, prefigurada no futuro de seu filho.

Contudo, o fanatismo de Antígona é tão letal quanto o autoritarismo de Creonte; o complementa e o escora. Ela é, na essência, uma heroína das barricadas – daí a atração que exerceu sobre os primeiros românticos. Num certo sentido ela fecha a si mesma numa barricada. Quando o "espírito" de seu pai, que ela incorpora, é desligado do Estado e da realização terrena (casamento), ela fenece e morre. Sepultar Polinice adequadamente, como Ismena** enfatiza, exigiria a cooperação de todo o "Estado". Antígona sozinha não consegue completar um processo que pertence à men-

---

* Hêmon, filho de Creonte e seu sucessor natural, ao ver que Antígona se enforcou, segue o exemplo da noiva. [N.T.]

** Outra filha de Édipo e Jocasta, e, portanto, irmã de Antígona. [N.T.]

190 ÉDIPO NA ENCRUZILHADA

te como um todo. Tanto ela mesma como Creonte descrevem-na como "casada com a morte". Pois existe uma certa verdade na acusação de Creonte de que a morte é o único deus que ela venera (l. 875), como fica patente em sua recusa do amor de Ismena e de Hêmon por ela, ou, pelo menos, em sua recusa de reconhecer que esse amor teria um poder reparador. Sua afirmativa de que "ninguém lamenta a minha morte" é desmentida pela evidência; ela simplesmente demonstra sua falta de fé (l. 969). Ela rejeita o desejo de Ismena de compartilhar de sua punição e antecipa o esforço de Hêmon de tirá-la de seu túmulo, removendo uma pilha de pedras – o lixo mental responsável pelo desespero dela. Por ser incapaz de imaginar que poderia haver uma solução diferente, Antígona perde seu potencial de ser a pioneira de um caminho em direção ao conhecimento dos deuses, sua função como musa. Em vez disso, ela se identifica com o espírito destrutivo e obscuro de Polinice e vai, segundo ela, "desposar o senhor das águas escuras" (l. 908). Ela é incapaz de sofrer a dor da sobrevivência. Seu falso "casamento com a morte" é o resultado de um processo que começou muito antes de seu real sepultamento: ela diz a si mesma: "Eu me entreguei à morte há muito tempo; assim, posso servir os mortos" (ll. 630-631). Por meio dessa renúncia, que é muito diferente da força da capacidade negativa, ela perde o desejo de intimidade com os vivos. À medida que as perspectivas com relação ao Estado vão se sombreando pelo pessimismo, Antígona vai descendo gradativamente em direção ao Hades, mas no sentido de sepultamento espiritual, e não de mistério.

A situação de trancamento da mente é saudada por Tirésias, o profeta do desastre: "os vingadores agora aguardam por você", exclama ele alegremente (l. 1195), à medida que a peça se aproxima de seu desenlace. Sófocles equilibra o senso de inevitabilidade pessimista e a falsa esperança que surge sob a forma da tentativa de última hora de resgatar Antígona. O sofrimento da confiança de

Creonte em sua ilusória onipotência é intensificado por sua mudança de tática, que não é uma genuína mudança em seu coração, mas apenas uma supersticiosa reação ao presságio pronunciado pelo profeta:

Agora – irei imediatamente. E vós, criados,
Marchai depressa, até o lugar por todos conhecido,
portando em vossas mãos a ferramenta própria!
Irei libertar Antígona, eu que a prendi. [ll. 1232-1236]

O rei que se apresentava como guardião da lei e da ordem, bem como inimigo da anarquia e do caos, corre pelo palco em busca de uma pá, enquanto os abutres sobrevoam a cidade e derramam sobre sua cabeça partículas da carne pútrida de Polinice. A maldição recai mais uma vez sobre a cidade-mente sob a forma do familiar padrão repetitivo – os círculos do claustro. Sófocles demonstra que uma mente não pode ser feita por sua própria "autoridade", pois se sufocaria na própria impureza, vítima da fundamental "mentira na alma". Creonte não consegue libertar a musa-Antígona "sozinho". O grito angustiado de Antígona sobre o cadáver profanado de Polinice (como o de um pássaro que retorna e encontra seu ninho destruído) é repetido por Hêmon quando este entra na caverna-tumba tarde demais, para descobrir que ela se enforcara: é um tipo de consumação anticasamento, como Antígona cantara em seu lamento de despedida (um antiepitalâmio). Em desespero imitativo, ele também comete suicídio, como em *Romeu e Julieta*, e seu suicídio é seguido pelo de sua mãe, continuando a reação em cadeia. A tentativa de Creonte de se manter em segurança resultou na perda de seu próprio ninho de pássaros, sua vida interior íntima; isso é o mais próximo que ele consegue chegar de identificar-se com Antígona. Ao mesmo tempo, é também a perda do futuro de

Tebas, o que teria sido estabilizado pelo casamento de seu filho com a filha de Édipo.

Édipo tirano (*Édipo rei*) foi escrito cerca de dez ou doze anos depois de *Antígona*. Édipo assume a busca de Hêmon, a crescente parte da personalidade cuja fé no porvir assume a forma de uma forte identificação com o feminino. Ao contrário de Hêmon, Édipo está firmemente casado com sua mãe, sua figura-musa interna, não na morte, mas na vida – eles têm um palácio, filhos, prosperidade –, até que a "doença" parece indicar que uma mudança catastrófica está se erguendo no horizonte. Os habitantes de Tebas estão morrendo em virtude de uma praga indeterminada. A presença de uma ideia indigesta, pairando sobre a cidade como uma nuvem pestilenta, assumiu a forma somática dos sintomas. Não há caminho para a inspiração. A dor precisa ser transformada naquela evolutiva do "sofrimento" – no sentido proposto por Bion, algo diferente do estoicismo e do masoquismo. Nesse sentido, a história começa onde termina a de *Antígona*: a mente está sujeita à dor claustrofóbica associada com a falta de acesso ao conhecimento de sua condição emocional. Se a peça é apreciada apenas por seu conteúdo fantasioso (como no caso de Freud), ela parece ser uma história sobre o "complexo de Édipo". Para aceitar essa ideia, na verdade não precisamos da peça – um sumário seria suficiente. A própria Jocasta formula o "sonho" universal que um homem tem de se casar com a mãe, mas em termos de uma canção de ninar calmante, e não como revelação dolorosa. Não é apenas a fantasia que tem impacto, mas também a maneira como é apresentada – a maneira como se torna real para nós, na verdade continuamente nos surpreendendo com sua realidade, por mais que tenha sido executada ou se tenha lido sobre ela. Quando lemos a peça *como peça* – ou seja, como estrutura poética –, vemos que é realmente uma história sobre um desmame; e quando a consideramos no contexto da sequência das peças sobre Édipo, percebemos que o drama geral diz respeito à natureza da fertilidade da mente e às forças que a ajudam a progredir e "ter ideias", em oposição às forças insinuantes ou provocadores da negatividade.

Édipo tirano é um campo minado de jogos de palavras e ambiguidades linguísticas, pelo qual o leitor que não sabe grego tem de tropeçar ainda mais cegamente que o próprio Édipo, levado pela mão de exegese erudita.[6] Entretanto, a estrutura da peça é tão convincente que mesmo os que não a conseguem ler na língua original podem apreciar o sabor que esta dança verbal oferece à busca pelo padrão subjacente da experiência emocional. A famosa "ironia" dramática de Sófocles assume a forma dos personagens com mais verdade do que poderiam saber, ou inconscientemente fazendo pressão sobre as revelações das quais eles conscientemente correriam horrorizados. Ela insistem em nos impor a ignorância do homem com relação às obras de *Tique** – o fado, o acaso, o destino – e ao conhecimento superior dos deuses. O apresamento de palavras que se referem a um salto, uma guinada, um golpe ou uma entrada violenta reverberam umas nas outras e, em nossa mente, associam-se ao momento que Édipo assassinou o pai, à tentativa do pai de matá-lo com um forcado de duas pontas, à perfuração de seus tornozelos por seus pais, à perfuração que ele faz dos próprios olhos, à sua investida sexual contra a mãe e às portas duplas do quarto dela no final; e, simultaneamente a tudo isso, à "guinada" rítmica de um *daimon* [espírito mortal] que o compele em direção à *catástrofe*, no sentido clássico de clímax e revelação. O *daimon* ataca os protagonistas a partir de seus interiores e exteriores; e a ideia da "duplicidade" é continuamente recorrente, marcando-nos com o fato de que existe mais de uma camada de significado implícita em cada ponto. Outros grupos de palavras ligam e, ao mesmo tempo, separam diferentes tipos de conhecimento: compreensão prática,

---

* Nome grego da Fortuna. [N.T.]

194 ÉDIPO NA ENCRUZILHADA

investigação consciente, "visão" oracular e o tipo de conhecimento mais característico de Édipo – a *gnome*, a inteligência inata ou
poder de reconhecimento (por vezes traduzida como "inteligên-
cia-mãe").[7] Além disso, Sófocles faz com frequência um jogo com
outra palavra para conhecimento: *eidos*, que, por sua sonoridade,
faz eco ao nome de Édipo que, assim, tem pés inchados e pés co-
nhecedores – alguém que busca dolorosamente um caminho para
o conhecimento. Existem trocadilhos com a palavra "pés" ao longo
de toda a peça como andando em direção à verdade e sendo cruelmente caçado por uma verdade.

Somos apresentados a Édipo como alguém que "procurou ar-
duamente por muitos caminhos do pensamento";[8] seus talentos e
sua "experiência" com as buscas intelectuais estão bem consolida-
dos. Mas agora alguma coisa diferente será posta à prova: sua capacidade de pensar por meio de uma esmagadora turbulência emocional, que abalará a constituição mental até o âmago. A busca da
individualidade de Édipo relaciona-se com os "fatos" a respeito de
seu nascimento; a busca de seu *daimon* ou espírito poético interno
relaciona-se com o mistério de seu crescimento e sua identidade.
Édipo, ao contrário de Creonte, aceita, desde o início, que sua realeza foi ganha e continuamente testada; a cidade, em sua visão, contém seus "filhos" (ll. 1, 69) – sua fertilidade mental – e não apenas
o apoio à sua autoridade. Ele confirma sua determinação de "falar
diante de todos" em sua investigação e de colocar o bem da cidade
– a mente como um todo – antes de seu conforto pessoal e de seu
status. E a natureza de sua investigação também é a natureza de seu
sofrimento. Ele parece adivinhar instintivamente, desde o começo,
que a doença de Tebas tem uma relação íntima com seus próprios
nascimento e identidade, como quando afirma, com a ambiguidade característica da peça, que "Não há ninguém tão doente quanto
eu" (l. 61). Agora ele avalia as ferramentas de que dispõe para lidar
com essa doença. Ele começa como alguém que "conhecia" [*eidei*]

o "famoso enigma da Esfinge". Resolver esse enigma é a primeira declaração de disposição em enfrentar a vida, dos quatro pés da infância ao tripé da velhice; este é o seu direito adquirido pelo nascimento, sua inteligência natural. É o que parece estar por trás de sua estranha afirmativa de que ele tem uma "chave" para o mistério:

> Sozinho, se não tivesse uma chave,
> Eu teria perdido o rumo.[9]

A palavra traduzida como "chave" é *symbolon*, com sua sugestão de que o tipo de investigação a que ele está se propondo é de correspondência, descoberta de uma congruência com outra fonte de conhecimento.[10] A queda da Esfinge, aquela falsa musa ("a virgem com garras"), com seus enigmas sexualmente provocadores sob forma tripartida, ocorre próxima do assassinato de Laio no "lugar onde três estradas se encontram", uma estreita passagem rochosa aos pés da montanha-mãe de Citerão.[11] A dupla "queda" demonstra como Édipo suplantou a hostilidade do pai à ideia de seu nascimento: tentando impedir sua entrada na vida com fobias pessimistas, que assumiram a forma de uma maldição sobre a cidade (a Esfinge), uma inimiga da fertilidade.

Agora, essa hostilidade ressurge na pessoa de Tirésias, cujo conhecimento, como toda superstição, é sempre cheio de "terríveis segredos" (l. 374).[12] Sua leitura das entranhas dos pássaros é reminiscente dos imundos pedaços de carne pútrida que tombaram sobre Tebas no final de *Antígona*, enterrando o aspecto musa-Antígona da mente. Ele não conta mentiras sobre os fatos, mas sobre o significado deles. Para Tirésias, qualquer acréscimo ao conhecimento deve se transformar em infelicidade. Ele conta a Édipo que seu "dia de nascimento" (o dia em que ele descobre o mistério de seu nascimento) também marca o dia de sua morte (l. 499), dando a entender que, como o coro dirá depois, não vale a pena encarar a vida. É melhor não nascer que conhecer a total extensão de nossos pecados. Como em *Paraíso perdido*, é melhor "não saber mais". Édipo retalia, lembrando-o de que seus métodos de conhecimento foram incapazes de resolver o problema da Esfinge – eles não tiveram nenhuma força esclarecedora positiva:

> *Tu solucionaste a crise? Não disseste uma palavra,*
>
> *tu e tuas aves, teus deuses – nada.*
>
> *Mas eu vim, Édipo, o ignorante,*
>
> *Eu detive a Esfinge! Sem a ajuda dos pássaros,*
>
> *o voo de minha própria inteligência me guiou.*
> *[ll. 449-453]*

"Édipo, o ignorante" deve ser lido como "Eu, o conhecedor, não conhecedor . . .". Como ele tem a força mental para aceitar esta duplicidade (sua certeza do amor da mãe, junto com suas dúvidas de que ela possa traí-lo por meio do desmame), ele suplanta a má vontade do profeta do desastre e não se desvia de sua busca. Na verdade, ele está preparado para encarar "a morte", a morte que já pronunciou para si mesmo. A vitalidade emocional assume a forma de sua famosa "cólera" [*orge*], pela qual Creonte e o coro o censuram. Contudo, sua cólera é uma manifestação de seu *daimon*, seu espírito inflamado a Prometeu, sendo uma ferramenta tão essencial para sua investigação quanto sua *gnome*, sua faculdade de reconhecimento. A falta de cólera de Creonte está ligada a sua fraqueza e sua esterilidade. "Tu poderias provocar raiva até numa pedra", Édipo lhe diz (l. 335). Como o Belial "de fala mansa" de Milton, Creonte fala por meio de generalidades desembaraçadas e pomposas que disfarçam dele mesmo e de todas as outras pessoas seu antagonismo pesado e indiferente. Seu autorretrato enganador como membro da família despretensioso e confortador é uma obra-prima de retórica política. Édipo, em sua cólera, seria capaz de matá-lo. Contudo, ele se refreia, em sua costumeira atitude política, para não abusar de seu poder. Ele reconhece, com sua característica *gnome*, que, liberando Creonte, ele está inequivocamente voltando o foco de atenção para si mesmo. Ele abre mão de sua instintiva busca por um bode expiatório e – em contraste com Creonte em *Antígona* – assume o fardo deste elemento poluidor dentro dele. Com uma nova clareza, aceita que isso significará "minha ruína, minha morte ou minha desgraça" (ll. 742-743). Ele começou a "sofrer". Seu poder como rei de sua mãe acabou.

Neste ponto, Jocasta surge no palco. Agora que Édipo superou as tentações da "fraqueza e do desprezo" representadas por Tirésias e Creonte, ele precisa da orientação de sua musa-mãe, que, como ele afirma, respeita mais que "todos estes homens aqui". A sensível relação com Jocasta é instrumental no processo de "lembrar" que constituirá a seção central da peça e é essencialmente (como sugere Jocasta) uma análise onírica, uma memória que volta à vida e assume seu significado no presente. É o início do Édipo-poeta superando o Édipo-rei.[13] Édipo faz Jocasta engajar-se na descoberta dos fatos de sua história que se agitam em sua memória inconsciente:

> *Estranho,*
> *ouvindo-te falar agora ... minha mente vagou,*
> *meus pensamentos correndo para lá e para cá.*
> *[ll. 800-802]*

A força emocional vem de Jocasta *sendo* de fato sua mãe, e não de Jocasta sendo sua esposa e, ao mesmo tempo, o continente de projeções infantis ("todo homem sonha que se casou sua mãe ..."). Esse é o sonho falso, o acalanto calmante – o que é "apenas um sonho", como ela gostaria que ainda fosse, com parte dela mesma. Respondendo à urgência da necessidade dele, contudo, ela conjura em seu consciente dois velhos "pastores" que o haviam alimentado na infância. Ela convoca o primeiro diretamente, e o segundo aparece simbolicamente quando ela está oferecendo ramos em homenagem a Apolo. São atributos da "Jocasta como musa", uma função à qual ela está para renunciar (quando finalmente "reconhece" Édipo como seu filho). Essa revelação é dolorosa tanto para ela quanto para ele, sendo guiada não pela vontade dela, mas pela consciência do destino supervisor que governa todos os passos em direção ao conhecimento. Cada passo é uma surpresa; nada é intencional (do ponto de vista humano), mas nada é acidental (do ponto de vista dos deuses). Vemos claramente nesta parte central da peça como a comunicação se faz entre os objetos internos dos protagonistas. Jocasta só deixa a cena depois que vê que Édipo, o bebê, aprendeu a internalizar o significado da experiência da amamentação.

A história de que ela o ajuda a "se lembrar" é a seguinte: Édipo, filho de duas cidades – Tebas e Corinto –, certa vez teve um sonho "embriagado" com os pais que havia tido um dia (de caráter tempestuoso e apaixonado), antes de tê-los abandonado ainda criança em favor de pais adotivos mais serenos que o criaram em conforto principesco, com amorosa indulgência. Eles não tiveram coragem de lhe contar a "verdade", mas lhe deram força e independência para deixá-los e voltar para seu primeiro lar, por meio das perturbadoras "encruzilhadas" onde ele triunfou sobre a hostilidade do pai. Ele interpretou isso como se lhe coubesse ser marido de sua mãe e rei da cidade dela. Eliminar o pai lembrou-lhe o momento de seu difícil nascimento através da estreita passagem – do qual ele ainda traz as "horríveis marcas" em seu pé-conhecedor ("Tenho isto desde o berço", l. 1134). Essas também são as cicatrizes de sua estada como criança em Citerão, a mãe-montanha selvagem e intransitada, onde ele foi passado de um pastor para outro. Agora, para seu horror, ele começa a entender que sua mãe devotada foi um instrumento de sua "expulsão" original: não foi que ele simplesmente escolheu trocar um seio tebano por um corinto; na verdade, os dois pertenciam a uma única mãe (ambos cuidando de ovelhas nas altas pastagens da mesma montanha) – "seu próprio filho!". E agora ela parece estar exigindo ainda mais trabalho dele (não foi o suficiente que, em sua "grandeza", ele tenha salvado a cidade?). Ele e ela sentem um "mal-estar" diante da possibilidade que está no ar. Não obstante, a investigação tem de continuar, impelida pelo *daimon* interior e o mundo "daimônico" do conhecimento divino inexoravelmente alinhados. Pólibo de Tebas, diz o primeiro pastor, "era tanto seu pai quanto eu" (l. 1115). "Mas não foste tu que me encontraste?", pergunta Édipo – "Não, senhor, outro pastor entregou-te a mim". O segundo pastor tem de ser pressionado (seu braço é torcido atrás de suas costas) para que ele deixe escapar a segunda metade da verdade, concluindo com: "Tu nasceste para ser infeliz!". Quando Édipo junta essas duas facetas de sua experiência, simbolizadas pelo encontro entre os dois velhos seios-pastores, ele reconhece que a verdade é como o bebê já temera – "tudo se revela, tudo explode em luz!" (l. 1306). Entre as mensagens do primeiro e do segundo pastor, Jocasta deixa a cena, com um grito de despedida: "Homem infeliz!". Neste ponto, Édipo transfere sua lealdade para *Tique* – a fortuna ou o acaso. Apesar das vicissitudes muito bem conhecidas de *Tique*, ele está determinado a encontrar nela uma "boa" mãe:

> *Devo encarar minhas origens de frente . . .*
>
> *Orgulho-me de ser filho da Fortuna,*
>
> *a grande deusa, que só oferece boas coisas –*
>
> *nunca verei minha mãe em desgraça. Ela é minha mãe!*

200   ÉDIPO NA ENCRUZILHADA

*Já experimentei todas as luas, minhas irmãs de
sangue,*

a lua nova do anonimato e a lua cheia do poder.

*Eis a minha origem, minha natureza, e nunca vou
traí-la,*

nunca cansarei de buscar e conhecer meu nascimento!
[ll. 1185-1194]

O coro acrescenta sua imaginação a esse canto de afirmação – será que ele é filho de Pã ou de Apolo, que ama as pastagens dos planaltos? Seja lá qual for o deus que o gerou, o Monte Citerão é seu "local de nascença, ama, mãe-montanha". Este alegre dueto se transforma e reavalia o quadro anterior do assassino desconhecido correndo em meio às rochas e cavernas "como um touro selvagem", perseguido por "horríveis vozes" que o cercam como "negras asas se agitando", "soando do coração da Terra" (o umbigo da Terra, em Delfos; ll. 545-548). Os "horríveis" pecados e pensamentos obscuros (a "cólera") do "estranho dentro de si mesmo" agora encontram seu lar e resolução nesses aspectos selvagens de sua montanha-deus-mãe, mas como filho da natureza, e não da perversão. A mente de Édipo é subitamente irradiada por essa possibilidade, à moda pré-wordsworthiana. Parece que – como em todo conhecimento oracular – existe outra maneira de ouvir essas "terríveis vozes da Terra". O canto é uma espécie de *Magnificat** de Tique, um momento de exaltação na peça, pois é espiritualmente verdadeiro, embora, em termos factuais, uma "selvagem suposição".[14] Ele ocorre precisamente enquanto Jocasta está se enforcando em seu

---

* No cristianismo, o *Magnificat* é recitado por Maria ao visitar sua prima Isabel, que está grávida de João Batista, segundo o Evangelho de Lucas (1:46-55). O nome vem do poço na primeira linha do canto (em latim): *Magnificat anima mea Dominum* (Minha alma engrandece o Senhor). [N.T.]

quarto dentro do palácio, nos bastidores. Ela não é mais sua mãe *interna*, tampouco sua esposa. A fase da maternidade em que ela se dividiu entre boa e má, na posse régia da criança, está completa; Jocasta demonstrou a Édipo que foi ela que o amamentou e causou seu sofrimento. Ela foi, em parte, cúmplice dos amarrilhos apertados nos tornozelos de Édipo, dos pronunciados mamilos dos seios nutridores – os poderes selvagens e escuros de Citerão que coexistem com os pastores simples, dividindo seu território, como a filha boa e as ruins de Lear. Pelo triunfo da integração, esses atributos ou agentes opostos da mãe interna de Édipo foram devolvidos à sua fonte em *Tique*, um poço que nunca vai secar. Édipo "descobrindo" a mãe em Tique e Citerão é o começo de sua internalização da *ideia* de sua mãe como objeto interno.

O significado da imagem de uma mulher se enforcando está, assim, em contraste diametral com a daquela encontrada em *Antígona*. A morte de Antígona é uma imagem de destruição da alma, um fruto do desespero; ela está soterrada por uma pilha de pedras, o lixo mental que também assume a forma da pestilência que cai do céu – a peste. Ela será mais tarde seguida, na história da poesia, por Sansão derrubando o templo dos filisteus sobre sua própria cabeça (o primeiro homem-bomba?). A morte de Jocasta, como a de Cordélia em *Rei Lear*, é um cumprimento: é o fim de uma função particular, um serviço específico ao bebê que agora se completa, e ocorre na alcova. Junto com o bebê, ela experimenta a "morte do estado existente da mente" (segundo o termo de Bion). O processo de desmame foi doloroso também para ela, e houve vezes em que ela o teria revertido – para "cancelar esta busca! / Meu sofrimento já basta" –, embora sem saber que o desejo de Édipo de descobrir o "mistério de seu nascimento" é agora esmagador e o levará até o fim. Ela não tem muito a fazer, além de permitir que os fatos apareçam diante dele – a experiência dela, como a dele, é essencialmente de "sofrimento". O fato de ele cegar a si mesmo,

202 ÉDIPO NA ENCRUZILHADA

como o enforcamento dela e a marca de nascença de seus tornozelos, é um ato de reconhecimento, reforçado por seus pais como
objeto combinado. Ele é descrito como "enterrando as pontas dos
alfinetes até o fundo das órbitas" (l. 1405), e a palavra usada para
órbitas [arthra] é a mesma usada para as juntas de seus tornozelos.
Fundindo esses momentos históricos no significado presente, ele
repete o movimento "de novo e de novo, os punhais apunhalantes,
apunhalando a memória / me levando à insanidade", confirmando
sua corajosa extração do conhecimento de dentro dele (l. 1455). O
padrão de sua vida está tomando forma:

> Ó, estradas triplas – tudo volta do passado, a ravina
>
> escura e secreta, e os carvalhos se fechando
>
> onde as três estradas se juntam . . . [ll. 1530-1532]

Ele "bebeu o sangue de seu pai" na encruzilhada de seu nascimento, então "veio para cá" para a sede de sua realeza, o "porto"
do corpo de sua mãe,[15] e "fez tudo de novo" – bebendo o leite da
mãe. "Apolo assim ordenou" – diz ele – "mas a mão que atingiu
meus olhos foi minha . . . eu o fiz!" (ll. 1467-1471). Finalmente, o
daimon-self fez contato com o daimon-objeto e o alinhou com este
princípio evolucionário – a "evolução de O", como Bion o chama.

O bebê-Édipo agora entende que a natureza da "morte" para
ele mesmo não consistirá de um fácil desligamento das emoções
turbulentas da vida; não é o tipo de morte previsto por Tirésias,
ou desejado para ele por Creonte. Embora não seja mais tirano, ele
sente que foi "salvo da morte" – no sentido literal – para cumprir
um destino desconhecido e "estranho" (l. 1595). Na verdade, como
se prevendo isso, no início da peça ele comutara sua sentença pros-
pectiva de poluidor para a do "exilado". Agora ele aceita – e, num
certo sentido, recebe de bom grado – o duplo conhecimento de que

Meus dissabores são meus

e sou o único homem vivo que pode suportá-los.

[ll. 1547-1549]

A fase seguinte de seu "sofrimento", à medida que a ideia continua a crescer dentro dele, é o período de busca confusa, expresso por seus muitos anos de cegueira, vagando como pária em busca "do porto onde estou destinado a viver".[16] Seu poder inato de reconhecimento, sua *gnome* – o "oráculo" interior – diz-lhe que ele o encontrará se for persistente. É o equivalente ao "buscar partículas de luz numa grande escuridão". Como antes, passam-se cerca de quinze anos até Sófocles escrever a fase seguinte. *Édipo em Colono* foi, na verdade, produzido postumamente, durante os últimos espasmos das guerras que poriam fim ao imperialismo esclarecido ateniense. Como *Paraíso perdido*, a peça foi produzida em resposta a uma compulsão interna para tornar o conceito de "paraíso interno" uma realidade viva, uma demonstração para as gerações subsequentes do processo que nenhuma violência externa pode destruir.

O *Sansão* de Milton inicia-se com as seguintes palavras:

Um pouco mais, empresta tua mão condutora

Para estes passos escuros, só um pouco mais, . . .

Aqui eu sinto um alívio,

O hálito do céu fresco, puro e doce . . .

Este início segue muito de perto o de Sófocles, com o homem cego e hesitante, cheio de aflição, pedindo para ser levado a um bosque sagrado de oliveiras e rouxinóis, longe da estrada poeirenta e ressecada do mundo cotidiano em que é assaltado pelos

204 ÉDIPO NA ENCRUZILHADA

pensamentos do claustro: "cego em Gaza, no moinho, em meio a escravos". Mas Sansão não tem nenhum guia além da figura nebulosa que aparece nas duas primeiras linhas, que, em seguida, parece desaparecer: a Eva de *Paraíso perdido* foi degradada ao nível da víbora-Dalila, uma punição imposta por seu egoísmo ao tentar corrigir as revelações do épico. Seus pensamentos vão se tornando cada vez mais persecutórios, atormentando-o como ferroadas de abelhas; e ele culpa amargamente sua dependência: "em poder dos outros, nunca de mim mesmo". Seu lamento, embora dirigido à sua cegueira, é essencialmente pela perda de inspiração – a "luz interna"; e as passagens mais pungentes e impactantes são as que evocam essa ausência:

> *Para mim, o Sol é escuro*
> *E silencioso como a Lua*
> *Quando ela abandona a noite,*
> *Escondida em sua vazia caverna lunar. [ll. 79-89]*

Por mais que ele siga estritamente seu modelo clássico, o poeta não consegue, sem refazer a relação com sua musa, livrar-se desse tipo de inverno, esse "vazio". Por meio de suas "próprias forças", ele não consegue restabelecer o vínculo com o "impulso íntimo" que perdeu. Nos termos da distinção de Keats, ele abandona o domínio do "sonho poético" e entra no do "fanático".

Édipo, contudo, tem um tipo diferente de dependência: a de suas filhas. Como o poeta de *Paraíso perdido*, ele "não está sozinho", e a musa o visita em seu sono noturno. A origem da relação íntima com Antígona e Ismena é representada no final de *Édipo tirano*, em seu desejo de "tocar" as duas garotinhas que sempre comeram à sua mesa e dividiram pedaços de alimento com ele. Creonte permite que elas se aproximem dele temporária e tentadoramente, para depois afastá-las ("Já basta!"). Contudo, se estabilizou a ideia de que suas filhas passaram a simbolizar os olhos-seios que precisam se tornar parte de seu equipamento interno, agora que Jocasta e seus pastores não mais existem para ele.[17] Elas são, literalmente, o fruto daquela relação. Este poder produtor de símbolos foi transferido por meio do sentido do tato. Como Gloucester em *Lear*, ele começa a "ver pelo tato". E embora Antígona tenha mais a dizer que sua irmã – em parte pelo fato de o drama grego permitir apenas três atores falando a cada vez –, a Ismene é dado um papel complementar importante: agir como "guardiã" ou "posto avançado" de Édipo neste mundo, enquanto Antígona atende às necessidades imediatas do pai – sua alimentação e sua locomoção. Na cena final, eles são trancafiados juntos, "os três como um", aguardando a voz do deus que, no silêncio que se segue, convoca Édipo à sua morte. No *Tirano*, elas eram crianças, dependentes de Creonte (o rei temporal); mas em *Colono* elas cresceram e têm força própria, tendo estabelecido um sistema de comunicação – imaginado por Ismene enquanto ia encontrar o pai e a irmã montada em seu pônei, usando um chapéu de sol de aba larga, e tendo conseguido encontrar seu caminho apesar de uma difícil viagem.

Édipo, contrastando as filhas com os filhos, afirma repetidamente que elas são "como homens", enquanto eles são "como egípcios" em sua predileção por uma vida fácil. É o quadro total – das filhas e dos filhos – que constitui, a essa altura, a natureza do "sofrimento" de Édipo. Em certo sentido, seus filhos representam aquela parte do bebê-tirano que gostaria de continuar para sempre no trono de sua cidade-mãe e não consegue enxergar além dos valores do poder, da posse e da competição. É um tipo de intermitência mental que ele descarta no fim dessa peça (quando diz a Creonte que não se preocupe com seus filhos – eles são crescidos o suficiente para cuidarem de si mesmo). No entanto, só em *Colono* a significância disso se torna clara, em seu pungente diálogo final com o desafortunado Polinice. Em contraste com isso, Antígona e Ismene, de maneiras diferentes, mas sem rivalidade, juntam-se para facilitar o contato de Édipo com sua musa. Creonte, desdenhoso como sempre, chama-as de "bengalas" do pai. O retrato de Creonte é ampliado com relação ao que aparece em *Antígona* para incluir especificamente características do falso poeta, o mero retórico, com sua "maldosa maneira de usar as palavras" e uma língua "de dois gumes" que expressa "uma espécie de justiça própria, engenhosamente distorcida" (ll. 906, 867). Possivelmente, ele tem algumas afinidades com o aspecto de brincar com as palavras do próprio Sófocles. Por meio de sua provocação verbal, ele tenta "bloquear" o porto da verdade de Édipo (ll. 928-929). Polinice, de maneira mais patética – e para a tristeza de Antígona –, também constitui um bloqueio. Édipo não amaldiçoa seus filhos antes de estar bastante seguro de que eles estão vinculados à obsessiva mentalidade política de Creonte. Polinice se casa por conveniência, e não por amor. Ao tentar recrutar o pai para sua causa, incitando sentimentos de rivalidade, ele mostra criticamente que não tem consciência da poderosa força do amor que Édipo invoca no final da peça. Ele e seu irmão representam o egoísmo jovem que deve ser afastado se o bebê-Édipo deve evoluir para homem adulto. Édipo diz: "Meu corpo morto aplacará o sangue quente deles" (l. 705). Seu "corpo", em sua forma final, torna-se veículo para a necessidade daimônica de evolução. Somente quando Polinice sente a força total da "cólera" do pai que ele aceita que sua própria mentalidade deve chegar a um fim e parte bravamente para encontrar seu destino. Ele é suplantado por Teseu, o "filho" adotivo de Édipo, que é (como depois em *Sonho de uma noite de verão*)* o modelo do

---

* Na comédia de William Shakespeare, Teseu é o sábio governante de Atenas e está casado com Hipólita, a ex-rainha das amazonas. [N.T.]

governante-filósofo ideal. A identificação feminina de Édipo faz que ele vá adiante; sua identificação com o menino olha para trás. Teseu é testado por Creonte (o que ele acha fácil) e Polinice (o que ele acha difícil). Ele prova a si mesmo que é suficientemente forte ao resgatar as filhas de Édipo, suas partes femininas, por meio da cavalaria ateniense – ele não permite que elas sejam separadas dele.

A outra característica do *Colono* igualmente fundamental para simbolização da relação entre o poeta e sua musa é seu senso de espaço. Nessa peça, em vez do incansável jogo de palavras usado para estabelecer a tensão no *Tirano*, encontramos a ambiguidade poética. Colono – então uma pequena comunidade rural aninhada entre bosques e "brancas rochas" próxima da cidade de Atenas, com sua beleza "pouco conhecida", exceto pelos que lá habitavam – era, na verdade, o local de nascimento de Sófocles. Agora o local junta em seus limites toda a significância da paisagem interna do *Tirano* e todo o poder e a glória do perdido império ateniense, com sua duradoura vitalidade representada pelas sempre renovadas oliveiras da deusa Atena e pelos musculosos cavalos de corrida e navios de remos velozes de Poseidon. Tudo isso é celebrado na bela ode coral no meio da peça, que assim começa:

> *Aqui, estrangeiro,*
>
> *aqui nesta terra em que os cavalos são uma glória,*
>
> *chegaste ao abrigo mais nobre no mundo:*
>
> *Colono brilhante, reluzindo ao Sol –*
>
> *onde o rouxinol canta sempre,*
>
> *com sua música elevando-se com clareza,*
>
> *sempre voando, mas nunca partindo.*
>
> *Nas profundas sombras verdes,*

208   ÉDIPO NA ENCRUZILHADA

ela assombra as clareiras, as escuras videiras,

o sagrado bosque divino, escuro e ínvio . . . [ll. 762-770]

A beleza e a sacralidade de Colono estão literalmente no coração da peça, contrabalançando as dolorosas confrontações dos diálogos, irradiando a significância deles. Seu "inchado seio da terra" substitui Citerão como lar da musa, a mãe interior. As características ambivalentes daquela primeira musa, com sua crueldade e sua "selvageria" (como a *Belle Dame* de Keats), estavam associadas com a "embriaguez" do bebê apaixonado ("colérico", *orge*), empanturrando-se do leite-sangue. Aqui (como em *Psique*), elas são enriquecidas pela surpreendente visão da fertilidade e moduladas pela dança cíclica da natureza. Aqui, a "primavera nunca perecerá, apressando a vida para sempre, fresca a cada dia"; aqui o "brincalhão Dionísio" (o deus do vinho) é livre para expressar sua natureza, dançando nos bosques, cercado pelas "selvagens ninfas" – "ninfas que acalentaram sua vida".

Pois os bosques de Colono encerram a vida obscura daqueles deuses ou deusas interiores, as divindades femininas que presidem a entrada do homem na vida e sua saída dela, a encruzilhada da mudança catastrófica. Édipo reconhece imediatamente que chegou à sua morada final quando ouve que o bosque é consagrado às Eumênides, que são as Fúrias e as Benevolentes. Perto dali fica a colina de Deméter [Ceres] e o "portal incandescente" para o inferno. Sua intuição lhe diz que este é o lugar que ele esteve procurando durante todos aqueles anos de peregrinação: um lugar de contemplação, em que ele pode "refletir sobre as velhas profecias, / Armazenadas nas profundezas do meu ser" até elas despertarem para a vida (ll. 509-510). O bosque sagrado relembra a encruzilhada aos pés de Citerão, igualmente associado com as divindades femininas do mundo dos mortos – Hécate e Perséfone [Prosérpina]. No final

da peça, Édipo é guiado por Deméter e Perséfone, que, por implicação, restauram-lhe suas forças para que ele possa guiar todos os
outros – inclusive Teseu – para o local de sua morte por meio de
sua visão interior. As deusas suplantam suas filhas neste ponto – é
o ponto dos "olhos plantados no interior" de Milton (no *Paraíso
perdido*) ou o "Eu vejo e canto, inspirado por meus próprios olhos"
de Keats. Inicialmente, contudo, em sua chegada ao bosque, Édipo
parece repetir sua função poluidora: mais uma vez, para horror do
coro, ele "pisa onde ninguém pode pisar". Mas, com a ajuda de Antígona, a quem ele pede que lhe mostre o "caminho da sabedoria",
ele lentamente vai sentindo seu caminho por meio das pedras (da
obstinação) até um ponto em que o terror supersticioso da mente
cotidiana é modificado, de modo que ele não bloqueie a passagem
que sabe carregar dentro de si:

> *Édipo: Ah, queridos deuses –*
>
> *Antígona: . . . passo a passo, nossos passos juntos,*
>
> *Apoia teu corpo envelhecido no meu braço amoroso.*
>
> *Édipo: Ah, tão arruinado, tão destruído. [ll. 217-219]*

Antígona facilita o movimento mental que é governado pelas
Fúrias-musa, as "rainhas do terror, os rostos cheios de horror", que
Édipo sente terem "conduzido meus passos lentos para a morada do
vosso bosque verde" (ll. 102-120). O epíteto "benevolentes" havia
sido cunhado pela mente comum apenas para evitar o mau-olhado.
Mas Édipo será aquele a mostrar que as Fúrias que guardam as necessidades emocionais mais primitivas do homem – aquelas "doces
filhas da escuridão primitiva" – são, na verdade, gentis e raivosas.
Ele já aprendeu a integrar dentro dele a dupla emotividade do seio
como objeto interno, cruel e carinhoso, e agora consegue esclarecer
sua dupla função como alimentadora e purificadora.[18]

Isso assume a forma de sua percepção nascente de sua "inocência" – algo que intensifica e expande seu "sofrimento" ainda mais. Seu *insight* culminante em *Tirano* foi: "Apolo ordenou-o – e eu o cumpri!". A exultação do reconhecimento foi inicialmente seguida pela culpa. Mas agora ele emergiu dessa fase e se torna cada vez mais convencido de sua inocência. Ele diz repetidamente: "Sou inocente". Quando o coro presume que ele "pecou", pois fez o que fez e sofreu as consequências, ele o contradiz, afirmando que "recebeu como recompensa um prêmio de partir o coração" (l. 605) – a recompensa de sua mãe. A ambígua qualidade da "recompensa" daimônica foi uma função da inspiração. Como no *Tirano*, ele revive o passado no presente, uma forma de lembrança onírica que revê sua significância. Isso não resulta em menos sofrimento, mas em mais. "Venho como alguém sagrado" (l. 310), afirma ele em resposta a este novo sentimento dentro dele, que, cada vez mais, dominará e dissipará os remanescentes de seu senso de poluição (culpa). Mais tarde, ele insiste enfaticamente: "Não há nada de criminoso no fundo de mim" (l. 1105). Ele afirma que traz "visão" quando o coro expressa dúvidas sobre a utilidade de um cego. Ele tem esse novo sentimento mesmo antes de Ismene chegar com a notícia de que a família tebana que originalmente o havia expulsado agora tem uma utilidade para ele:

> Ismene: *O poder deles está em ti.*
>
> Édipo: *Então, quando não sou nada – aí sou um homem!* [ll. 430-431]

Parece que enfim ele se tornou uma espécie de celebridade no mundo exterior. Mas os vários personagens têm visões diferentes da natureza do poder que ele personifica. As relações beligerantes – Creonte, Etéocles e Polinice – não valorizam seu conhecimento, obtido pelo sofrimento. Eles não pretendem adicionar seu corpo à mente-cidade; eles meramente desejam paralisar sua efetividade (enterrando-o junto à parte externa da muralha da cidade, onde não "poderá ajudar ninguém mais"). É uma forma de iconização – descrita por Bion como "carregamento com honras e afundamento sem deixar traço".[19] Eles o querem como mascote. Isso conservaria sua "contaminação" como uma mosca no âmbar, preservando-o para sempre como objeto de superstição, impedindo que seu conhecimento purificador entre no mundo exterior.

Ao longo de toda a peça, vimos a maneira como Édipo protegeu a si mesmo furiosamente – não sozinho, mas com a ajuda de Teseu e suas filhas – desta forma de abuso. Para Teseu ele disse:

> *Tenho uma dádiva para ti,*
>
> *Meu próprio corpo destroçado . . . não é uma festa para os olhos,*
>
> *Mas os ganhos que ele oferece são maiores que a grande beleza. [ll. 649-651]*

Ele busca um "enterro" – uma forma de incorporação mental – que possa ver a beleza de sua inocência por meio da feiura de seu corpo. Ele sabe que tem o desejo de se tornar "útil" e procura sentir seu rumo em direção a essa possibilidade. A velha mentalidade (Tebas, a cidade da altercação "nascida dos dentes do dragão") será descartada, e a nova mentalidade – Atenas – assume seu lugar. Isso só pode acontecer quando a percepção de que seus "atos" sempre foram "atos de sofrimento" (l. 285) tornar-se completamente clara. Sua base é a resistência pétrea que Édipo provou ter:

> *Como um grande promontório defrontando o norte,*
>
> *fustigado pelas borrascas de inverno*

212 ÉDIPO NA ENCRUZILHADA

em todas as direções –
assim sofre ele, flagelado por horríveis desventuras
da cabeça aos pés, sem cessar
por todos os lados –
ora pelo poente, com o sol que morre,
ora pelo nascente com seus primeiros raios,
ora pelos ardentes fogos do meio-dia,
ora pelo frio do norte, engolfado em noite eterna,
[ll. 1401-1410]

Essa imagem de sua cólera, que também é sua paixão e seu espírito poético – seu *daimon* – sugere a maneira como seu corpo será soldado à paisagem, ao mesmo tempo que se dissolverá no ar. O comovente final da peça demonstra, em termos concretos, um processo de abstração: o estágio final da evolução de uma ideia da mente poética. À medida que seus novos amigos lhe viram as costas, e Teseu protege seus olhos, o corpo de Édipo simplesmente desaparece deste mundo – "arrebatado pelos campos invisíveis" (l. 1909), e eles não sabem se ascendeu ou baixou. O julgamento final da imaginação é que a ravina-nascimento rochoso do Citerão se tornou "suave": a Terra "abre-se com suavidade / Para recebê-lo" (ll. 1885-1886). Não há sepultura, nem ritual fúnebre; nada resta para incitar veneração ou curiosidade mórbida: apenas a ideia na mente, o sentimento no coração.

Sófocles, como Ésquilo antes dele, reconheceu que essas "terríveis deusas" – as "Fúrias" da natureza primitiva do homem – precisavam ser metabolizadas, e não expelidas à maneira da tragédia de vingança tradicional, como acontece em *Antígona*.

Mas o julgamento de Atena, que conclui a *Oresteia* de Ésquilo, é uma solução intelectual, equilibrando as necessidades dos lados civilizado e primitivo da humanidade. Assim, ela perpetua o elemento aplacador ou conciliatório – daí o temor que a mente comum sente pelas Eumênides no início do *Colono*. Isso se harmoniza com a ideia de Platão do teatro como sublimação, uma forma de condescender com os "sonhos maus" do homem – dando a estes obscuros elementos indesejados o tipo de veneração que os manterá nos confins da respeitabilidade; assim, eles não assumirão a forma de ação e não poluirão a vida cívica. Sófocles, contudo, via o teatro como forma de dramatizar a "verdade" sobre as etapas essenciais do desenvolvimento do homem, o que envolvia confrontar as características sombrias e temerosas da musa, sem vê-las de maneira preventiva. As Fúrias precisam ser integradas não apenas intelectualmente – postas sob o domínio da lei –, mas também por meio de um íntimo vínculo emocional. A verdade é *em si mesma* nobre e civilizadora, qualquer que seja o seu conteúdo, se conseguir ser suportada, "sofrida". E a menos que se possa sentir e conhecer essa verdade, o desenvolvimento da mente será frustrado: em última instância, fará vingança contra ele mesmo. A "ideia" sofocleana não é a de partilha da culpa ou da recompensa, mas a de identificação e integração. Não existe equilíbrio nem compromisso, tampouco a barganha representada pelos aspectos Creonte e Polinice da mente. No final da peça, surge um novo conceito de mobilidade inata ("realeza"), baseada nas palavras iniciais de Édipo de que o "sofrimento", junto com "a nobreza, o meu direito real", ensinou-lhe a ter paciência (ll. 6-8). "Sede corajosas com nascestes para ser" é a última mensagem de Édipo às filhas. Sua famosa cólera, agora percebemos, é a mesma coisa que seu amor:

> *Foi difícil, eu sei,*
>
> *minhas filhas, mas uma única palavra vos recompensa*
>
> *pela labuta de vossas vidas: o amor, minhas filhas,*

> *de mim recebestes amor como de nenhum outro*
> *homem vivo,*
>
> *e agora deveis viver sem mim por todos os dias que*
> *virão. [ll.1830-1834]*

A nova definição de um rei que Sófocles nos oferece não é a de alguém com autoridade, mas de alguém com o poder de amar. As filhas de Édipo serviram para reuni-lo à sua musa; agora ele está lhes ensinando o processo da internalização – ele se tornará a musa delas. Como ele se apegou muito ao seu amor-cólera, o dom de sua mãe-*daimon*, enquanto "os horrores" quebravam na praia de sua mente, ele repeliu a tentação de se tornar um ícone e transformou sua individualidade numa ideia, disponível como o gênio da praia de Milton para "as gerações futuras". À medida que o espírito de Sófocles ascende aos Campos Elíseos, seus descendentes Teseu, Antígona e Ismene expressam sua fé nele, não se mantendo unidos, como ele esperava, mas seguindo caminhos separados. As duas moças insistem que devem retornar a Tebas, para tentar impedir a destruição mútua de seus irmãos. Na superfície, o drama parece estar se repetindo em círculo, pois sabemos o que acontece em seguida... Mas será que sabemos? Depois de Sófocles, a tragédia nunca mais esteve condenada a ser apenas *tragédia de vingança*, a maldição que o homem parece ter pronunciado contra si mesmo no momento de seu nascimento. Mas foi preciso que Shakespeare descobrisse esse fato.

Notas

1. John Milton, *Samson agonistes,* ll. 1721-1724.
2. W. R. Bion, *Attention and interpretation* (London: Tavistock, 1970), p. 19.

3. Shakespeare, *Rei Lear*, IV.i.36-37.

4. Segundo o termo de Meltzer: *The claustrum* (Strath Tay: Clunie Press, 1992).

5. *Antigone*, em: trad. R. Fagles, *Sophocles: the three Theban plays* (Harmondsworth, Middlesex: Penguin, 1982), ll. 584-587; as linhas de referência subsequentes são desta edição.

6. Para a explicação da linguagem, ver trad. Thomas Gould, *Oedipus the King* (Englewood Cliffs, NJ: Prentice-Hall, 1970), pp. 46ff.

7. Ver trad. E. F. Watling, *Sophocles: the Theban plays* (Harmondsworth, Middlesex: Penguin, 1947), p. 38; D. Taylor, *Sophocles: the Theban plays* (London: Methuen, 1986), p. 21. Sobre a significância de *gnome* [pensamento] e sua relação com *gignoskein* [reconhecimento], ver Gould, *Oedipus the King*, p. 63; sobre seu contraste com *phronein* [prudência], preferido por Creonte, ver pp. 80-81. Gould escreve: "O *gnome* de Édipo é um mistério para o coro. Eles não sabem realmente como ele chega às suas decisões" (p. 74).

8. *Oedipus the King*, em: Fagles, *Sophocles*, 1. 79; as subsequentes referências a linhas são desta edição.

9. Gould, *Oedipus the King*, l. 221.

10. O *symbolon* era um pequeno item quebrado em duas partes e dividido entre amigos como lembrança ou modo de reconhecimento em futuros encontros; Gould, *Oedipus the King*, p. 42.

11. Dizia-se que a Esfinge abusava sexualmente de rapazes. *Oedipus the King*, pp. 72-73.

12. Uma história contava que Tirésias fora castrado e cegado depois de observar duas serpentes copulando; outra dizia que ficou cego por ação de Hera depois de afirmar que as mulheres gostavam mais de sexo que os homens. Assim, sua cegueira é associada ao "conhecimento como castração"; Gould, *Oedipus the King*, p. 50.

13. O verbo que significava "fazer", amiúde usado no início da peça (ele "fará" tudo o que o oráculo lhe disser), é substituído, na segunda parte, pelo verbo "sofrer", predominante em toda a história. Ver nota sobre a linha 77; Gould, *Oedipus the King*, pp. 24-25.

14. Para tomar emprestada a frase de Keats em "On first looking into Chapman's Homer".

216 ÉDIPO NA ENCRUZILHADA

15. A metáfora de um campo arado ou posto é frequentemente usada na peça para o útero de Jocasta, morada para o pai e o filho.

16. *Oedipus at Colonus*, em: Fagles, *Sophocles*, l. 929.

17. O segundo pastor, prevendo a *catástrofe* que está por vir, "tocou a mão da rainha" – um gesto muito íntimo – pedindo que lhe fosse dada outra tarefa.

18. O conceito de Meltzer do "seio toalete": ver *The psychoanalytical process* (Strath Tay: Clunie Press, 1967).

19. O próprio Sófocles recebeu este tipo de honraria, não por suas peças, mas por seus feitos militares; ver B. Knox, introdução a *Oedipus at Colonus*, em: Fagles, *Sophocles*, pp. 257-258.

6. As urdiduras de Atena*

> *Então me senti como alguém que observa os céus*
> *Quando um novo planeta mergulha em seu campo visual*
>
> John Keats[1]

> *Muitos mentirosos heroicos existiram antes de o embusteiro*
> *Odisseu ser salvo por seu cão da noite eterna.*
>
> Wilfred Bion[2]

As divagações do pensamento de Édipo em sua busca para se autoconhecer – para descobrir o símbolo de sua identidade – tiveram sua origem literária trezentos anos antes, na história da volta para casa de Odisseu, cantada nos "salões sombreados" dos reis da Acaia pelo bardo cego conhecido como Homero e seus seguidores. Esta "canção para a nossa época" surge no ponto crucial e fluido

---

* Uma primeira versão deste capítulo foi publicada como "Conversations with internal objects: family and narrative structure in Homer's Odissey", *British Journal of Psychotherapy*, *20*(2), 2003. [N.T.]

218   AS URDIDURAS DE ATENA

da história em que o modelo retórico e a aguda sensibilidade da audiência associados com a tradição oral foram ampliados, e não substituídos pelo novo potencial da palavra escrita para fixar e conservar o significado. Também foi o começo histórico do império marítimo, da civilização marcada pelo vaivém dos navios de Poseidon, como foi celebrado no canto do cisne de *Édipo em Colono*. O verdadeiro poema da *Odisseia* de Homero, diferentemente da lenda que circulou durante o período medieval, teve uma profunda influência sobre Milton e outros poetas ingleses que se seguiram à sua redescoberta no início na Renascença.[3] É a realidade sensorial do poema, e não a sequência parafraseável dos eventos, que incorpora as "urdiduras de Atena", a musa do poeta. O poema é de uma estrutura narrativa extraordinariamente complexa de *flashbacks* e desenvolvimentos.[4] Estes se relacionam, em um certo nível, a uma sincera história de aventuras, e em outro, fazendo uso das justaposições emocionais sugeridas pela estrutura, eles exprimem uma rede interna de conversas familiares que ocorrem pela mediação de Atena. Os principais protagonistas dessa rede narrativa são Odisseu* e sua esposa e filho, embora outros personagens de outros grupos familiares também sejam incluídos. Eventualmente, ela resulta não apenas na volta de Odisseu a seu lar terrestre, mas também na recomposição de seu casamento conturbado e no amadurecimento de seu filho, simbolizando a nova mentalidade do rei de Ítaca.

Como Édipo, Odisseu é um "homem da dor" ou "do dissabor", e isso está escrito em seu nome, mostrando sua identidade como a cicatriz em sua coxa ou aquela dos tornozelos de Édipo, a marca de sua apaixonada identidade e sua capacidade de sofrimento.[5] Ele é um homem de "muitas voltas e reviravoltas" (*polymetis, polytropos* são seus epítetos padrões), no sentido de um grande contador de

---

* Entre os latinos, conhecido como Ulisses. [N.T.]

histórias e um ferrenho errante. Ele traça seu caminho pelo mar, por suas ondas e suas correntes, durante anos a fio, contrariadamente lutando, mentindo e galanteando; enquanto Penélope, ao mesmo tempo, mas separada dele, tece e desmancha sua "mortalha" para Laertes, o pai de Odisseu – por implicação, o próprio Odisseu. Enquanto isso, Atena, que também é uma fiandeira e deusa da tecelagem, concentra-se na tentativa de fazer com que marido e esposa refaçam um casamento de *homophrosyne* [afinidade mental].[6] Esta é a glória do lar [*oikos*], distinta da glória da batalha [*kleos*] que foi celebrada na *Ilíada*, cujo símbolo central era o casamento com a morte no momento do heroísmo maior.[7] Com o poder de Zeus por trás dela, Atena aproxima-se do "objeto combinado" interno da teoria kleiniana; ela investiga as necessidades humanas e faz o trabalho de base, com o apoio de Zeus.[8] Pela tradição, sabe-se que Odisseu é um favorito de Atena; ela se pôs ao lado dele por dez anos durante o cerco de Troia e plantou o estratagema do cavalo de madeira em sua mente, engenhosa, mas cruel. É fato aceito que, tenha ou não sido o mesmo poeta a escrever os dois épicos, eles possuem "deuses" diferentes – não em termos de nome, mas de qualidade.[9] Os deuses do primeiro épico são apropriados para uma história de cerco [*nous*], enquanto os deuses do segundo épico facilitam uma história íntima de chegada ao lar e de retorno [*nostos*]. A relação com Atena na *Odisseia* é cheia de humor e afeição; ela opera ao se estabelecerem ligações com outros membros da família, e não instruções; e é evolutiva – a presença ou ausência da deusa em resposta ao estado da mente de Odisseu. A *Odisseia* conta a história de como Odisseu reconquista o contato com sua musa depois de um período de nove anos de naufrágios e de vaguear pelos mares, durante os quais (como ele se lamenta no Livro 13) ela nunca apareceu para aconselhá-lo. Esses são os anos em que ele esteve sujeito à ira de Poseidon, o deus do mar e "provocador de terremotos", como castigo por Odisseu ter furado o olho de seu filho, Polifemo, o Ciclope, em sua viagem de volta do saque de Troia.

O épico começa com uma divisão ao estilo freudiano entre os deuses civilizados ou intelectuais e os instintivos, como aqueles na *Oresteia* de Ésquilo, com Odisseu perseguido por suas próprias paixões poseidonescas, caçado pelo mar por um tipo ou outro de monstro-fêmea – pois as "aventuras" de Odisseu envolvem predominantemente adversários femininos; até o ciclope tem traços femininos. Durante a abertura do conselho dos deuses, Atena vale-se da ausência temporária de Poseidon do Olimpo para discutir um modo de efetuar o retorno de Odisseu à civilização, pois naquele momento ele parece encalhado longe dela. Pois nos últimos sete anos ele foi mantido prisioneiro em uma ilha nos confins do mundo ocidental pela possessiva e imortal ninfa Calipso, cujo nome significa "engolfar, esconder". Seus cuidados, mantendo-o em sua caverna, haviam a princípio resgatado Odisseu do mar, mas agora se revelam castradores.[10] Ao mesmo tempo, Penélope está igualmente confinada em seus aposentos em Ítaca, numa gélida depressão; seu casamento tornou-se infeliz desde que Odisseu partiu para "visitar Troia" (que ela chama de *kakoilion*: a Troia má) – uma aventura de curiosidade sem sentido, do ponto de vista dela, um buraco negro emocional. Ela se viu cercada por pretendentes, uma multidão de adolescentes parasitas, que ostentam sua sexualidade, mas de uma forma essencialmente impotente, e não conseguem satisfazer a necessidade dela.

É o filho deles, Telêmaco, e seu desejo de mudança no umbral da idade adulta que instigam o processo de Atena de reavivar o casamento de Odisseu e Penélope. Neste ponto, em Ítaca, ele se acomoda em sua própria casa em meio aos pretendentes, numa colusão passiva com seus modos predadores e extravagantes, para que todos o vejam (com quase vinte anos) ainda como garoto. Ele se sente engolfado pela gangue de pretendentes, da mesma forma que Odisseu se sente engolfado pelo claustro-Calipso. E Penélope, na ausência de Odisseu, parece também conspirar com isso – superprotegendo o filho de uma forma que corresponde à caverna de Calipso. Agora, contudo, Telêmaco mostra uma necessidade interna de crescer e fazer contato com o modelo interior de um pai. A possibilidade de "encontrar" Odisseu torna-se real pela primeira vez, à medida que a necessidade de Telêmaco encontra reciprocidade em sua súbita consciência da presença de Atena na casa. Ele se senta,

> *um menino, sonhando acordado. E se seu grande pai*
> *surgisse do mundo desconhecido e varresse estes*
> *homens*
> *como folhas secas para fora palácio, recuperando*
> *a honra e o controle de seus próprios domínios?*
> *Então, o que sonhava na multidão ergueu o olhar*
> *para Atena.[11]*

Atena está visitando a casa disfarçada, mas Telêmaco inconscientemente a reconhece, observando essa pessoa estranha que parece ter chegado em resposta a seus devaneios. Ele "ergue o olhar" da mesma forma que seu pai, naquele mesmo momento, está sentado em uma rocha olhando para o mar na extremidade da ilha de Calipso. Na verdade, seu símile das "folhas mortas" faz eco à primeira noite de Odisseu na Feácia,* quando Atena o faz adormecer em leito de folhas para manter vivo o ardor de sua centelha de vitalidade para o trabalho do dia seguinte (VI.486-493). Os

---

* Região da ilha Esquéria, normalmente identificada com Corcira (hoje Corfu). [N.T.]

222 AS URDIDURAS DE ATENA

abafamentos do claustro estão para ser dispensados, revelando a centelha ardente do potencial de desenvolvimento. "Ah, como tu precisas de Odisseu!", exclama Atena para Telêmaco. A centelha de descontentamento deste é o que o distingue dos outros garotos-pretendentes como o "verdadeiro filho" de Odisseu e Penélope (como afirma a própria Atena); ele está pronto para emergir de seu casulo. Contudo, ele não tem uma imagem interna do pai – Telêmaco era bebê quando Odisseu partiu para Troia. Ele explica a sua nova visitante que, embora sua mãe afirme que ele é filho de Odisseu, isso não lhe diz muito – ele não sabe nada sobre seus próprios inícios (I.216). Essa é uma das diversas indicações de sua suspeita com relação à sexualidade da mãe. Atena, que geralmente está disfarçada como "Mentor"* ou "Mentes" [pensador], semeia um pensamento em sua mente, e ele agradece pelo conselho "paterno" pelo qual ansiava – ou, mais precisamente, pelo sentimento de "pai para filho" que ela lhe ofereceu. Quando ela desaparece, Telêmaco reconhece que uma deusa o havia visitado; ele foi inspirado e guiado para um novo rumo:

> *E a noite toda, envolto no mais fino velo,*
>
> *ele pensou no rumo que Atena havia lhe indicado.*
> *[I.437-444]*

Ele é ternamente posto para dormir como uma criança pela velha ama Euricleia, ternura resumida pelo detalhe de como ela apanha sua túnica descuidadamente jogada, alisa-a, dobra-a e a pendura num cabide ao lado da cama. Atena assim reforça o aspecto "nutridor" de sua mãe; os sonhos dela o envolvem como o

---

* Mentor era filho de Alcimo e amigo de Odisseu. Quando o rei de Ítaca partiu para Troia, confiou-lhe a guarda de seus interesses. [N.T.]

"mais fino velo", "a noite toda". É o ponto inicial de sua investigação sexual.

A primeira e longa passagem lírica do épico descreve o navio que leva Telêmaco em sua viagem de descoberta,* orientado pelo vento inspirador de Atena:

> *Atena, a de olhos verdes, manda-lhes um vento favorável*
>
> *soprando do noroeste sobre o mar da cor do vinho escuro,*
>
> *e ao sentir o vento, Telêmaco*
>
> *mandou que todos manobrassem mastro e vela*
>
> *até que o vento enfunasse a vela,*
>
> *e uma onda açoitou, no sentido da proa,*
>
> *ambos os lados da embarcação, que a galgou,*
>
> *seguindo seu curso firme . . .*
>
> *E a proa cortou a noite em direção à aurora*
> *[II.418-428]*

A euforia da navegação, com sua percepção de estar sendo movida por um poder superior, faz eco à descrição da última viagem marítima de Odisseu (XIII.84-93), enquanto ele é levado para casa dormindo pelos marinheiros feácios, igualmente nas asas do pensamento. Os navios feácios cruzam os mares "como um pensamento veloz" (VII.35) e não há necessidade de timoneiro nem de

---

* Aconselhado por Mentor (Atena), Telêmaco parte em busca de notícias do pai. Vai ao encontro de Nestor, em Pilos, e de Menelau, em Esparta. Este lhe conta que Odisseu é prisioneiro de Calipso. Voltando a Ítaca, Telêmaco reencontrará o pai. [N.T.]

224　AS URDIDURAS DE ATENA

timão, pois as naves conhecem seu rumo instintivamente e sem se enganar (VIII.558-564). A emersão de Odisseu de sua depressão na ilha de Calipso ocorreu contemporaneamente à emersão de Telêmaco do claustro do grupo. Pela primeira vez, ele "sente o vento". Atena oferece ao inexperiente Telêmaco a ajuda prática de que ele precisa: equipando seu navio e reunindo uma tripulação para ele, consistindo em um grupo mais adequado de amigos (II.382-412). Odisseu, por outro lado, consegue escapar de Calipso construindo uma jangada com as próprias mãos; o que faltou, no caso dele, foi a inspiração, a mensagem dos deuses (V.35). Agora ele também sente o vento. As duas viagens marítimas fazem parte do mesmo movimento mental, desconhecidas do outro, mas orquestradas por Atena. O fato de acontecerem no mesmo período (em termos da história), embora separadas na narrativa (uma no Livro IV, a outra no Livro XIII), é característico do tempo telescópico da narrativa, que evoca acontecimentos mentais ou oníricos, sobrepostos pela musa-Atena para enriquecer seu significado.

Os primeiros quatro livros da *Odisseia* na verdade compreendem a *Telemaquia* – a história da busca de Telêmaco por uma imagem interna do pai. O tempo da história cobre uma semana ou duas que ele passou em preparação para sua viagem marítima e sua breve estadia em Pilos e Esparta, nas casas de Nestor e Menelau, antigos companheiros de armas de seu pai. Em termos do tempo psicológico, este compreende seus dias de escola e sua iniciação no mundo adulto – discursando em casa, discursando na assembleia, discursando como seu próprio embaixador aos reis do continente. Quando Telêmaco volta a reunir-se aos pretendentes no salão de seu palácio, eles ficam surpresos ao constatar que ele cresceu, apesar de seus planos de "matar" este exemplo indesejável: ele descobriu o pai. Pois Odisseu, como Atena, materializou-se no solo de Ítaca em resposta às suas necessidades – em particular à ideia mais clara ensinada por suas viagens do que ele deseja num pai. Durante o encontro com Nestor – como Odisseu, um orador famoso –, ele aprende a não falar como Nestor, que, em sua velhice, tornou-se tagarela e superficial. Inicialmente, ele preocupou-se com sua falta de treinamento no discurso retórico (por implicação, a incapacidade de Odisseu de o educar formalmente). Mas Atena (disfarçada como Mentor) aconselha-o a confiar em seu "coração e razão" para se comunicar com clareza, junto com qualquer ajuda inspiradora de um espírito (III.28). Telêmaco deseja um pai interno que possa falar de maneira significativa, que possa descartar o lixo retórico da persuasão política que prevaleceu durante o cerco de Troia.

A visita a Menelau de Esparta é mais contundente, pois diz respeito, em primeiro lugar, à natureza do casamento pelo qual a guerra foi travada – a orientação mental subjacente à prolongada "ausência" do pai. Menelau, como Nestor, afirma que ele e Odisseu eram amigos íntimos, tanto em sentimentos como em desejos. Se Odisseu voltasse, afirma Menelau, ele selecionaria uma de suas mais ricas cidades em Argos e nela instalaria Odisseu, para que pudessem banquetear-se e relembrar continuamente a guerra de Troia – os bons velhos tempos (IV.176-180). Fica claro que Menelau não tem ideia da falta que Odisseu sente do lar; sua ideia de Odisseu é uma projeção nostálgica. Seu desligamento da realidade é enfatizado quando ele se oferece para presentear Telêmaco com cavalos; Telêmaco tem de lembrá-lo que a ilha rochosa de Ítaca não é adequada para estes animais. A nostalgia de Menelau é complementada por Helena colocando um anódino – um anti-Odisseu – no vinho, "uma mágica leve para o esquecimento" que (num modelo familiar) banirá toda dor associada com a perda de uma família (IV.221). A tentativa do casal de fazer de Telêmaco um protegido reflete sua atitude colonizadora para com Odisseu, que foi transformada numa ficção pós-guerra, gerada por sua própria desarmonia marital. Cada um deles tem uma história para contar sobre Odisseu, rivalizando entre si, por assim dizer, em suas declarações

226 AS URDIDURAS DE ATENA

de intimidade. Helena descreve como só ela "o reconheceu" quando, durante o cerco de Troia, Odisseu entrou na cidade disfarçado como mendigo: ela o banhou e ungiu; ele estava nu em suas mãos, literal e metaforicamente, embora, como ela lembra com orgulho, não o tenha entregado aos troianos (IV.252). Seu pai, conta ela a Telêmaco, não era indiferente aos seus encantos. "Uma excelente história, minha querida, e muito apropriada", comenta Menelau (IV.271). Em retaliação, ele conta como Helena, com outro amante (Deífobo) a reboque, tentou atrair os aqueus para fora do cavalo de madeira, chamando-os (como as sereias) imitando as vozes de suas esposas. Um estava a ponto de responder, mas Odisseu os salvou tapando-lhe a boca com a mão. Helena pode ter se apossado de seu corpo, sugere Menelau, mas não de sua inteligência.

Assim, Telêmaco aprende o tipo de tentação que dividiu seus pais e afastou o pai de casa. Ele teve um vislumbre da "terrível deusa" das aventuras de seu pai no mundo da fantasia, com a associada tentação que se repete em várias formas de se procurar o esquecimento, o tornar-se "ninguém",[12] o sucumbir ao irresistível efeito da glória ou da beleza. Sua relevância é enfatizada pelos laços de família – os irmãos Agamenão e Menelau, casados com as irmãs Clitemnestra e Helena, primas de sua mãe Penélope. As três rainhas abrangem a "feminilidade" entre elas, e a qualidade enigmática de Penélope provém da possibilidade de conter elementos de suas primas: ela não contrasta claramente com elas. Telêmaco, ao ouvir de Menelau a história da volta de Agamenão para ser assassinado pela esposa, também aprende como a natureza do impulso feminino domina a "volta para casa" [nostos] do homem. Essa história também lhe apresenta um modelo do "filho heroico" na forma de Orestes – um modelo que, afirma ele, espera seguir. Helena e Menelau, contudo, exemplificam o tipo de casamento que não vai restaurar a saúde do *oikos** em Ítaca. Eles pertencem ao velho mundo heroico e, em virtude da origem semidivina de Helena, estão destinados – ou condenados – a um Elísio eterno, um na companhia do outro.[13] Educadamente, Telêmaco cumprimenta o rei e a rainha por seus "contos maravilhosos", dizendo: "Aqui, eu nunca sentiria saudade de casa" (IV.597). Mas nós sabemos dos perigos de não sentir saudade de casa, do anódino que oferecem. Seu epíteto característico é "cabeça vazia", mas aqui está um lugar que atordoa valores e desejos. Telêmaco vê instintivamente (com a ajuda de Atena num devaneio) que precisa sair de Esparta o mais rápido possível. Seu lugar não é aqui, mas em Ítaca. Agora ele conhece a direção de sua busca pela masculinidade.

Telêmaco aprendeu que nem o melancólico Menelau, perturbado por seu prêmio de beleza, nem o piedoso Nestor são seu "pai". Mas, na verdade, quando ele efetivamente encontra o pai, descobre que as mudanças também precisam seguir esse modelo. Não se trata simplesmente – como ele lamenta – de não ter tido a oportunidade de realizar um feito de vingança como Orestes; em vez disso, os papéis e as exigências são diferentes. Um pai "morto" exige um tipo simples de vingança, e Telêmaco e os outros – inclusive Penélope – amiúde afirmam o quanto as coisas teriam sido mais fáceis se a morte de Odisseu fosse um fato conhecido: ele poderia ser vingado, canonizado e substituído, tudo de uma só vez. O problema com Odisseu é que ele não está morto, mas impossibilitado de comunicar-se. Os protagonistas não podem reabrir sozinhos as linhas de comunicação: isso só pode ser feito por Atena, a mestra tecelã, servindo a cada um deles individualmente e colocando seus objetos internos em contato um com o outro. No início do épico, o poeta, cônscio desse fato, invocara a musa de maneira não

---

* A palavra *oikos* (em grego clássico: οἶκος) refere-se a três conceitos relacionados entre si, mas distintos, sobre a sociedade grega antiga: a família, a propriedade da família e a casa. [N.T.]

tradicional, pedindo-lhe para começar a história não em um ponto em particular, mas onde quer que ela escolha:

Deslancha esta história, musa, filha de Zeus,
começa por onde quiseres – canta também para o
nosso tempo.[14]

"Atena como musa" entra, então, na trama de formulação oral do tecido épico e usa sua liberdade para interdigitar as histórias de Odisseu e Telêmaco, com seu modelo tradicional. Ela as tece juntas numa história interna de evolução mental: uma "canção para as gerações", como a chamou Milton, uma canção "para o nosso tempo", seja qual for esse tempo. Isso só pode acontecer quando a musa *constrói* o poema.

Tendo Telêmaco sondado sobre o paradeiro de seu pai e demonstrado sua preocupação, Atena agora se volta à situação de Odisseu para forjar a linha recíproca. Enquanto Telêmaco está buscando informações (ideias reais) sobre seu pai, Odisseu, tendo escapado de Calipso na jangada que construiu, está contando a história de suas aventuras aos feácios. Os dois processos não são apenas simultâneos em termos da linha narrativa, mas um processo de digestão das experiências de Odisseu de modo que possam existir como sonhos, em vez de assumir a forma de ação (perseguição somática). Isso ocorre quando ele conta sobre o ciclope, Circe, os lotófagos (comedores de lótus), as sereias e Éolo, cuja sacola de ventos é uma tentativa frustrada contra o tipo de viagem que os próprios feácios podem oferecer, nas "asas do pensamento". Os vários episódios sugerem os princípios subjacentes à sua falha relação com o "mundo como mulher" enquanto esteve sob o domínio de Poseidon, que Atena não conseguiu aplacar. De modo geral, eles expressam uma progressão gradual dos âmbitos profundamente

MEG HARRIS WILLIAMS 229

primitivos do machismo, começando com a mentalidade do "cavalo de madeira" da guerra de Troia, uma mentalidade de penetração intrusiva. Odisseu conta, de maneira franca, que a primeira coisa que fez depois de zarpar de Troia foi atacar a pacífica cidade de Ísmaro, matando os homens e escravizando as mulheres. Esse era o comportamento padrão de sua época e, portanto, não sofria nenhuma condenação em particular. Contudo, a musa recebeu a tarefa de estruturar o épico de Homero e apresentar-nos uma visão diferente. Algumas linhas adiante, o próprio Odisseu é vividamente descrito enquanto chora "como uma esposa pranteando o marido falecido", morto em batalha para defender seus filhos, e ela "sente as lanças perfurando-lhe as costas e os ombros" enquanto é levada como escrava (VIII.531). A justaposição das duas passagens permite-nos, sem qualquer comentário do autor, avaliar o progresso da consciência emocional de Odisseu (identificação feminina) durante o período que passou vagando pelo mar. Depois do saque a Troia-Ísmaro, Odisseu entra no seu mundo fantasioso de pesadelo – a vingança de Troia. Ele encontra Polifemo, o ciclope filho de Poseidon, descrito como uma "montanha peluda criada na solidão" – um homem-montanha romântico que ordenha e cuida do rebanho dentro de sua caverna-corpo. A curiosidade intrusiva de Odisseu e sua avidez por espólios resultam num atraso de nove anos de sua viagem de volta ao lar. Seus ataques verbais (como a estaca enterrada no olho do ciclope) são um triunfo ilusório, pois chamar a si mesmo de "Ninguém" meramente acentua a perda de sua família interna. O herói do cavalo de madeira, que escapou da caverna do ciclope agarrado à barriga de um carneiro, parece "pequeno, lastimável e frágil" aos olhos deste gigante em parte feminino, e sua "justiça bruta" ciclópica é descobrir Odisseu repetidamente, depois disso, agarrando-se a um mastro ou verga destituído de todos os bens da civilização – navios, homens, roupas etc.

230 AS URDIDURAS DE ATENA

A figura-chave dos Livros 10-12, a metade do épico, é Circe, a sensual fada-maga. A fria sensualidade é indicada pela maneira como a relação é conduzida, por meio de varinhas de condão e espadas, ou drogas e antídotos. Odisseu não entra em seu "leito perigoso" por luxúria ou mesmo por coerção. Em vez disso, ele negocia, até ela jurar um pacto que estabelecerá um equilíbrio entre eles, um tipo de voto perverso de casamento: então, "sendo homem, não consegui recusá-la". Depois de se assegurar de que não vai ser transformado em porco, ele não tem pejos em se alojar na cama dela indefinidamente, enquanto sua tripulação "agita-se e berra" em torno de seu capitão "como novilhos em tumulto". Por fim, eles exigem partir – "sair desse transe!". Começamos a ver a origem dos pretendentes-crianças chafurdando na pocilga do grande salão. Circe, entretanto, ao aceitar seu desejo de partir, abre-lhe uma janela para o mundo "dos mortos" – o estado daqueles que não podem crescer e se desenvolver; ela informa que ele não poderá partir para casa antes de visitar o Hades e aprender suas lições. Ali sua atenção é imediatamente dirigida para o lastimável jovem Elpenor ["esperança"],* que morreu por engano no palácio de Circe. Elpenor pede que se realizem seus ritos de sepultamento, e Odisseu retorna à ilha de Circe para executá-los, de forma que o espírito da esperança possa continuar a existir para ele na Terra. Ele também vê sua mãe, Anticleia ["contra a fama"], que faleceu em sua ausência; e Agamenão, que lhe diz: "O dia das mulheres fiéis foi-se para sempre", assim despertando dúvidas sobre seu próprio casamento. Seu encontro com Aquiles,

---

* Um dos companheiros de Odisseu que readquiriu a forma humana depois de ter sido transformado em porco por Circe. Quando Odisseu reunia sua tripulação para partirem, Elpenor caiu de um terraço e morreu. Mais tarde, o herói o encontrou nos infernos, e Elpenor pediu-lhe que realizasse as habituais cerimônias fúnebres. Odisseu atendeu seu pedido e assinalou o local de seu túmulo com um remo, para lembrar que ali jazia um homem familiarizado com o mar. [N.T.]

que usa sua "fala suave" a respeito do valor da glória imortal, aju-da-o a sobreviver ao canto das sereias de sedução iliadesca, que o convidam a ficar e ouvir eternamente seus próprios louvores; o campo florido que elas mostram, quando observado de perto, não passa de um amontoado de ossos ressequidos. Ele sabe que sua tripulação não resistiria a essa tentação mesmo se fosse "atada ao mastro". De fato, mesmo antes de perder seu último navio, Odis-seu, dono de um conhecimento crescente, separou-se em espírito de sua tripulação. Enquanto seu desejo de voltar para casa aumen-ta, o deles é guiado pela "barriga" – representado em sua matança ilegal do gado do sul, numa imitação das depredações dos preten-dentes no salão do palácio de Ítaca. "Estou sozinho, superado", diz ele a Euríloco, seu segundo homem no comando, que o acusa de ser feito de ferro. O ferro do coração deles não é suficientemente forte. (Mais tarde, Odisseu, Euricleia e Penélope serão todos des-critos como tendo "ferro" em sua aparência.) Sozinho, Odisseu é levado de volta para Cila e Caribde, agarrado a alguns galhos, e chega à ilha de Calipso.

Fica claro que esta etapa final de sua viagem de volta, em um dos mágicos navios-pensamento feácios, depende da qualida-de de sua narrativa. Se ele não lhes conquistar o coração, terá de permanecer eternamente uma vítima de seu próprio narcisismo (representado pelo falso romance com a jovem princesa Nausícaa – que precisa ser, e é, gradativamente abandonado, já que se tra-ta de uma mentira). Até então, o teste mais difícil de Odisseu é transformar sua proverbial astúcia e seu poder de trapacear numa narrativa contendo a verdade de sua experiência emocional – em outras palavras, uma obra de arte. Ele tem de se transformar num bardo, como o poeta que no momento está cantando sua história, e contá-la "como um poeta o faria" (XII.370). Durante os livros cen-trais do épico, existe uma "história numa história numa história" que precisa manter sua audiência (como os feácios) "enfeitiçada no salão escuro" (XIII.2). Se isso não ocorrer, o bardo pode ter um destino pior que a morte: ele não só perderá a ceia e a hospedagem, mas poderá ser, como Orfeu, esmagado entre os escombros (como quase acontece como Fêmio* no final do épico). É sua tarefa diária colocar seus ouvintes em contato com seus sonhos – uma tarefa de caráter humilde (ao contrário daquela dos heróis de guerra), mas tão vital quanto pão, vinho e abrigo. Atena, tendo resgatado o corpo de Odisseu da dor somática (afogamento), agora se dispõe a fazê-lo sofrer – o processo de aparente humilhação que culminará em sua transformação no mendigo em seu próprio palácio. Os feácios são parentes dos deuses e dos ciclopes. Alcínoo, o rei feácio, é descrito como alguém que "conhece os pensamentos e as intuições por intervenção dos deuses", e seu julgamento é: "Você fala com arte, mas sua intenção é honesta" (XI.369). Ele e sua rainha, Arete (a quem Odisseu – instruído por Nausícaa – faz seu primeiro apelo), funcionam juntos como recipiente para a transferência da história onírica de Odisseu; e, eventualmente, este *status* de transferência deve ser abandonado (internalizado) ou se transformará num claustro em si mesmo.

Odisseu consegue alcançar essa orientação poética porque finalmente renovou, depois de nove anos, o contato com Atena. Ele reza para ela pela primeira vez desde a guerra quando naufragou na costa feácia – "e Palas Atena o ouviu" (VI.331). Neste ponto temporal da história, Atena envia um sonho a Penélope (sob a forma de sua irmã) para lhe garantir que "seu pequeno" (Telêmaco) vai escapar da armadilha marítima dos pretendentes e voltar a salvo para

---

* Aedo (poeta-cantor) da época primitiva que, tanto na Ilíada como na Odisseia, recitava narrativas em divinas atuações. Costumava alegrar os banquetes do palácio de Odisseu e estava fazendo isso diante dos pretendentes de Penélope enquanto Odisseu e Telêmaco preparavam-se para matá-los. Foi poupado e intimado a cantar para dissimular os gritos dos pretendentes assassinados. [N.T.]

Ítaca. Ao mesmo tempo, ela incita Nausícaa, num sonho, a ir até o rio lavar roupas em preparação para seu casamento. O encontro com Nausícaa serve para Odisseu reviver Penélope como noiva-menina antes de ter recebido o epíteto de "sábia", como resultado de sua experiência. Nos espasmos da última tempestade de Poseidon, à medida que se aproxima da ilha da Feácia (ou Esquéria), Odisseu tira dos ombros o peso do manto de Calipso e aceita, em seu lugar, o leve véu da ninfa do mar Ino, que prenuncia a chegada de Nausícaa e sua lavagem (o véu de sua virgindade, para a qual se prepara para dizer adeus). Este véu preservador da vida possibilita a Odisseu nadar para longe dos rochedos assassinos e descobrir a foz do rio no exato momento da virada da maré, empurrando-o suavemente para a praia. As associações virginais deste empuxe vaginal exorcizam a armadilha mortal de Cila com suas bocas vorazes e o vértice letal do redemoinho Caribde. Nausícaa-Penélope, ansiosa pelo casamento, é a única do grupo de moças que não se assusta com a visão da luxúria de Odisseu, quando ele se ergue do leito de folhas preparado por Atena. Como um leão faminto rondando uma propriedade com "olhos flamejantes", a "pele áspera ... estriada e inchada pela água salgada", ele as aterroriza, apesar do ramo de oliveira que segura (VI.139). Sua aparência mostra a "fome" de suas profundezas marítimas poseidonescas – a "barriga faminta" da qual ele frequentemente falará quando mendigo. A próxima vez que Odisseu é descrito como "leão da montanha" é depois da batalha com os pretendentes, quando eles, na verdade, transformam-se numa pilha de folhas mortas. No mesmo momento, no tempo da narrativa, o próprio Telêmaco está se sentindo com um "coração de leão" depois de frustrar o plano dos pretendentes de assassiná-lo.

É Nausícaa que extrai de Odisseu sua visão de um casamento feliz – um do tipo *homophrosino,* um casamento de mentes verdadeiras (VI.181). Contudo, essa própria definição deixa claro por

234 AS URDIDURAS DE ATENA

que o casamento com Nausícaa seria uma mentira. Penélope não é mais jovem e idealizada; ela, como Odisseu, tem anos de tecer e destecer por trás dela. Ela se sente como um "leão encurralado" quando imagina a armadilha dos pretendentes se fechando sobre Telêmaco, até ser acalmada pelo sonho de Atena. Quando Odisseu deixou Calipso, ele explicou, da maneira mais cuidadosa possível, que preferia Penélope, embora ela devesse ter envelhecido. Pela mesma razão, ele deve deixar a Feácia: é um mundo idelizado, cujos suntuosos artesanato e arte espelham-se na eterna fecundidade do país. Ele reflete o significado, mas não pode ser habitado – ficar para sempre constitui uma ilusão narcisista. O espírito do lugar está incorporado nos "cães imortais que nunca ficam velhos" que guardam as portas do palácio do rei (VI.95), em contraste com Argo, o cão de Odisseu, que mantém a morte à distância na entrada de seu palácio, até ser liberado de sua vigília pelo retorno do dono (XVII.290). Onde não existe o poder para morrer, não pode haver fecundidade. Argo guarda a soleira onde Odisseu testará sua própria fé e descobrirá a de Penélope. Em última instância, a Feácia se torna uma obra de arte, para "maravilhar" os homens do futuro – quando o navio dos marinheiros for transformado em pedra, com os remos no ar, e sua cidade, cercada de montanhas por Poseidon. É a urna grega arquetípica, encarnando uma mensagem que falará aos que quiserem saber. Como tal, ela contrasta com a ilha flutuante de Éolo que não tolerou a turbulência interna de Odisseu – sua sacola de ventos, como a "sacola sem fundo de truques" que Atena diz a Odisseu ser ele mesmo (XIII.290). O significado do sonho feácio será ancorado ao fundo do mar para sempre pelo golpe do deus da tempestade. E as últimas palavras de Nausícaa para Odisseu, enquanto ela se apoia numa coluna (na postura amiúde associada com Penélope), olhando para ele com "admiração", são

Adeus, estrangeiro, lembra-te de mim em tua terra,

eu que te salvei. Este fato merece o teu pensamento.

[VIII.461-462]

Odisseu promete lembrar-se dela "como uma deusa" – uma ideia. Mais ou menos no mesmo momento, em Esparta, Telêmaco despede-se de Helena com as mesmas palavras, enquanto ela lhe dá um traje para sua futura esposa, um fino tecido feito por suas próprias mãos, a ser conservado no quarto de sua mãe até ele se casar (XV.179). Os olhos de Telêmaco agora despertam para essa possibilidade. A ferroada provém da beleza arquetípica de Helena quando se torna um símbolo mediado por sua mãe, uma ideia na mente de quem observa. Para Odisseu e seu filho, este é o fim do falso romance do Eliseu; o medo e o desejo do aventureiro de ser engolido pela arte e pela beleza é reajustado para dar lugar à contemplação. O morador da caverna retorna para ela.

O mundo onírico só é suplantado quando Odisseu desperta em Ítaca no Livro XIII. Os feácios o deixaram numa cova afastada e consagrada a um antigo deus do mar (um parente de Polifemo), cheia de traços sugestivos do mundo de fantasia de Odisseu: teares de pedra, entradas separadas para mortais e imortais. Podemos imaginá-lo dormindo ali o tempo todo. Atena envolve a ilha numa neblina (prolongando o momento entre o dormir e o despertar) e, pela primeira vez, tem uma conversa direta com ele, única em sua carinhosa qualidade íntima. Ela o provoca quanto à sua desorientação e à relação com sua identidade (fazendo eco à linguagem usada por Odisseu com os ciclopes em IX.252) e confirma a identificação entre ela e ele – "dois inventores". É quando ela o chama de "saco sem fundo de truques", um "camaleão". Agora sabemos que existem muitas variedades de "artimanhas", muitos tipos de ação e de disfarce; e a batalha que se aproxima em sua própria casa será mais ardilosa que qualquer outra travada em Troia. Atena promete, desde que ele tenha fé nela, ajudá-lo a atingir seu objetivo: ou seja, "matar os pretendentes sem recriminação e reconquistar Penélope". "Urde um caminho para mim", diz Odisseu. Nesta conversa, existe um ponto de conflito, uma querela, e se refere a Telêmaco. Odisseu está zangado por Atena ter enviado seu filho ao mar numa caçada inútil para encontrar seu pai, no exato momento que este havia retornado à casa. Por que ela trapaceia com ele também, em vez de simplesmente dizer-lhe a verdade? Atena afirma que não se trata de uma trapaça casual, mas que é necessária para a experiência de Telêmaco; ele precisa fazer sua própria viagem de descobrimento (XIII.421). Não basta apenas dizer a Telêmaco que seu pai está voltado para casa, da mesma forma que não basta apenas dizer a Odisseu que sua esposa é fiel. O *kleos* doméstico tem de ser conquistado, e não apenas enunciado. A partir deste ponto, a *Odisseia* e a Telemaquia se entrelaçam. Sua busca mental paralela assume a forma de uma ação unificada de "vingança" contra as forças que vinham paralisando o ambiente doméstico.

O primeiro passo dessa busca implica que Odisseu se estabeleça organicamente como uma presença dentro do ambiente doméstico, não apenas como autoridade, mas como suplicante, que é ao mesmo tempo uma "peste" socrática aguilhoando os pretendentes – uma posição, de certa forma, equivalente à de um bobo da corte, com suas traquinagens protegidas pelos ditames de Zeus quanto à hospitalidade. Antes de entrar em sua própria casa, Atena lhe diz que vá viver com Eumeu, seu guardador de porcos, disfarçado de mendigo. Esse disfarce não é um truque no velho sentido odisseano onipotente; em vez disso, é um ponto de vista necessário, um meio de aprender com os impulsos. Na verdade, sua antiga traquinagem é metaforicamente arrancada dele no começo, quando ele se aproxima da casa de Eumeu e quase é estraçalhado pelos cães, apesar de aplicar seu "truque do mendigo", derrubando o cajado e se sentando no chão (XIV.31). Seu truque não o salva – ele só é salvo pela intervenção de Eumeu. Viver com o cuidador de porcos, depender de sua despretensiosa hospitalidade, é, para Odisseu, um passo no restabelecimento de sua identidade. Uma genuína intimidade se desenvolve entre os dois homens. Ela é confirmada pela volta de Telêmaco, que foi mandado de volta por Atena em sonho. Telêmaco ancora seu navio durante uma longa noite de outono, enquanto os homens mais velhos ficam acordados conversando, e atravessa a ilha diretamente para a pocilga do cuidador, lá chegando com as primeiras luzes da aurora.

Mas havia dois homens na cabana da montanha:
Odisseu e o guardador de porcos.

Esses são os versos iniciais do Livro XVI, indicando a nova compreensão de Telêmaco de que tem dois pais. Ele se sente em casa na cabana do guardador de porcos (como mostram os cães – os espíritos do lugar – que lhe fazem festa). Agora Odisseu também se sente em casa, ajudando a fazer o desjejum e despachar os guardadores com os porcos. Num certo sentido, Eumeu fala por Odisseu quando saúda Telêmaco alegremente como um filho há muito perdido. "Estou contigo, tio", diz Telêmaco simplesmente (XVI.34). A princípio, ele fica conhecendo Odisseu como um amigo de seu pai-guardador. Esta é a forma escolhida por Atena para apresentar pai e filho gradativamente, por meios indiretos (vínculos inconscientes) que têm uma realidade emocional – na verdade, uma necessidade. Gradativamente, a rede da conversa interna se expande.

Mesmo assim, quando Atena cuida que pai e filho sejam deixados sozinhos, revelando a identidade de Odisseu, não existe uma reunião simples, mas uma crise emocional, levando em

238 AS URDIDURAS DE ATENA

consideração a culpa de Odisseu, o medo e a ira de Telêmaco. Este resiste em aceitar o reconhecimento até Odisseu admitir suas falhas como pai, insistindo que não é deus e por isso, por bem ou por mal, é o único Odisseu que Telêmaco jamais conhecerá:

> *"Eu sou aquele pai que te faltou na infância*
> *e por isso te fez sofrer. É o que eu sou." [XVI.76-77][15]*

Ao mesmo tempo, repreende Telêmaco por seu desânimo – "não é digno de um príncipe" repelir seu pai apenas porque Atena mudou sua aparência de mendigo para a de um rei semelhante a um deus; ele não deveria estar tão confuso por uma simples "mudança de pele", mas se concentrar na identidade que está sob a superfície (XVI.202-215). Sua aparência pode flutuar segundo a vontade dos deuses, de acordo com a infusão dos objetos internos; na verdade, ele não é um deus nem um cão, mas um pai. Telêmaco precisa aprender a acomodar essas flutuações dentro da nova imagem de pai que ele está construindo se quiser tomar parte na batalha contra os pretendentes (as forças da degradação). Ele precisa manter a firmeza quando for assaltado pelos conflitos estéticos e pelas tensões – isso é algo que somente Odisseu, o rei, e não Eumeu, o guardador de porcos, pode lhe ensinar.[16] Assim, Telêmaco, ao contrário dos personagens mais simples, instintivamente resiste a reconhecer Odisseu até descobrir uma congruência interna.

O processo pelo qual Penélope chega ao reconhecimento é complexo e de longa extração; será necessária uma rede de diálogo interno entre ela e Odisseu – ou seja, via seus objetos internos. Os Livros XVII-XX estão cheios de portentos e sinais da presença de Odisseu. Ao contrário dos pretendentes, que se mostram surdos a seu significado, Penélope tem ouvidos para ouvir o que está acontecendo no salão abaixo de seus pés. Como os leitores têm observado, o poeta sugere, de várias maneiras, como ela inconscientemente reconhece o marido a partir do momento de seu aparecimento como mendigo no salão.[17] O drama não está no mero fato do reconhecimento, mas no significado desse reconhecimento – o que significa Odisseu ter voltado, e quem é Odisseu depois de vinte anos? "Ou terei eu sonhado com ele", ela se pergunta (XIX.317), quando chama Euricleia para "banhar – banhar seu mestre, eu quase disse" (XIX.358). Enquanto isso, seus movimentos e seus anúncios públicos parecem ter a intenção de atrair mais a atenção de Odisseu que a dos pretendentes – em particular quando ela é impelida por Atena a relatar como Odisseu "tomou-lhe a mão e o pulso" no dia que partiu para Troia e a aconselhou a esperar que a barba surgisse no rosto de Telêmaco antes de tornar a se casar (XVIII.260). Ela precisa demonstrar sua situação difícil, mas também avaliar o compromisso dele com o casamento: ela não deseja outro "casamento amargo", "privado das doçuras da vida" (XVII.261). Acompanhando as linhas desta conversação implícita ou não dita, também se pode adivinhar o próprio grau de responsabilidade de Penélope – seu encorajamento ambivalente da mentalidade parasitária dos pretendentes – especialmente no sonho com os gansos, em que ela parece a princípio relutante em aceitar que essa mentalidade (expressa pelos próprios pretendentes) precisa ser destruída para que um novo início se faça possível.[18] Como Antígona, no *Édipo,* ela gostaria que houvesse uma maneira de reter o elemento Polinice e, ao mesmo tempo, transcendê-lo.

O inspirado plano de Penélope para a prova com machados (formulado no Livro XIX) parece ser o resultado de dois sonhos: o dos gansos, que ela relata ou possivelmente sonha de modo espontâneo para Odisseu, e a situação onírica em que ela volta a se sentar nas sombras, "distraída" por Atena, enquanto Odisseu tem os pés lavados por sua velha ama Euricleia, no famoso episódio da revelação da cicatriz em sua perna. A ação na narrativa

240 AS URDIDURAS DE ATENA

fica congelada, e acontece um longo *flashback* cinematográfico da infância de Odisseu,[19] a partir do momento que Ericleia o segura como um recém-nascido (enquanto está segurando sua perna, debruçada para lavá-la) até a cerimônia de iniciação da caça ao javali quando ele recebe o ferimento que o identificará, um núcleo de personalidade não cancelável que ficará subjacente a todas as transformações e disfarces das histórias e das viagens de Odisseu, homem de dor e desgosto, encontrando seus próprios traços poseidonescos sob a forma do javali e realizando o nome dado por seu avô quando era bebê – o ancestral primitivo de suas próprias esperteza e embustes.[20] Euricleia o reconhece, não tanto pela aparência – que é incerta –, mas pelo sentimento, com os dedos traçando a identificação da cicatriz:

> *Tu és Odisseu! Ah, criança adorada – não consegui*
> *Reconhecer-te até agora – até sentir o corpo*
> *de meu senhor com minhas mãos! [XIX.474-476]*

A reação de Odisseu é explosiva (ele a agarra pela garganta), fazendo soar acordes profundos e primitivos – associados com as poderosas mulheres de suas aventuras marítimas, inclusive Helena de Troia, quando ela também o banhou num momento de perigo dentro do território inimigo – dessa vez, preparando-o para uma conquista de intrusão. Odisseu por vezes é criticado por uma falta de premeditação neste ponto; ele baixa a guarda de uma forma que poderia ter sido fatal para seu plano. Na verdade, ele vê o perigo se aproximando e vira seu corpo para as sombras – mas as sombras são irrelevantes para o sentido do tato. O fato é que este tipo de reconhecimento primitivo e sensorial é necessário para que Odisseu descubra suas próprias identidade e relação com seus objetos internos; num certo sentido, ele o engendra inconscientemente quando pede para uma velha e fiel serva que lhe lave os pés, "velha e sábia" – e a nenhuma das prepotentes servas jovens. A reunião com Euricleia, sua mãe-terra, purga e realinha as primitivas ligações com todas aquelas deusas ctônicas, filhas de Poseidon, de uma forma que complementa a relação intelectual e sofisticada com Atena. Lembramos como Euricleia complementou Atena para Telêmaco no início, quando ela o cobriu na cama com o "mais fino velo" para que ele pudesse digerir os pensamentos que Atena havia lhe provocado. Como seu nome indica, ela é uma versão mais robusta da mãe de Odisseu, Anticleia – a mãe que, como Argo,* tem fé em sua capacidade de voltar e ser ele mesmo. *"Tu és Odisseu!"*

Esta luta no interior de Odisseu, figurada no episódio com Ericleia, é espelhada na maneira tranquila como Penélope senta-se "distraída", encantada por Atena de modo a não notar nada do drama que está ocorrendo na banheira (XIX.479). Em vez disso, tudo afunda de maneira inconsciente – "Dentro de mim, meu coração se agita, preocupado com alguma coisa" (XIX.375). Quando tudo termina, ela relata a Odisseu seu sonho a respeito de seus gansos de estimação serem mortos e se compara à filha de Pandareu, que cantava como um rouxinol sobre a criança que havia matado em sua loucura. Parte de seu lamento é pelos pretendentes, as crianças obstinadas que parecem incapazes de aprender, e que ela gostaria que permanecessem para sempre crianças (a tentação feácia). O significado do sonho é evidente, embora ela o queira confirmado pelo próprio Odisseu. "Minha querida, como podes optar por ler o sonho de maneira diferente?", pergunta o mendigo à rainha. Quanto a Odisseu, ele precisa da aprovação e do apoio dela antes de arriscar a vida livrando o palácio dos pretendentes. O acordo tácito deles quanto a isso, em sua conversa particular nesta

---

* O cão de Odisseu, alquebrado pela velhice, morre de alegria ao rever o dono depois de vinte anos. [N.T.]

242 AS URDIDURAS DE ATENA

noite que precede a batalha, é realmente um consenso dos objetos internos. Ele acontece porque a rainha acha que pode confiar ao mendigo, quem quer que ele seja, seus problemas íntimos; seus objetos possuem uma linguagem comum. Ele a lembra da "túnica apertada como casca seca de cebola" que ela colocara nele com as próprias mãos antes de ele zarpar para Troia, presa por um broche mostrando um cão de caça agarrando um veado em agonia (a "captura do amante", segundo as palavras de Cleópatra). Por meio deste conto "falso, mas verdadeiro" sobre ele e a dor que provocou, o mendigo alivia a angústia congelada da rainha, de modo que ela chora como neve derretida, embora ele só chore internamente, com olhos de "osso ou ferro" (XIX.204-217). Depois que seu choro nostálgico termina, Penélope fala com Odisseu com nova determinação. Espelhando a cooperação entre Atena e Zeus, é ela que concebe o início da ação; Odisseu é o instrumento. Em frases curtas e incisivas, ela diz que se casará com o homem que conseguir armar o arco de Odisseu e atirar através dos machados, "seja lá ele quem for" (XIX.68-79). Ela vai tirar o arco de seu santuário interno (um quarto-caverna do palácio), guardado e escondido por ela de uma forma que reflete seu significado sexual. Não se trata de uma arma de guerra, mas de "caça", um arco para atividades essencialmente domésticas. Seu desuso encontrou um paralelo na maneira como o tear de Penélope tece de dia o que vai ser desfeito à noite, sem encontrar reciprocidade estética – ninguém para envolver. A "mortalha" é obra de "Penélope como Calipso", com seu "manto" de afogamento. Mas Penélope agora "se lembrou" do pênis de casca de cebola, com sua configuração de cervo e cão de caça. Essa memória é, em si mesma, uma reciprocidade da emoção despertada em Odisseu ao ver Argo na soleira da porta. Da mesma forma que Odisseu tirou o manto de Calipso para chegar à Feácia e renovar seu namoro, agora Penélope decide arriscar-se com o arco e tirá-lo de seu esconderijo, num desafio direto ao mendigo para que prove sua identidade, para se tornar o Odisseu que ela imagina. Não é uma trama no sentido usual – com certeza, não uma trama mecânica no sentido mais tarde interpretado pelos pretendentes em sua queixa a Agamenão depois da morte, nos salões do Hades, dizendo que Odisseu usou a insidiosa rainha como isca (XXIV.167). Eles não têm ideia da *homophrosyne*, da relação macho-fêmea como uma harmonização não apenas das formas dos corpos, mas das mentes.

Odisseu não tem um plano, pois nenhum plano é possível; não é possível que um homem lute contra cem – "nem mesmo um herói conseguiria", como diz Telêmaco ao mendigo em XVI.89. Enquanto Odisseu se vira na cama como uma salsicha no espeto, tentando conceber um plano de batalha para o dia seguinte, Atena o repreende por sua falta de fé nela; ela pode inspirar a vitória contra toda perspectiva negativa (XX.46). A situação é o reverso do cavalo de madeira, quando ele era o mestre que projetou o saque de Troia. Aqui, sua vitória depende da cooperação emocional da família – Penélope, Telêmaco, Euricleia, o guardador dos porcos e o das vacas. Até eles colocarem o arco em suas mãos, ele está desamparado; e a tensão emocional deste procedimento é análoga à força emocional para encordoar e retesar o arco. Antínoo, líder dos pretendentes e falso filho, diz lembrar-se, durante sua infância, de como Odisseu usava o arco – "Posso vê-lo até hoje" (XXI.95). Contudo, Telêmaco (cujo nome significa "guerreiro distante"), sem argumentar que tem a mesma lembrança, surpreende a todos por saber exatamente como dispor os machados para a disputa e é o único que, com férrea determinação, se aproxima da armação do arco ("ele tinha a intenção de encordoar aquele arco . . .") e tem de ser detido por um sinal de advertência de seu pai (XXI.126-129). No nível do enredo, ele não deve interferir no uso do arco por Odisseu. Mas na história interna, a retirada de Telêmaco neste ponto expressa sua consciência de que aquilo de que precisa para crescer não é um espírito competitivo com seu pai, mas uma reafirmação de seus pais internos – uma fonte de poder. Os vestígios edipianos se dissipam quando a perspectiva de se tornar amante surge como possibilidade real. Ele confia na identificação enquanto os outros jovens pretendentes, por contraste, tentam o calor e a lubrificação para retesar o arco, mas sem sucesso (XXI.182). Num certo sentido, a limpeza da casa com a remoção dos pretendentes retrata a passagem da adolescência para a fase adulta, com Telêmaco livrando-se dos resíduos de sua antiga identidade – o grupo – como a pilha de folhas secas, seu casulo. Ele descobriu o espírito do pai, que ele deseja seguir – expresso pela canção do arco que substitui a facilidade verbal de Odisseu –, e canta depois de seu silêncio sobre-humano e prolongado durante a confusão no salão:

> *Como um músico, como um harpista, quando,*
>
> *com mão tranquila em seu instrumento,*
>
> *faz soar entre o polegar e o indicador*
>
> *uma doce e nova corda numa cavilha: tão naturalmente*
>
> *Odisseu, com um movimento, armava o arco.*
>
> *Então, corria a mão pela corda e a puxava*
>
> *de modo que o fio tenso vibrasse para sussurrar e cantar*
>
> *a melodia de uma andorinha. [XXI.405-412]*

A "melodia da andorinha" é a canção de inspiração musical e sexual, indicando a identificação com Atena, que, na forma de uma andorinha, senta-se nas vigas do salão e, em espírito, comanda a batalha que nele se segue. Ela domina e organiza a crise da confrontação – como no momento em que Telêmaco, numa ambivalência pueril, deixa aberta a porta do arsenal, e parece que tudo estaria perdido, mas, em vez disso, surge a oportunidade de realinhamento entre pai e filho: enquanto Telêmaco, de cabeça fria, confessa sua falta, Odisseu, reciprocamente, fica em dívida com Telêmaco por impedi-lo de matar Fêmio, o bardo, em sua cólera.

Para Penélope, a batalha contra os pretendentes e o enforcamento das servas infiéis (a personificação do incitamento sexual) parecem tão oníricos quanto seu sonho com os gansos. Atena trata de fazê-la dormir durante toda a confusão, e ela depois desce para contemplar o "estranho" que expurgou sua casa; ela não demonstra nenhuma curiosidade sobre a batalha propriamente dita (XXIII.84). Sua atenção é reservada apenas para o problema de analisar a natureza interna do estranho – em outras palavras, para o significado da batalha, e não sua ação. Mesmo quando Atena restaura sua aparência, Penélope não se convence de que isso não seja um truque – como aquele que enganou Helena, o lado capcioso dos deuses –, em vez de uma infusão de objetos internos (a inspiração dos deuses). Odisseu, mesmo se for ele, pode não bater com a imagem interna das qualidades que ela deseja num marido. O embelezamento de Odisseu é a última ação literal de Atena nesta seção; depois disso, ela se torna internalizada na própria Penélope. Agora ela é a tecelã, a poeta – não mais engajada numa mortalha, mas num leito nupcial. Penélope e Odisseu sentam-se em silêncio, examinando-se mutuamente. Eles se chamam de "estranhos", e Odisseu a acusa de ter um "coração de ferro" – um epíteto normalmente atribuído a ele (XXIII.174). Ele pede a Telêmaco que os deixe sozinhos, para que sua mãe o teste da maneira dela. Mais uma vez, ela divaga em silêncio, como fez durante sua conversa anterior sob a influência de Atena, e, por fim, durante a hesitação de fração de segundo em que diz: "Mas apesar de tudo . . ." (XXIII.180), vem à sua mente uma última iniciativa inspirada – o teste da cama deve se seguir ao teste do arco.

Estritamente falando, nenhum dos dois é um teste no sentido mais literal – não existe nenhuma resposta preconcebida que vá provar alguma coisa; em vez disso, são oportunidades para uma revelação. Odisseu passou no teste do arco não porque soube armá-lo, mas porque permaneceu em silêncio até o arco ficar na posição correta, por ele manipulada, para "cantar"; ele descobriu a "canção da andorinha". Ele passa no teste da cama não porque saiba como a cama foi construída, tendo-a ele mesmo construído em torno do tronco da oliveira (um fato mecânico que qualquer deus enganador devia conhecer), mas porque ele responde ao "ponto de ruptura" de Penélope, a tensão de sua inquirição. Desta vez, ela é o arqueiro – não no sentido da conquista, mas na execução de serviço para ele, equivalente ao que executou para ela ao aliviar sua condição de congelamento. A tensão dela faz com que ele por fim se solte; Odisseu lhe revela seu ciúme ao pensar que outro homem pudesse ter movido seu leito durante sua ausência:

> *"Mulher, pelos céus, agora me atingiste!"*
> *Quem ousou mover meu leito?" [XXIII.87-88]*

Ele abandona sua linguagem anterior, a do pretendente-mendigo cortês (quando a chamava de "minha senhora", e não de "mulher"), para se tornar o Odisseu inflamado e impulsivo que tem dor e cólera no nome e que matou o javali na floresta. É o mesmo homem que ela conheceu anos antes na foz do rio quando era Nausícaa. Pela primeira vez desde então, Odisseu é testado por suas próprias paixões, nele despertadas por Penélope, e encontrando reciprocidade estética. Dessa forma, ela liberta Odisseu de seu estado de congelamento, de suas próprias suspeitas e cautelas, de seu coração de ferro, *e ele por fim chorou,*

com sua cara esposa, pura e fiel, nos braços,

ansiada como a terra aquecida pelo sol é ansiada por um náufrago

que nada nas águas agitadas em que sua nau foi a pique

pelos golpes de Poseidon, por ventos de tempestade e muito mar.

Poucos homens conseguem sobreviver à arrebentação

e nadar, cobertos de sal, até praias acolhedoras,

mas com alegria, sabendo o abismo que deixaram para trás:

e ela também se regozijou, o olhar pousado no marido,

e os alvos braços em torno dele como se fosse para sempre. [XIII.233-242]

Finalmente, por meio desta metáfora de terra e água, que reúne toda a viagem do poema, vemos como as travessias de Poseidon sofreram uma mudança marítima como resultado das urdiduras de Atena. Penélope não "reconhece" o marido até que, guiada pela "Atena dentro dela", descobre o Poseidon nele. Nesta revisão da chegada de Odisseu à Feácia para conhecer Penélope-Nausícaa, Poseidon não é mais o antagonista, mas a base para a riqueza da relação e sua capacidade de duração. Não é um equilíbrio freudiano-esquileano entre o intelecto e o instinto, mas uma integração sofocleana obtida pelo "sofrimento" no total sentido estético.

Por mais bem enraizada que seja sua oliveira-leito, num certo sentido Odisseu sempre permanecerá um homem do mar. Ele descobriu seu lar, inclusive as pereiras e as macieiras que lhe foram dadas ainda como mudas por seu pai Laerte. Mas ele não está aposentado. Nessa noite, ele e Penélope discutem e aceitam suas futuras provas – inclusive a profetizada viagem carregando um remo a terras do continente que nada sabem sobre o mar e acham que ele não passa de pás que giram. Eles sabem, ou imaginam, que sua terra será pacífica e fértil, e que, por fim,

> *A morte soprará sobre mim*
>
> *vinda do mar, leve como o ar, leve como tua mão,*
>
> *em minha velhice tranquila,*
>
> *com o povo de nossa ilha contente ao meu redor.*

Mas Odisseu não consegue escapar à missão incrustrada como uma cicatriz em seu nome e em seu caráter de plantar seu conhecimento marítimo em áreas da mente ainda ignorantes dessa turbulência. O leito é imóvel, como o tear de Penélope ou o pilar contra o qual ela se apoia, mas o remo é uma sombra móvel de todos esses ícones de seu casamento. Ele também serve para lembrar-lhe a história de sua viagem – os ramos de sua onipotência (o mastro ao qual ele se agarrou como uma palha), a fragilidade de sua esperança (o remo que marcou o túmulo do jovem Elpenor), o poder de Poseidon (a estátua-rocha feácia) –, tão necessária quanto Atena para a fundação de seu caráter. Quando Odisseu planta seu remo no país da ignorância, é um signo (*sema*, também "semente") do conhecimento ainda por vir – um lembrete do leito-tear-navio do objeto combinado, não mais errático e vergonteado, mas firmemente enraizado.[21] Seu papel como embusteiro verbal onipotente, à mercê das correntes por todos os lados, agora foi suplantado por sua identificação com o bardo errante, que depende do firme apoio interno da musa. O significado de ser "o favorito de Atena" mudou

– do modo como a própria Atena evoluiu. Odisseu não é mais o arquiteto do cavalo de madeira: agora ele se tornou, como Bobina* em *Sonho de uma noite de verão*, um dos tecelões de Atena.

Notas

1. Keats, "On first looking into Chapman's Homer".

2. W. R. Bion, *A memoir of the future,* edição em volume único (London: Karnac, 1997), p. 130.

3. Para a lenda de Odisseu, ver W. B. Stanford, *The Ulysses theme* (1954) (Oxford: Oxford University Press, 1983).

4. Sobre o recurso antigo da "composição em círculo", ver R. Hexter, *A guide to the Odyssey* (New York: Vintage Books, 1993), pp. 124-125.

5. No sentido de causar e sofrer dor. Sobre o significado do nome de Odisseu, ver G. E. Dimock, "The name of Odysseus", em: ed. G. Steiner e R. Fagles, *Homer: a collection of critical essays* (Englewood Cliffs, NJ: Prentice-Hall, 1962); e J. S. Clay, "Odysseus: name and helmet", em: ed. H. Bloom, *Homer's Odyssey* (New York: Chelsea House, 1988).

6. Sobre a associação entre tecer e a composição poética, ver L. Slatkin, "Metis and composition by theme", em: ed. S. L. Schein, *Reading the Odyssey* (Princeton, NJ: Princeton University Press, 1996).

7. Ver "Kleos and its ironies", em: C. Segal, *Singers, heroes and gods in the Odyssey* (Ithaca, NY: Cornell University Press, 1994).

8. Zeus com seus raios e Poseidon com seus terremotos constituem o componente macho do objeto combinado. Eles estão em desacordo no começo do épico, mas em concordância no final.

9. Sobre a "teologia" da *Odisseia,* ver Hexter, *Guide to the Odyssey*, p. xliii.

---

* Bottom pode ser traduzido como "bobina". Os membros da trupe de Bottom, em Sonho de uma noite de verão, de Shakespeare, todos têm nomes que remetem às suas profissões ou características. Assim, Bottom é tecelão; Flute (fole) remete a foles; Snout (bico de chaleira) é caldeireiro etc. [N.T.]

250 AS URDIDURAS DE ATENA

10. M. M. Nagler descreve como a figura da "deusa terrível" da mitologia liga-se ao "axis mundi" (escavando de volta no tempo) e à luta de Penélope para continuar a ser o pilar da casa: ver "Dread goddess revisited", em: Schein, *Reading the Odyssey*.

11. Homero, *The Odyssey*, trad. R. Fitzgerald (1961) (London: Collins Harvill, 1988), I.113-117; as linhas e referências que se seguem referem-se a esta edição.

12. Famosa frase de Odisseu com a qual se salva de Polifemo, o ciclope, em IX.367, enfatizando que ele não é "ninguém" para toda sua família – "mãe, pai, amigos". Como resultado da maldição do ciclope, ele volta para casa sozinho, tendo perdido todos os homens sob seu comando (uma falha como líder militar e pai), e tem de reconstruir sua identidade.

13. Helena era filha de Zeus – portanto destinada aos Campos Elíseos junto com seu marido.

14. Tradução de Robert Fagles (Harmondsworth, Middlesex: Penguin, 1996), ll. 11-12. Isso contrasta com a *Ilíada* – ver introdução de Bernard Knox, p. 10.

15. Essas palavras contêm um trocadilho com o nome de Odisseu, como as de Eumeu quando ele diz que está abrigando o mendigo não por suas *histórias*, mas por sua "aflição", e pelo dever da hospitalidade imposto pelos deuses (XIV.385-386).

16. Como o próprio Eumeu afirma, Zeus toma metade da virilidade de um homem no dia que o faz escravo (XVII.327-329). Por esse motivo, Eumeu só recebe o segredo da identidade de Odisseu no último minuto, no início da batalha; afirma-se que ele não conseguiria deixar de revelá-lo à rainha.

17. Ver A. Amory, "The reunion of Odysseus and Penelope", em: ed. C. H. Taylor, *Essays on the Odyssey* (Indianapolis, IN: Indiana University Press, 1969); U. Holscher descreve como nesta cena o narrar astuto de Penélope da lenda é transformado por Homero em majestade épica, como resultado de diferentes e superpostas camadas de significado e consciência: "Penelope and the suitors", Schein, *Reading the Odyssey*.

18. H. Foley escreve que Penelope "finalmente rompe seu apego quase encantado ao passado, à evitação da mudança, que era sua arma principal": "'Reverse similes' and sex roles in the Odyssey", Bloom, *Homer's Odyssey*, p. 98.

19. O tema do ensaio seminal de Auerbach, "Odysseus' scar", em: E. Auerbach, *Mimesis: the representation of reality in Western literature*, trad. W. Trask (Princeton, NJ: Princeton University Press, 1953).

20. O nome do avô de Odisseu, Autólico, foi usado por Shakespeare em *O conto de inverno* para representar de maneira similar um tipo trapaceiro de poeta, mascate das palavras.

21. Indra K. McEwen explica como a estrutura do templo clássico, com sua construção central [*naos*] e as colunas circundantes [*pteron*], foi baseada naquelas do tear alto e do navio, com suas ordens de remos. "A cidade tornou-se um navio, sua *naos* a *naus*, com remos semelhantes a asas": *Socrates' ancestor: na essay on architectural beginnings* (Cambridge, MA: Massachusetts Institute of Technology, 1993), p. 104. Ela combina "a noção do templo peripteral como uma nave" com "o *pteron* como uma série conectada de teares que incomporava a interdependência política dos grupos familiares" (p. 120) Estas ferramentas da civilização, a base da força e da produtividade da *polis* [cidade-estado], tinham uma aura de santidade que se formalizou arquitetonicamente na casa religiosa: em termos psicanalíticos, um símbolo do objeto combinado.

7. O monumento de Cleópatra

Aguardando e desejando ardentemente a vinda do dia de Deus, em que os céus em fogo se dissolverão, e os elementos ardendo se fundirão . . . Nós, porém, segundo a sua promessa, aguardamos novos céus e uma nova terra, na qual habita a justiça.

II Pedro, 3:12-13

Existe um aspecto qualitativo da sinceridade que tem a ver com a riqueza da emoção. O trabalho clínico sugere fortemente que este aspecto do caráter adulto está ligado à riqueza da emoção característica dos objetos internos. Ele pode ser diferenciado das outras qualidades desses objetos, como sua força ou sua bondade. É diferente de sua força ou sua integração. Talvez pareça mais coexistente com sua beleza, que, por sua vez, parece estar relacionada com a capacidade de compaixão.

Donald Meltzer[1]

254 O MONUMENTO DE CLEÓPATRA

A busca de Shakespeare pelo "mais nobre dos romanos" – idealizado em Brutus, solapado em Hamlet, retomado em Lear, incompleto em Otelo – acaba por encontrar sua realização em Antônio,* o modelo arquetípico do homem heroico ou magnânimo e de grande alma.[2] E sua magnanimidade encontra sua expressão absoluta na realização de um casamento do tipo *homophrosine*, como o de Odisseu – um amor de iguais. São os "novos céus e a nova terra" anunciados pela Bíblia e mencionados por Antônio, meio em tom de pilhéria, no início da peça, quando Cleópatra exige saber "quanto amor" ele sente por ela:

> *Cleópatra: Se é amor mesmo, dize-me quanto.*
>
> *Antônio: Existe carência no amor que pode ser calculado.*
>
> *Cleópatra: Eu determino até onde esse amor pode ir.*
>
> *Antônio: Então tu terás de descobrir novas terras e novos céus.*[3]

O objetivo do desafio entre eles, e o da própria peça, é transformar qualitativamente uma experiência quantitativa: não basta "prolongar cada minuto de suas vidas com prazer", trancados em um claustro de indulgência que eventualmente acabará por amortalhar, como o de Circe, Calipso ou da Belle Dame – "não vi mais nada o dia inteiro". Neste processo de transformação existem fortes indícios do conceito cristão de redenção, infiltrando-se indiscretamente no retrato que Shakespeare pinta da abundância pagã e das forças vitais primitivas: "Os elementos, ardendo, se fundirão".

---

* Antônio aparece em duas peças de Shakespeare: *Júlio César* (1599) e *Antônio e Cleópatra* (1605-1606), ambas publicadas em 1623. As referências em português foram retiradas de: Shakespeare, W. *Antônio e Cleópatra*. São Paulo: L&PM, 2005. [N.T.]

E, contudo, a qualidade, a abundância e a riqueza são a base necessária para a purgação do amor por meio do fogo purificador – a "bondade" de Antônio é, tanto para Cleópatra quanto para Enobarbo, sua característica máxima. É preciso haver suficiente combustível emocional para impelir o conflito estético por meio de frases refinadas até o conhecimento redentor.

Esse combustível emocional deriva do que Meltzer chama de "a beleza e a riqueza dos objetos internos" e é a base para a "sinceridade", algo que não se aplica a uma emoção em particular, mas ao estado mental em que as emoções interagem, um unificador de emoções. Tem a ver, segundo ele, com a categoria da "significação" de Wittgenstein. Tem uma "qualidade aspiracional", que expressa a possibilidade de um âmbito ou existência ética para além do *self*. É algo que Hamlet evitou no "Ser ou não ser" e que Shakespeare parece ter investigado pela primeira vez em *Otelo*, em que elegeu um herói não intelectual – o "nobre Mouro" –, mas que igualmente é tido pela amada como louco, em decorrência de alguma falha não neles mesmos, mas no amor entre eles. A não intelectualidade permite-lhe concentrar-se na emotividade que não pode ser parafraseada com palavras e ignorar a confusa cobertura de um virtuosístico jogo de palavras que deslumbra e disfarça a "doença" emocional.

Em *Otelo*, esse jogo de palavras é levado a seu mais alto grau de degradação na boca de Iago, com seu repertório de epítetos de segunda mão e aforismos que dão a ilusão de integridade e de uma profunda sabedoria natural: "Eu não sou o que sou" (I.i.65), "É em nós mesmos que somos isto ou aquilo" (I.iii.319); "É melhor saber / E ao saber o que eu sou, saberei o que ela é" (IV.i.72-73).[4] Sua linguagem empobrecida é veículo para sua dita "honestidade", o cinismo casual definido por Coleridge como "malignidade sem motivo". Essa "honestidade" é o oposto exato da "sinceridade"

256 O MONUMENTO DE CLEÓPATRA

e, assim, ajuda a defini-la. Ela deriva da inveja, não no "ardente" sentido satânico de Milton, explodindo de dor e admiração, mas no sentido frio da "grade negativa" de Bion, desprovida de emoção. Ela funciona menos pelo cálculo que pelo oportunismo: aproveitando a queda casual do lenço de Desdêmona para perpetrar seu poder de destruição. Foi "casual", mas Desdêmona derruba o lenço quando se sente abalada pela perturbação de Otelo, depois que Iago começou a "torturá-lo" com as obsessivas confirmações de sua "honestidade". Pois o homem cuja "nobre natureza . . . a paixão não conseguia abalar" viveu até agora como soldado e ainda não tem ideia da perturbação do amor (IV.i.261-262). Ele próprio afirma que "não fica facilmente ciumento" – mas ainda não teve a oportunidade de conhecer esse sentimento. Por essa época, quando eles ainda não se "conhecem" sexualmente, uma certa brecha para a intrusão do cinismo oportunista pode se apresentar – o equivalente da suscetibilidade de Cássio para com o álcool; esse cinismo não exige nenhuma acuidade psicológica da parte de Iago para engendrá-lo.

O lenço manchado de morangos foi "o primeiro presente" de Otelo a Desdêmona. Cássio – como Emília – gostaria de "copiá-lo", no sentido de expressar admiração. Mas quando trazido para o domínio público, torna-se o lençol de noite de núpcias exibido nas sociedades primitivas como prova da virgindade da noiva. Iago capitaliza esse fato e, por um processo de insinuação repetitiva, transforma-o não num lembrete da "essência do que não é visto", mas num substituto dela – a "honra" ou a "honestidade"[5] de Desdêmona: literalmente, sua genitália:

> *A honra é essência que ninguém vê,*
> *Muitas vezes a têm os que não a têm:*
> *Mas quanto ao lenço . . . [IV.i.16-18]*

Ele tira vantagem do estado mental confuso de Otelo à medida que passa de soldado para amante, para despertar suas superstições primitivas sobre a feitiçaria feminina que colocou "mágica na teia" (III.iv.67). Quando Desdêmona coloca o lenço na testa de Otelo para aliviar sua "dor de cabeça", o pedaço de pano tem para ele um irresistível significado sexual, como se estivesse cobrindo-lhe os cornos de marido traído, enquanto, ao mesmo tempo, desperta-lhe o desejo. "Muitas vezes a têm" – quem a tem? Incapaz de suportar essas suspeitas, ele atira para longe o toque agravante do material; ele cai no chão e fica em posse de Iago. Trata-se de pseudossímbolo, com a concretude disfarçando sua falta de significado. Seu tecido não compreende as urdiduras de Atena, mas as nuvens da superstição.

Iago acredita sinceramente que todas as mulheres são putas, todas as amizades são alianças políticas e quem deseja alguma coisa é um tolo. É de sua natureza acreditar nisso; sua imaginação é tão limitada que ele não consegue ver as coisas de outro modo. De maneira semelhante, ele pressupõe que Otelo, apesar de seu *status* social, deve se sentir secretamente inferior pelo fato de ser negro e preferir secretamente a homossexualidade do campo de batalha – o "espocar da bala do canhão" – à cama manchada de morango. Contudo, ele descobre que Otelo aceita sua própria estranheza, e por ela não é perturbado, nessa refinada e aristocrática cultura veneziana ("negro como o meu rosto", III.iii.393). Esse não é um ponto de vulnerabilidade, de modo que nele Iago não pode atacar. Junto com a história de suas fantásticas aventuras pela qual cortejou Desdêmona, esse ponto representa sua herança primeva de riqueza emocional, a fonte das histórias de sua vida interna. Ele acredita em seu valor não por si mesmo, mas por sua fé no julgamento dela: ela lamentou seus perigos "e eu a amei porque ela os lamentou" (I.iii.193). Mesmo em meio a seu tormento pelo ciúme, ele reafirma a Iago que "Ela tinha olhos e escolheu a mim". Não há nenhuma falha em sua sinceridade, de modo que ele é inacessível pela rota normal da individualidade – ele não tem vaidade. De maneira similar, Desdêmona agarra-se à sua visão das qualidades espirituais dele, originalmente reveladas pela própria compaixão dela: ela "viu o semblante de Otelo na mente dele" e conserva essa visão do que ele era no momento de sua morte, quando acredita que ele perdeu a mente ("Eu não tenho esposo"). Sua atração mútua era um dos objetos internos, procurando expressão sensorial – "os ritos pelos quais eu o amei".

Não obstante, Desdêmona é uma estrangeira para ele, em termos de sua cultura e de seu sexo: "Que nos presenteia com tal sorte de criaturas, mas não com seus apetites!". A consumação do casamento marca a iniciação dele no processo de *conhecer Desdêmona*. Mas a intervenção de Iago impede que esse processo se desenvolva. O pseudossímbolo, em virtude de sua concretude, preencheu o espaço mental em que a "concepção" deveria ter ocorrido, resultando, em vez disso, numa falsa concepção, substituindo um sedutor sigilo com relação ao mistério. Otelo se torna, muito simplesmente, um tolo ("Ah, tolo, tolo, tolo!"). Quando finalmente reconhece isso, ele recupera sua nobreza, como "alguém que não amou sabiamente, mas bem demais". A falha não estava em seu amor, mas em seu conhecimento; isso constituiu sua vulnerabilidade para ser minado. E sua falha em adquirir conhecimento estava associada com uma falta de força emocional. "Torturado", ele insistiu na concreta "prova ocular" do anticonhecimento, que o aliviaria da insuportável tensão do não conhecer: "Vilão, certifique-se de que vais provar que meu amor é uma puta". A pureza ou "castidade" de Desdêmona é finalmente revelada a Otelo por meio da capacidade espiritualizante dela de internalizar o sonho que tem dele de uma forma equivalente à fé religiosa, transcendendo a representação concreta, enquanto insistia em sua vontade de viver: "Fria, fria, minha menina, tanto quanto tua castidade". Era a única maneira de ela conseguir que ele a conhecesse.

Shakespeare coloca uma única frase profunda na boca de Iago, perto do final da peça, como se para esclarecer o que ele descobriu por meio de sua investigação dramática. É quando Iago diz que Cássio tem "uma beleza diária em sua vida / Que me faz feio" (V.i.19-20). Otelo também tem a sua, e não é a beleza deles, mas de seus objetos internos. Na verdade, trata-se da sinceridade. O cinismo é feio em si mesmo, pois só existe para bloquear a possibilidade do verdadeiro conhecimento; a sinceridade é bela porque indica esse contato com os objetos. Tendo estabelecido isso, quando ele chega a *Antônio e Cleópatra*, retoma a história onde Otelo a tinha terminado. O que acontece quando um herói de "nobreza" similar, igualmente soldado, igualmente não intelectual, age inteligentemente de acordo com os ditames dos objetos internos, em vez de estupidamente sob o jugo do cinismo – em outras palavras, quando seus objetos não são apenas ricos, mas também fortes? O que acontece quando as energias do campo de batalha são transferidas para o campo do amor, e a mutualidade consiste em ter a oportunidade de se desenvolver em estágios, por meio de fases alternadas de união e divisão, em vez de o amor ser estrangulado no nascimento por forças da negatividade? Além disso, o que acontece quando a "negritude" (riqueza, estranhamento) de Otelo é transferida para fazer parte do equipamento da mulher, focando a atenção na aura de ambiguidade que envolveu Desdêmona aos olhos de Otelo? É a "mágica" ancestral que, por sua intolerância com relação à dúvida, tornou-se perversa e vingativa, como as Fúrias gregas, nublando-lhe a mente com superstição. Em *Antônio* (de maneira única em Shakespeare), à ideia da beleza física feminina é atribuído um papel secundário, na pessoa de Otávia, de modo a enfocar a beleza dos objetos, operando por meio dos protagonistas. Pois são os fenômenos internos que geram a ambiguidade. Shakespeare reordena os vários elementos emocionais de *Otelo* para deixar claro como "amar bem demais", e odiar a escravização, pode ser transformado em conhecimento no sentido de "novos céus e uma nova terra".

Pois o audacioso objetivo da peça seguinte é estabelecer que o mundo será um lugar melhor como resultado do amor de Antônio e Cleópatra.[6] Existe por toda Roma e Alexandria – os "lados do mundo" – uma crescente pressão para que os amantes incorporem uma declaração definitiva, para modelar o casal que pelo espírito, e não pelas forças das armas, governará o mundo. A imagem do mundo, com sua vastidão, sua exuberância e sua propensão a amalgamar os elementos, torna-se uma metáfora para os sentimentos dos protagonistas. Alexandria, com seu espaço feminino e sua população de mulheres, crianças e eunucos, enquadra a ação da peça e se engaja numa conversa dramática contrapontística com qualidades visitantes da masculinidade romana. O poder militar de Roma, difundido por seus "três pilares do mundo", interliga-se com a riqueza do Egito em tesouros e fertilidade natural governada pelas cheias do Nilo. A ação da peça voa de um lado do mundo para o outro, numa infinidade de cenas curtas: batalhas são travadas e dispensadas em minutos, numa característica desconsideração shakespeariana pelas unidades de tempo, lugar e ação. O efeito disso, junto com a exaltada imagem do mundo, é evocar uma sensação de escala cósmica, tanto em termos geográficos quanto da abundância de energias poderosas. Contudo, em outro nível, o drama inteiro acontece no quarto de Cleópatra: existe uma localização muito precisa da ação interna, e tudo que acontece lança um pouco de luz na relação sexual em desenvolvimento entre o herói e a heroína.

No início, a forma do drama é esboçada como um prelúdio:

Cleópatra: Vou ficar parecendo a idiota que não sou;
Antônio deverá ser ele mesmo.
Antônio: Mas incitado por Cleópatra.

Antônio, que aos olhos de Roma é "não Antônio" nessas ocasiões, perderá e recomporá sua identidade "incitado por Cleópatra" (no sentido ambíguo de inspirar e perturbar). Será necessária uma superação de César em que Cleópatra pareça a idiota que não é. Resta a essas palavras proféticas ou jocosas serem preenchidas com significado por meio do corpo operístico da obra. Embora Shakespeare siga a história ao nos contar que Antônio e Cleópatra são amantes maduros, em seu comportamento aproximam-se de outros de seus pares mais jovens, reescrevendo a história de *Romeu e Julieta* sem o narcisismo erótico – a urgência em perder a virgindade e cometer suicídio. Eles estão no momento adequado para expandir seus grupos nativos – as sociedades predominantemente de um dos sexos de Roma e Egito. Os valores da Roma imperial – como costumeiro em Shakespeare, o precursor da escola independente britânica –* são o decoro, a competição e a dominação. Isso torna seu humor subversivo e não oficial (como nos apartes de Enobarbo). Enquanto no Egito, o amor é considerado um "comércio" (a música é "um triste alimento para nós que comercializamos o amor") e o humor se dá à custa do masculino cativo, como na cena com as garotas histéricas e o adivinho, ou na lista de conquistas de Cleópatra quando ela era "petisco para um monarca" etc. Sua preeminência não deriva de sua pureza ou sua virgindade, mas

---

* *British public schools*, no original. Na verdade, as *public schools* britânicas não correspondem ao que chamamos de "escolas públicas". Elas são instituições particulares, originalmente destinadas à educação dos filhos da classe dominante. Também são chamadas de *independent schools*, daí nossa tradução. [N.T.]

de suas "rugas inscritas no tempo" (I.v.29); ela sobreviveu a todos eles; eles foram lavrados em seu solo rico e fértil – da mesma forma que Pompeu "a arou, e ela frutificou". Sua bem-humorada visão de seu próprio apetite voraz se dá na mesma medida que a obsessão de Roma por conquista. Os valores existentes ou as concepções básicas de cada mundo são os elementos que precisam ser fundidos e dissolvidos no fogo purificador; e Shakespeare não disfarça a aparência horrenda do processo – a desonra da fúria ciumenta quando os dois, Antônio e Cleópatra, desrespeitam os mensageiros que trazem más notícias –, tampouco modifica o catálogo inventivo de insultos acumulados sobre Cleópatra. As expressões "cigana", "mulher volúvel", "três vezes puta" são todas de Antônio; o pior que Antônio recebe é "efeminado", pois este implica, aos olhos de Roma, que nada poderia ser pior.

Na peça, existem ódio, feiura e humilhação, mas, na essência, não há inimigos a serem amados. Todos os personagens principais são amantes de um tipo ou de outro. César não é um Iago com o poder de solapar; ele é, na verdade, um estímulo benéfico e, em última análise, um facilitador do ato final, o triunfo do amor. Ele é visto por Antônio e Cleópatra como o "menino romano", o "jovem César", "César da barba nascente"; suas rígidas fantasias de onipotência incorporam a pressão de uma geração mais jovem que força Antônio a emergir de seus confins e comprometer-se com sua nova identidade. Não duvidemos do amor de César por Antônio, mesmo que seu espírito seja competitivo com relação a essa figura de irmão mais velho – "Não podemos coabitar o mesmo espaço neste mundo". Em seu discurso sobre o cervo, ele expressa sua visão de Antônio como herói:

> *Sim, como o cervo, quando a neve recobre todo o pasto,*
>
> *das cascas das árvores te alimentaste. Nos Alpes*

dizem que te alimentaste de estranha carne,

Que a muitos causava a morte só de ver. E todas essas

privações – a lembrança delas te açoita agora –

tu as suportaste como soldado brioso de tal forma

que nem murchas ficaram tuas faces. [I.iv.65-71]

Suas palavras fazem eco às de Cleópatra ao descrever o César que ancorou os olhos em seu rosto e "morreu olhando para a vida": sugerindo como é simples a transição de cervo ou soldado para o amante que come essa estranha carne feminina, e como a linguagem do ascetismo funde-se com a do erotismo. Da mesma forma, ficamos em dúvida quanto à veracidade do amor entre Antônio e Enobarbo (expresso da maneira mais comovente por Antônio pela simples palavra "Enobarbo" quando fica sabendo de sua deserção), ou entre Cleópatra e suas "meninas", ou de Eros, cujo próprio nome significa amor. Otávia também é amada por seu irmão e desmente sua reputação de frieza em sua fala sobre a separação entre César e Antônio – "como se o mundo tivesse se fendido" (III. iv.31) –; seus sentimentos vão além do dever, e ela participa da força cósmica. Ela é até amada, num certo sentido, por Antônio, que a vê como uma "joia de mulher", alguma coisa que ultrapassa sua reputação de nunca ter sido capaz de "dizer não a uma mulher". Sua breve experiência com Antônio dá-lhe a coragem de livrar-se das armadilhas políticas que César armou para ela e devolver "uma moça do mercado a Roma", exprimindo seus próprios desejos e prenunciando Cleópatra, a "ordenhadeira"; só depois disso seu irmão admira-a de verdade. Ela herda não apenas a beleza de Desdêmona, mas sua ausência de recriminação e sua independência de espírito; ela volta a Roma não em busca de proteção – não mais que Desdêmona busca refúgio na cultura veneziana de seus tempos de solteira –, mas para tentar reconciliar seus amores. Até Mardian, o

264 O MONUMENTO DE CLEÓPATRA

eunuco, "tem afeição" e um lugar nas afeições de Charmian e Iras – figurando o marido que elas poderiam comandar totalmente.

Para enfatizar tudo isto, Shakespeare introduz um único personagem para quem o amor não é tanto um mistério, mas uma vacância – trata-se de Lépido, o "terceiro pilar do mundo". Sua vacância está devidamente localizada no diálogo cômico entre ele e Antônio durante a festa na galera de Pompeu; Lépido pergunta: "Que tipo de coisa é o seu crocodilo?", querendo dizer essa "estranha serpente", o monstro amoroso egípcio, que, numa caricatura obscena, na longa e satírica resposta de Antônio, tem "lágrimas molhadas" e "... uma vez dispersados os elementos, transmigra ..." (II.vii.40-48). Depois disso, Lépido fica totalmente embriagado (simbolizando sua incapacidade de conter qualquer emoção) e tem de ser carregado para fora. A falha que ocasionou a queda de Cássio é repetida e caricaturada em Lépido. Não é o caso de perder o mundo por amor[7] – nesta peça de fermento adolescente, o mundo *é* o mundo do amor; os que não estão nele despencarão completamente pela borda desse mundo.

Cleópatra, a principal força "incitadora", é a "serpente do velho Nilo" de Antônio; ela, que tem a "fronte trigueira", assume as características exóticas de Otelo – sua negritude ("com os negros raios amorosos de Febo") e as associações com o estranho, o monstruoso, os crocodilos e os antropófagos (mais tarde a serem encontrados em Caliban). A monstruosidade dela, como as "temíveis deusas" dos gregos, está em seu poder e seu potencial abuso, na associação dela com emotividade primitiva semelhante à das Fúrias. Ela pode ameaçar, com galhofa, "despovoar o Egito" e identifica-se com a deusa Isis, uma força da natureza, em sua fúria ciumenta ("Alguns inocentes não escapam do raio"). Seus ataques de cólera são em parte reais e em parte encenados ("embora eu esteja louca, não vou mordê-lo"); ao mesmo tempo, esses ataques podem ser aliviados por um toque de humor compartilhado por suas moças – mas nunca com Antônio –, como em "Ah, esse bravo César!"; "Diga: esse bravo Antônio! . . . Eu te deixarei com os dentes rubros!" (I.v.70). E ela efetivamente tem dentes para cortar as desculpas e as prevaricações polidas da formalidade romana: "Meu ouvido terá de arrancá-lo daí"; " Vejo pelo teu olhar" (I.iii.19) . . . "Penetra tuas boas novas nos meus ouvidos" (satirizando a dominação sexual); embora, como com César mais tarde, ela consiga participar do jogo romano da submissão cortês se for de seu agrado. Ela nunca é descrita como bonita, ao contrário de Otávia ou Desdêmona; e há muita feiura em seu comportamento. Então, onde está a atração que ela exerce? Não é só Antônio que a sente; nós as vemos na linha dos amantes, na lealdade de suas servas e, da maneira mais poética, na análise de Enobarbo. É ele que descreve, para seus companheiros romanos, o que Antônio nunca procura explicar a si mesmo – a qualidade da atração sexual de Cleópatra:

> *Vou contar-vos.*
>
> *A barca em que estava, trono fúlgido, as águas*
> *incendiava: sua popa*
> *era de ouro batido; as velas de púrpura e tão*
> *perfumadas que*
> *os ventos por elas se apaixonavam; eram de prata os*
> *remos*
> *e à melodia das flautas se moviam e apressavam*
> *com seus golpes as águas percutidas. Com respeito a*
> *ela,*
> *mendiga aqui se torna a melhor descrição . . .*
> *Qual nereidas, suas damas, sereias numerosas, dos*
> *olhos dela o olhar*

nunca afastavam, em adorno tornando seus meneios.
[II.ii.190ff]

O quadro barroco, prefigurando a "serpente lustrosa" de Milton, não é uma descrição da "pessoa" de Cleópatra, que é indescritível, mas de suas emanações sexuais, ondas de ar invisíveis passando por "fúlgida", "apressavam", "percutidas", "adorno". A barca "fúlgida" e o ar "perfumado" prefiguram Cleópatra no final da peça, quando se diz que ela é feita de "fogo e ar". A vela púrpura, como um coração ou vagina palpitante, comanda a sinfonia executada por ar, ondas, golpes dos remos e o "adorno" (como a adoração religiosa) dos meneios femininos. Antônio, sentado no mercado, não vê a cena – seu arauto Enobarbo a vê em seu lugar –, mas ele sente suas emanações na perturbação do ar ("assobiando para o ar"). A esta altura, o conhecimento de Enobarbo é avançado em relação ao de Antônio (que ainda está casado com Otávia por "paz"); pois, com base em sua própria análise poética, ele pode afirmar enfaticamente que Antônio nunca abandonará Cleópatra:

> *Mecenas: Agora Antônio há de esquecê-la*
> *completamente.*
>
> *Enobarbo: Jamais ele fará isso:*
> *o tempo não a faz fenecer, nem de tão gastos*
> *perdem a graça seus infinitos truques. [II.ii.233-236]*

A parceria entre Antônio e Enobarbo continua ao longo do corpo central da peça, como se fosse um dueto entre baixo e tenor sobre as linhas do pensar e do sentir. Ambos estão envolvidos no enigma de Cleópatra (à medida que ela encarna a ideia da feminilidade) – para descobrir por que ela atrai o interesse de Roma há tanto tempo. Antônio tem o papel do "mais nobre dos homens". Enobarbo desempenha o de inquiridor científico e artístico. Ele é o lugar-tenente íntimo de Antônio e o apoio em seu objetivo. Entre estes dois vértices, Shakespeare acredita que, com certeza, a "verdade" sobre a feminilidade, e a possibilidade de um casamento de mentes verdadeiras, pode ser descoberta. Os lugares-tenente de Otelo eram Iago, a voz do cinismo, e Cássio, a voz contrastante da sinceridade, que, contudo, não possuía nenhuma força – suas pernas eram-lhe arrebatadas pelo álcool, e no final da peça ele aparece no palco numa cadeira de rodas. Enobarbo, porém, representa a voz do poeta, no sentido do artesão e observador analítico para quem Cleópatra, com sua infinita variedade, é "uma obra de arte maravilhosa". Ele é descendente de Mercúcio, casado com a realidade não apesar de sua imaginação fértil, mas por causa dela. O poeta-Mercúcio, como o bobo da corte, dedica-se a lembrar seu mestre da verdade quando ele parece estar fora de contato com ela; "Eu havia esquecido que a verdade deve ser silenciosa", diz Enobarbo durante o conselho romano, e quando Antônio lhe diz para ficar quieto, chama a si mesmo de "sua pedra obediente" (II.ii.110). E, invariavelmente, do ponto de vista analítico, Enobarbo está com a razão. Mas à medida que a peça avança, e Antônio segue tenazmente as instruções de seus objetos internos, oferecidos sob a forma de "sentimentos", gradativamente desenvolve-se um sentido em que Antônio, afastando-se do conselho de Enobarbo, torna-se ainda mais certo.

Antônio não tenta entender Cleópatra no sentido intelectual e analítico de Enobarbo. Ele dá uma séria resposta ao relato satírico de Enobarbo da "instantaneidade" da morte de Cleópatra (I.ii .141).* Enquanto Enobarbo saboreia a "variedade" dela, como se

---

* Vale a pena citar a fala toda de Enobarbo: "Se isso [nossa partida do Egito] acontecer, mataremos nossas mulheres. Dá pena eliminá-las por um motivo tão pequeno, embora com relação a uma grande causa elas todas devam ser tidas na conta de coisa nenhuma. Aos primeiros ruídos da partida, Cleópatra

268 O MONUMENTO DE CLEÓPATRA

fosse um vinho fino, Antônio sente que essa mesma qualidade a torna uma "astúcia que escapa à compreensão humana"; ele sente que o mistério dela está além do alcance de sua – ou de qualquer outra pessoa – mera inteligência. Com ele, Iago não chegaria a nenhum lugar, pois ele não se impressiona com uma "prova oracular", não mais que Penélope confia na evidência concreta da cama até o símbolo ser permeado pelo espírito de Odisseu. Em vez disso, Antônio confia em sua capacidade de sentir, em confronto com as qualidades ardentes de serpente de Cleópatra; e, em última instância, ele está vingado contra as probabilidades, enquanto Enobarbo cai diante do último obstáculo. Em essência, ele persegue uma forma de conhecimento que participa da turbulência da mudança catastrófica, enquanto Enobarbo simplesmente observa e tenta – embora, como acaba se revelando, sem sucesso – abster-se de "atirar seu coração aos chifres" (segundo as palavras de Garcia Lorca ao descrever o espírito criativo, o *duende*, em termos de uma tourada):

> *O toureiro que assusta o público ao correr riscos não está toureando, está absurdamente brincando com sua vida, o que qualquer um pode fazer. Mas o toureiro mordido pelo duende dá uma lição de música pitagórica e nos faz esquecer que ele está constantemente atirando o coração contra os chifres.*[8]

A "tourada" compreende a parte central da peça, quando o até então mundo inviolado da masculinidade marcial é invadido pela "intrigante" presença de Cleópatra, interferindo nas guerras de Antônio. ("Enigma" é um termo de Enobarbo (II.VII.10), uma

---

morrerá instantaneamente; já a vi morrer vinte vezes por motivos muito mais insignificantes. Estou convencido de que na morte há qualquer substância que exerce influência amorosa sobre ela, tal é a frequência com que ela tem morrido". [N.T.]

palavra incomum também usada em *Hamlet* num momento definidor: "tornar enigmática a vontade".)

Nas tempestuosas mistura, troca e "fusão" de papéis e elementos que começa com Antônio renunciando a seu generalato por Cleópatra e seguindo seus caprichos – lutar no mar – contra todo bom senso militar, Enobarbo só vê a perda de Antônio desse tipo de realidade – que ele chama de seu "cérebro", sua capacidade de pensar. O soldado que há em Antônio é representado pelo soldado comum que aparece duas vezes para ele, exibindo as cicatrizes de sua experiência, para protestar contra suas decisões absurdas. Antônio não tenta explicar suas ações para si mesmo ou para seus amigos – ele apenas diz: "Bem, bem, para longe!" –, mas fica claro que ele está ciente de estar se entregando – como diz Enobarbo – "à sorte e ao acaso / longe da firme segurança". Ele não está cego para as prováveis consequências; portanto, não é tolo. Ele está em um jogo diferente, lutando uma guerra diferente: seguindo as mais elevadas instruções de seu *duende* interno. Enobarbo é incapaz de ver que Antônio está descolocando o foco de suas capacidades militares para o momento que dirá a Cleópatra: ". . . meu coração / só faz guerra por ti" (IV.xii.14-15). Ela é o touro, e não César. Anteriormente, ele disse que não podia "controlar pela rédea" sua belicosa esposa Fúlvia, que era mais uma representação masculina que uma infiltração feminina. Agora, ele propositalmente consente arriscar-se sob o comando de Cleópatra, permitindo que a imagem apropriada da guerra seja poluída – aos olhos dos militares – por um ponto de vista feminino. Assim, a fuga das velas da esquadra é reminiscente dos vestidos femininos, como os de Cleópatra, com

a brisa atrás dela, como uma vaca em junho,
enfuna as velas e foge. [III.x.14-15]

270   O MONUMENTO DE CLEÓPATRA

É uma situação que, do ponto de vista de um soldado, viola "a experiência, a virilidade, a honra". É em alinhamento com esta insidiosa domesticidade que eles mandam, juntos, seu "preceptor" a César, quando, no passado, Antônio ou Cleópatra teriam enviado "reis títeres".

A tática intuitiva, não analítica, de Antônio em sua "guerra" com Cleópatra funcionou. Com a seriedade da derrota, Cleópatra, pela primeira vez, dá-se conta da seriedade de Antônio para com ela.

> *Cleópatra: Ah, meu Senhor, perdoa as minhas naus*
> *amedrontadas! Não me ocorreu*
>
> *que pudesses me seguir.*
>
> *Antônio: Egito, tu sabes muito bem que o meu coração*
> *estava atado em teu leme por amarras,*
>
> *e tu me levarias a reboque para onde fosses.*
>
> *[III.xi.55-58]*

É um aspecto diferente da imagem jocosa da "pesca", em que, suavizando o ódio que sentia por Antônio em virtude de sua partida para Roma, ela regozijou-se com a ideia de seu domínio sobre ele:

> *Ali, ouvindo*
>
> *música ao longe, surpreenderei os peixes de*
>
> *escuras barbatanas. Com meu curvo*
>
> *anzol vou lhes perfurar as mandíbulas viscosas,*
>
> *e enquanto eu os fisgo para fora d'água, em cada um*
> *estarei vendo*
>
> *Antônio e lhe direi: "Ah, peguei-te!" [II.v.11-15]*

A possessividade dela foi refinada pelo fato de ele de bom grado ter demonstrado sua dependência com relação a ela. Cleópatra "sabia muito bem", diz Antônio; mas num certo sentido ela não sabia disso – na verdade, ela acreditava que ele poderia usar sua liberdade para ir embora, daí sua necessidade de uma fantasia controladora – "você foi fisgado". Agora que ela percebe que seus "anzóis" não são necessários, um senso de responsabilidade desenvolve-se nela pela primeira vez, e ela pede "perdão" por sua participação no desastre, a despeito da garantia de Enobarbo de que foi culpa só de Antônio ter seguido o exemplo dela.

Nesse ínterim, Antônio consegue suportar a humilhação da derrota militar; mas ele não suporta a ideia de que, como resultado disso, Cleópatra possa tê-lo desertado e "trocado olhares" com César. Daí sua raiva explosiva quando vê o mensageiro de César beijar a mão dela – abusando, pensa ele, "ao tomar liberdades com sua mão, sua companheira de prazeres". Ele manda chicotear Tídias – assim rebaixando sua própria honra, com o seu generalato romano – e dá uma chicotada verbal em Cleópatra, numa série de longos parágrafos que chegam a "rugidos": "Você sempre foi uma mulher volúvel". Cleópatra acompanha o crescendo desses voos recriminatórios com uma série de interjeições que ocupam meio verso – "Ah, chegamos a esse ponto?", "Para que isso?", "Já terminaste?", "Devo esperar que ele se acalme" e, por fim, "Ainda não me conheces?". Essa última pergunta é penetrante, e a tirada de Antônio cessa abruptamente, permitindo que ele formule seu sofrimento de maneira correta:

> Cleópatra: *Tu ainda não me conheces?*
>
> Antônio: *O que tens para me dar é um coração gelado?*
>
> Cleópatra: *Ah, querido, se eu for assim, que deste*

272 O MONUMENTO DE CLEÓPATRA

> *Coração frio o céu granizo faça*
>
> *e na fonte o envenene, e que a primeira*
>
> *a atingir-me venha no pescoço,*
>
> *com minha vida, a um tempo, se desfazendo,*
>
> *Caia em Cesário a outra, até que, aos poucos,*
>
> *jazam inertes todos os frutos de meu ventre*
>
> *e meus bravos egípcios fiquem, pelo espocar da*
>
> *tempestade, todos*
>
> *estirados, insepultos . . . [III.xiii.157-167]*

Após essa apaixonada confissão, Antônio conclui o diálogo com a simples metade de um verso: "Estou satisfeito". Nada mais é dito; imediatamente, a conversa se volta para as coisas práticas da política. A reversão de longos e breves discursos entre eles gira em torno de seu questionamento mútuo, duas metades de um único verso: "Tu ainda não me conheces? O que tens para me dar é um coração gelado?", como num dueto musical. O fim abrupto dessa discussão faz eco ao teatral rampante anterior de Cleópatra:

> *Corte os laços que me apertam, Charmian, rápido!*
>
> *Mas, deixe estar; tão logo passo mal, já estou bem,*
>
> *é assim que Antônio gosta. [I.iii.71-73]*

Dessa forma, de acordo com o padrão da peça, os primeiros trechos referentes à sua relação, que eram leves, cheios de humor ou hiperbólicos, são instilados com o ritmo e a música que definirão o significado dos dois na direção da sinceridade.

A nova música é vista na linguagem da peça, que é instilada com imagens da mistura dos elementos água e ar (e, mais tarde, fogo).[9] Cleópatra é a primeira a usar a palavra "espocar" na descrição anterior de uma tempestade emocional; o conceito é reiterado ao longo da segunda metade da peça, começando com o medo de Enobarbo de que Antônio faça todos os seus seguidores chorarem, "com o vapor de cebolas nos olhos", e "transforme todos em mulheres" (IV.ii.45-46), e prossegue com a sensação de Antônio de que está perdendo sua "forma visível" e sua identidade está se evaporando como uma nuvem:

> *O que agora é um cavalo, na velocidade de um pensamento*
>
> *já é armação que se desmonta e vai ficar tão indistinta quanto a água na água.* [IV.xiv.9-11]

"A autoridade dissolve-se de mim", diz ele quando recebe a ordem de chicotear Tídias. Mais tarde, quando Antônio morre, "a coroa da Terra dissolve-se", na "variada praia do mundo", "debaixo da lua visitante". São a névoa e a fluidez dos limites que amiúde, em poesia, acompanham uma mudança de estado, a "nuvem do ignorar" – a névoa de Satã ao entrar no Éden, o topo do Ben Nevis de Keats ou as especulações de Bion usando a metáfora da "cesura" do nascimento para o tipo de conhecimento que nasce ao se trocar um "meio aquoso por um meio gasoso". Mais tarde, Cleópatra passará por uma mudança análoga de estado quando se tornar uma "ordenhadeira". A imagem da "armação que se desmonta" expressa, de maneira sucinta, o desprendimento de Antônio das fortunas mundanas depois da batalha de Ácio – incentivando seus seguidores a pegarem seu ouro e o abandonarem, pois seu destino agora é o de um solitário que "em nada precisa de vós" (III.xi.8-9). Além disso, ele usa o termo "espocar" para esse processo (IV.xii.22).

274 O MONUMENTO DE CLEÓPATRA

Enobarbo oferece um comentário rápido, em estilo operístico, ponderando no final de cada cena se também ele deve desertar. Por fim, acreditando que Cleópatra também está fazendo um jogo duplo, decide que Antônio está "fazendo água", sofreu uma lavagem cerebral, e não deseja fazer parte dessa liquidez. Enobarbo não suporta derreter, com o "vapor de cebolas nos olhos"; contudo, ele próprio se derrete enquanto a música do deus Hércules toca sob o palco, significando que o deus marcial de Antônio "agora o abandona". Ele então descobre que lhe é impossível reassumir uma condição puramente romana: seu pensamento sem sentimento lhe rendeu meramente o desprezo de César (pois os desertores "não são vistos como confiáveis") – isto é, não era um pensamento real; e, além disso, ele descobre que está sendo perseguido pelo "tesouro" que Antônio lhe enviara e que confirma o seu erro. O tesouro é a "generosidade" de espírito de Antônio, oriunda do "poço de generosidade" – a beleza de seus objetos internos. Esse tesouro incorpora o tipo de pensamento que "mata" Enobarbo, diferentemente do tipo de pensamento que é uma simples avaliação pragmática (como na sátira anterior de Cleópatra, "um pensamento romano tomou conta dele"):

Partem-me o coração tantos abalos.

Se o remorso veloz não o arrebenta,

há de haver meio mais veloz do que ele. [IV.vi.34-36]

Assim, Enobarbo adentra um novo contexto do conhecimento, apanhado pelas poderosas reverberações do mundo de amor de Antônio, embora ele tenha tentando evitá-lo. O velho Enobarbo sensível morre e renasce como Eros, o novo amigo íntimo, ou "escudeiro", de Antônio no estágio final de sua própria história – a poesia do amor. A metamorfose implícita de um personagem em outro é peculiarmente shakespeariana, como acontece com Cordélia e o bobo, ou o velho estadista Antígono quando – impedido por seu papel de cortesão de realizar seus instintos paternos – é devorado por um urso em *Conto de inverno* e ressurge sem sua concha cortesã como o velho pastor que cuidara do bebê abandonado.

O último movimento de Antônio na peça exige que ele abandone a "consideração" hegeliana (o velho Enobarbo) por um "salto de fé" kierkengaardiano, presente em Eros. Essa nova liberdade oferece-lhe seu único dia de vitória pessoal, entre as duas batalhas marítimas fatais. Ele primeiro conforta seus seguidores lamentosos com um otimismo equilibrado: "Bem-aventurado seja o solo onde caem essas lágrimas! Amigos de tão bom coração . . .", pois "tenho esperanças de um bom amanhã . . . Vamos cear, venham e afoguemos as preocupações!" (IV.ii.38-45). (A expressão religiosa "bem--aventurado" não é usada por acaso: ela ocorre novamente com a morte de Cleópatra.) Não mais sob a égide de Hércules, ele se torna parte de um quadro de Vênus, Marte e Cupido, como sugere a cena da armadura, quando Cleópatra e Eros o preparam para a batalha que se aproxima. Isso demonstra que a fonte de seu otimismo é a nova confiança e a solidez de seu relacionamento com Cleópatra – afivelado em seu peitoral e não voando solta como as velas da rainha, restaurando sua masculinidade a partir do interior. Introjetando a fé que ela tem nele, ele vai à guerra como "um mestre", dando-lhe um "beijo de soldado" e unindo, pela primeira vez, suas próprias características como soldado e amante, e sendo recompensado com a vitória do dia:

> Salta-me ao coração com todos esses
> adornos, através desta couraça,
> e lá te embala no pulsar de meu cavalgar glorioso!

276 O MONUMENTO DE CLEÓPATRA

> *. . . Meu rouxinol,*
>
> *para a cama os expulsamos. [IV.viii.14-19]*

Esse dia de vitória confirma a masculinidade de Antônio no sentido de um guerreiro bem distinto do político: a escória indesejada e a manipulação política são deixadas para o tipo de representante da cultura romana que é César – ele que, como todos reconhecem, não é um guerreiro. A posterior afirmativa de César de que Antônio era "meu irmão, meu êmulo, meu companheiro do império . . . um braço de meu corpo" (V.i.42-45) é um tipo de desejo de realização homossexual, com algumas similaridades com Iago ("com seu próprio braço / Soprar contra o íntimo irmão"); contudo, ao contrário do caso de Iago, essa também é uma expressão de admiração, apesar de se refletir nele mesmo. Porém, a grandiosidade da alegação nos é demonstrada nesse dia, quando fica claro que o verdadeiro companheiro de Antônio em sua guerra é o soldado raso Escaro – o das cicatrizes –, que anteriormente chamara Cleópatra de "égua perfumada" e esperava que ela morresse leprosa e, agora, está envolvido com a nova família de Cleópatra vestindo a "armadura de um rei" que ela lhe dá. Escaro prova ser o verdadeiro "parceiro" romano de Antônio, e não César. O soldado raso romano em Antônio é aquele que tanto ama quanto odeia (insulta) Cleópatra, mas que, ao contrário do Enobarbo-sensível, não deserta. Ao mesmo tempo, Cleópatra emerge de sua ignorância anterior, desdenhosa da atividade bélica, e se torna uma companheira, uma esposa. Otelo, incapaz de tolerar a intrusão da estrangeira emoção "ódio" em sua visão de Desdêmona, não dá ao relacionamento entre eles a oportunidade de atingir este estágio.

Então, de acordo com o padrão predominante da peça, os mesmos movimentos emocionais são repetidos de maneira mais intensa: o amor e o ódio de Antônio por Cleópatra são soldados juntos pela sua fúria por mais uma vez crer que ela o traíra. As emoções estão tão próximas no tempo que são sentidas simultaneamente, e não consecutivamente, como o próprio conflito estético. Em alguns momentos (ao que parece – embora no tempo da história seja o dia seguinte), Antônio muda de "triunfante" para "Tudo perdido". A causa da mudança parece ser (pela forma como o drama é apresentado) o fato de que andorinhas construíram seus ninhos nas naves de Cleópatra (IV.xii.3), outra imagem do caráter doméstico. Aquelas poucas linhas são tudo o que sabemos sobre a "batalha"; então, Antônio apresenta sua derradeira ira contra Cleópatra ou, pelo contrário, contra o poder da emoção que ela desperta nele:

> *Tudo perdido!*
>
> *Aquela egípcia imunda me traiu . . .*
>
> *. . . Puta, três vezes puta! Foste tu*
> *que me vendeste a esse novato, e o meu coração*
> *só trava batalhas contra ti e mais ninguém . . .*
>
> *Ah, aquela alma falsa do Egito! Essa bruxa com seu*
> *charme letal,*
> *que só com a luz do olhar me mostrava o caminho*
> *para as guerras e também me chamava de volta para*
> *casa. Em seu seio eu tinha minha coroa de rei, meu*
> *objetivo primeiro.*
>
> *Como verdadeira cigana, armou o laço e*
> *me engambelou até que eu chegasse ao coração de*
> *minha cilada [IV.xii.9-29]*

Essa é uma declaração de amor e também de ódio: ele "se vingará do charme dela", que agora se transforma em seu "charme letal", com suas conotações ambíguas: mostrando o quão próximos se tornam o amor e a morte, o triunfo e a perda. Nesse ínterim, enquanto Cleópatra entra brevemente durante essa invectiva, ele pinta para ela o quadro que dominará seu ato final: o triunfo romano, em que ela será exibida como "verdadeiro monstro" para a curiosidade vulgar dos plebeus. Cleópatra não diz nada – ela ouve e se retira; mas esse quadro colabora para fortalecer a resolução dela de trocar o triunfo vulgar da vida pelo triunfo real da morte de uma rainha, morte "digna de uma princesa / Descendente de muitos reis". Cleópatra, então, no calor do momento, saca uma das armas que ela sabe ser efetiva nessa guerra amorosa: a notícia de sua morte. Ela repete, mas com uma diferença, o que já foi uma encenação – a "celeridade da morte" antes satirizada por Enobarbo. Sua urgência, que beira o desespero, indica que, desta vez, sua mensagem não é uma manipulação, mas uma forma de inspiração. Ela dissolve imediatamente o desejo de vingança de Antônio, enquanto ele experimenta o alívio de saber que não pode mais afastar "a bateria de seu coração". Aos seus olhos, este ato de concentração instantaneamente redime a "frouxidão" sexual (as velas "enfunadas e rápidas"); era o sinal que ele aguardava para converter os insuportáveis contrários emocionais na resolução do conhecimento, expressa por sua visão do novo céu e da nova terra:

> *Desarma-te, Eros. Nossa empreitada para o dia de*
> *hoje está cumprida,*
>
> *e precisamos dormir . . .*
>
> *Eros! – Estou indo, minha rainha: – Eros! – Espere por*
> *mim,*
>
> *Entraremos de mãos dadas onde as almas reclinam-*
> *se em flores, e os espíritos contemplarão embevecidos*
> *nossa majestade. [IV.xiv.35-52]*

Neste momento, a presença de Eros, o espírito do amor, funde-se com a de Cleópatra, como indica o entrelaçamento de seus apelos a cada um deles, bem como a breve afirmativa de que sua rainha e Eros, em conjunto, instruíram-no a se tornar "o noivo de minha morte" (IV.xiv.100). Juntos, eles se tornaram a força inspiradora, as convocações dos objetos internos de Antônio para a "morte". A nota da resolução modula a imagem de dissolução que cerca as últimas de suas batalhas com Cleópatra (de "A autoridade se dissipa em mim" para "A coroa da Terra se dissipa", ditas por Cleópatra). O fato de Cleópatra não estar morta, mas apenas fingindo, não abala o sentimento de Antônio, que é essencialmente uma forma de autoconhecimento com relação a seus sentimentos por ela. Ele não foi enganado; em vez disso, ele abraça a oportunidade. Ele morre como Desdêmona, buscando uma visão interna, mas não antes de deixar claro a Cleópatra o que está fazendo e adverti-la quanto às consequências – para a honra dela – de vacilar em sua resolução. Como Antônio seguiu Eros, Cleópatra seguirá sua serva de nome e simplicidade espiritual similares, Iras, que igualmente "ensina o caminho para a morte" e faz eco às palavras de transição de Antônio com:

> Chega, minha boa senhora. É um dia de luz que termina;
>
> estamos entrando na noite. [V.ii.192-193]

– um refrão musical que acompanha o dueto poético recíproco que forma o último movimento da peça.

A morte de Cleópatra é mais complicada e prolongada que a de Antônio, em virtude de seu caráter, seu sexo e sua situação. Apesar de sua declaração, imediatamente após a morte de Antônio, de "fazer tudo em alto estilo romano, e a morte sentirá orgulho de

280 O MONUMENTO DE CLEÓPATRA

nos levar" (IV.xv.87-88), ela demora todo o último ato para realizar seu fim. Será que ela, na verdade, ainda tem alguma esperança de conquistar César pelos métodos tradicionais? É só quando fica absolutamente claro que a única alternativa para a morte é a desgraça de uma procissão triunfal romana que ela se resigna – e será que isso significa que é um medo egocêntrico da desgraça, e não o amor, o que predomina?

> *Os bons comediantes,*
>
> *de improviso, desempenham nossa história no palco e encenam*
>
> *nossas orgias de Alexandria. Antônio*
>
> *será representado bêbado, e eu vou assistir alguma Cleópatra de um*
>
> *esganiçado rapazote,* toda a minha majestade em pose de puta. [V.ii.215-220]*

As complicações do processo de Cleópatra ser verdadeira consigo mesma começam quando ela é confrontada com Antônio moribundo e diz que "não ousa" descer de seu monumento para receber o último beijo dele, "para não ser presa" por César. Será que ela o levou desnecessariamente à morte por meio de suas mentiras, contudo não se mostra disposta a uma reparação pondo em perigo, ou aviltando, sua própria pessoa? A resposta de Shakespeare é nos mostrar, por meio de outro quadro, a necessidade poética de ela elevar Antônio até seu monumento. A cena revê as primeiras imagens de Antônio pescando com o anzol dele e descobrindo-se preso ao leme dela. A indolente e luxuosa rainha que não consegue

---

* No teatro de Shakespeare, os papéis femininos, por convenção, eram sempre representados por homens. [N.T.]

"dar quarenta passos pela rua" sem perder o fôlego consegue erguer o peso do corpo moribundo de Antônio com as palavras: "Vem, vem. E sê bem-vindo, bem-vindo! Morre só depois de ter vivido" (IV.xv.37-38). Seu desmaio, depois que ele morreu, é uma antecipação da morte ("Ela também está morta . . .") e simboliza sua nova responsabilidade, a introjeção do peso de Antônio.

Quando ela desperta do desmaio, nota-se que passou por uma profunda mudança. Iras diz: "Rainha do Egito! Imperatriz!", mas Cleópatra a corrige, agora que ela se vê como

Não mais que uma mulher, e deixo-me comandar

pelas mesmas paixões que movem a criada do estábulo,

ocupada em vis mistérios. [IV.xv.73-75]

Lembramo-nos de como Otávia livrou-se da pompa indesejada de sua situação e retornou a Roma como "uma moça do mercado". Algo da Otávia romana, com sua "paciência" e sua persistência anteriormente insultadas, agora penetra em Cleópatra. Ela deixa de lado os aspectos tirânicos e histéricos de sua função real e começa a explorar uma nova definição da realeza, correspondente à nova condição de soldado de Antônio (baseada nos "amigos") depois de abandonar seu papel original de comandante. A nova realeza de Cleópatra se completará, não no mero fato de sua morte, mas em sua maneira. Sua absorção da masculinidade é mais complicada que o derretimento de Antônio em feminilidade e está associada com o local ou espaço em que as associações são reunidas. O "monumento" de Cleópatra é o espaço feminino em que as energias egípcias se concentram; é um útero, uma tumba e era também, nos dias de Shakespeare, um termo comum para designar um poema. É a "caverna do Nilo" em que ocorre uma misteriosa geração, marcada pelo "visco da áspide", como as folhas de figo na

282 O MONUMENTO DE CLEÓPATRA

cesta do agricultor, ou o local onde os peixes são fisgados ou tirados do rio. É como o jardim de Keats, a encruzilhada de Édipo ou a caverna dos sonhos de Odisseu. Ela contém a longa história da dinastia dos ptolomeus e seus deuses; Cleópatra descende de "muitos reis" e, como um poema, ela conterá o significado e a memória de sua morte, a serem transmitidos às futuras gerações. Seus objetos internos, com sua riqueza e sua fertilidade ancestrais, portam suas expectativas e agora a eles se reuniu Antônio em sua romanidade. A necessidade que ela tem de *conhecer Antônio*, de se equiparar à qualidade de sua morte, torna-se, na verdade, seu meio de conhecer a si mesma, a nova realeza. A nova e ponderada Cleópatra pergunta

> *Então, será que é pecado*
> *correr até a morada secreta da morte*
> *antes que a morte se atreva a vir até nós? [IV.xv.80-82]*

Ela tem o compromisso não apenas com Antônio, mas também com seu sexo, sua raça e sua religião de entrar na morada da morte poeticamente, no momento que tornará essa entrada significativa, não "pecaminosa": estando o pecaminoso ligado com o "apressar-se" – o transbordamento de um sentimento poderoso, de aflição ou desejo. Ela deve evitar a tentação de Antígona, "casada com a morte", pois perdeu a fé na vida. Sua morte deve ser uma resposta ao chamado dos objetos internos, e não do impaciente escapismo do desespero ou da complacência erótica. O objetivo do conhecimento que ela precisa atingir torna-se mais claro, passo a passo, durante as fases finais do drama.

Antes que ela possa entrar na casa da morte, a relação com César precisa ser resolvida, e isso ocupa todo o quinto ato. César será o futuro governante do mundo – o "senhor universal" (III.xiii.72)

– e, segundo o que ele afirma, "o tempo da paz universal está próximo" (IV.vi.5). Em sua visão, isso acontecerá quando todos finalmente o obedecerem e se submeterem a seu comando razoável e bem-organizado, o modelo para o Império Britânico-Cristão. César precisa ser educado para honrar os deuses que são maiores que seu narcisismo infantil. "Ser César é insignificante", pensa Cleópatra; existe uma "vida melhor", ele não é a Fortuna, mas "seu criado" (V.ii.1-4). Para purgar Roma de sua obsessão pelo domínio imperial, ela precisa se transformar numa espécie de guerreiro travando o combate singular que César declinara travar com Antônio. Para fazer isso, ela eleva o conhecimento de Antônio um patamar acima, não apenas portando o peso dele, mas também introjetando sua capacidade militar; e o próprio César está bem ciente da natureza marcial do encontro deles: ele sabe que, para poder triunfar, deve primeiro ser mais esperto que Cleópatra,

> Para que ela, em sua grandeza, com um golpe mortal
>
> não possa nos derrotar. Pois ela viva, e em Roma,
>
> pode tornar-se eterna em nosso triunfo. [V.i.64-66]

Se Cleópatra não puder ser enganada, sua grandeza inata triunfará no lugar da procissão de vitória dele. Para ser vitorioso, ele precisa provar que Cleópatra é uma puta – como, segundo o que Antônio afirma no início da peça, ela era "chamada em Roma". A brutalidade de sua maneira traiçoeira é demonstrada no início pela forma como seus soldados invadiram o monumento pelos fundos e capturaram Cleópatra enquanto Proculeio conversava educadamente com ela – ilustrando a natureza bifacetada da civilidade bem-educada em que vivem. "Ah, Cleópatra! Foste capturada, rainha!", gritam suas mulheres. Aqui ouvimos ecos da exigência de Otelo a Iago: "É bom que proves que ela é puta". Desse violento

284　O MONUMENTO DE CLEÓPATRA

episódio, Cleópatra aprende suas lições: que o monumento não é um refúgio seguro, e que Antônio errou ao aconselhá-la a "não confiar em ninguém ao redor de César, com exceção de Proculeio" (IV.xv.48). Em vez disso, ela deve confiar em sua própria inteligência e em sua ideia internalizada de Antônio, e não em seu conselho prático. Ela deve criar um monumento que se erguerá além do alcance de tais agressões físicas, impregnável apenas em termos de sua espiritualidade.

Contudo, a insistência de Proculeio de que ela confie na "generosidade" de César, numa "doce dependência", dá-lhe uma indicação de como proceder. Pois em suas negociações com César, ela precisa descobrir um romano a quem possa transmitir sua ideia de Antônio – o significado da generosidade de Antônio, em oposição à mesquinharia de César: alguém que possa entender a diferença entre a ideia que César tem de "vida eterna" e a dela. Seu conhecimento estará incompleto, não totalmente internalizado, a menos que ela encontre um meio de transferi-lo para o mundo externo de existência contínua: como na natureza de um poema, trata-se de expressão e comunicação. Este é o ponto em que, confiando num momento instintivo de inspiração feminina, ela escolhe Dolabela e o imobiliza com seu "sonho" da generosidade de Antônio, e a maneira como ela transcende os elementos da vida diária:

> Pois em sua generosidade não havia inverno: ele era um outono
>
> do qual quanto mais se colhia, mais se obtinha: seus deleites
>
> eram como os golfinhos; o dorso sempre
>
> deixavam ver por sobre as próprias ondas . . .
>
> Imaginais que possa haver um homem

como o do meu sonho?

Dolabela: Gentil senhora, não. [V.ii.86-97]

Ela faz a mesma pergunta que Penélope: "Ou eu o terei sonhado?". Dolabela é conquistado pelo impacto de sua visão, de sua poesia. Apesar de sua objeção racional, ele admite seu "peso", e, como no caso de Enobarbo, seu coração fica "tocado":

Estou sentindo,
Como reflexo da sua, uma dor que golpeia
O âmago do meu coração. [ll.103-105]

Por meio desse "reflexo" (transferência) uma conversa tem lugar entre seus objetos internos. Cleópatra descobriu outro romano que gostaria de ser o tipo de homem com o qual uma mulher poderia "sonhar" dessa maneira. Ele participa da história de amor pela reflexão e se torna agente de Cleópatra, retransmitindo a verdade sobre os planos de César para o triunfo e, assim, garantindo que César perca o embate.

Desse modo, Cleópatra usa seu sonho ou internalização de Antônio para suplantar a lisura hipócrita de César, com seu bruto significado implícito de degradação. Ele está propenso a crer na caricatura da antiga personalidade da rainha que ela lhe apresenta – como na cena com Seleuco, fingindo que escondera seu tesouro e repetindo ironicamente as palavras que sabe que César deseja ouvir: "meu amo e meu senhor". Em sua complacência, ele não está alerta para a oportunidade de conhecê-la. Ela, por outro lado, surge e desaparece rapidamente, como se estivesse supervisionando as potencialidades militares da cena. Nesse sentido, ela incorpora algo de Enobarbo, cujas opiniões respeita e com quem sempre pôde conversar. Seu único processo de pensamento é mostrado

286 O MONUMENTO DE CLEÓPATRA

por Shakespeare nas brevíssimas comunicações entre ela e suas mulheres:

> *Ele usa de palavras para me engambelar, meninas,*
> *tudo palavrório para eu não*
> *Agir com nobreza comigo mesma. [V.ii.190-191]*

Devolvendo "palavras" inúteis a ele enquanto faz seus preparativos – mandando Charmian ir buscar a áspide –, ela exorciza o final romano que está para elaborar da mancha da conquista e da submissão:

> *Minha decisão está tomada, e não sobra nenhum*
> *resquício*
> *De mulher em mim; agora, da cabeça aos pés,*
> *Sou da constância do mármore: agora a Lua,*
> *inconstante,*
> *Não é planeta em minha órbita. [V.ii.237-240]*

Ela seleciona os aspectos da Roma masculina que são válidos: a coragem, a resolução, e descarta a hipocrisia política, junto com a fábula da vacilação feminina. Todas as energias de sua infinita variedade são canalizadas para a constância. Esta é sua nova sinceridade. Agora ela sabe que o verdadeiro monumento não deve ser feito de "mármore", mas dela mesma.

Pois Cleópatra, como Desdêmona, talvez gostaria de viver "mais uma meia hora" se isso fosse feito sem trair seus objetos internos, mas a esta altura isso não é possível; o símbolo aproxima-se do encerramento, como aconteceu com Galvão e o Cavaleiro Verde. Ao agarrar-se à vida, ao mesmo tempo sem se afastar da visão interna da mente nobre, agora perdida, Desdêmona finalmente faz com que Otelo a "conheça", bem como à sua loucura. O desejo de viver é essencial para o potencial transformativo da fé. É isso que torna a morte de Cleópatra significativa e revela todas as ricas implicações da condição de ela ser rainha. As preparações para a cerimônia fúnebre são uma reelaboração da descrição da "barca lustrosa", como ela afirma sobre si mesma:

> *Aprontem-me, mulheres, como uma rainha. Vão*
> *buscar*
> *Meus melhores trajes. Estou voltando para o rio*
> *Cidno,*
> *Para me encontrar com Marco Antônio. [ll. 226-228]*

Ela vai ao rio Cidno novamente, porém com uma diferença, pois, desta vez, ela deseja corresponder ao conceito de "agir com nobreza consigo mesma", com a aprovação de Antônio por seu "nobre ato":

> *Deem-me o manto, coloquem em mim a coroa. Tenho*
> *Desejos imortais. Agora o sumo das uvas do Egito*
> *Já não molhará meus lábios.*
> *Rápido, mais agilidade, boa Iras, depressa.*
> *Parece até que posso ouvir*
> *Antônio me chamando. Eu o vejo, levantando-se*
> *Para cumprimentar-me por meu nobre ato. Escuto*
> *Antônio zombando*
> *Da sorte de César: uma sorte que os deuses primeiro*
> *dão ao homem*

> *Para depois com ela justificar a ira divina. Meu*
> *esposo, já estou a caminho.*
>
> *Que a minha coragem me dê o direito de intitular-me*
> *tua esposa!*
>
> *Sou fogo e ar. Meus outros elementos,*
>
> *Eu os entrego a esta vida inferior, que se faz de barro e*
> *água. [ll. 279-829]*

Ela ouve o "chamado" de Antônio, como se em resposta ao "chamem à minha presença todos os meus tristes capitães" dito por ele em um momento anterior (III.xiii.183). O despertar de Antônio de seu sono mortal ilustra o conhecimento que ela tem de reciprocidade, de adequação. Nesse ínterim, ela recebe a cesta de figos do camponês, aceitando as ambiguidades supersticiosas com as quais ele alerta sobre a qualidade "diabólica" da "cobra" junto com as "alegrias" que traz: "nem o diabo em pessoa devora uma mulher". Ela expurga a importância deles, como expurga sua própria natureza da sua qualidade de serpente egípcia tentadora, quando pega a áspide, selecionando a frase "a mordida dele é imortal" e elevando-a a "desejos imortais" ("o golpe da morte é como um aperto de amante"). Isso, junto com a nova coragem romana, vai "lhe dar o direito de intitular-se esposa" frente a Antônio como "marido", com suas palavras "estou a caminho" refletindo "vem . . . sê bem-vindo", quando ela o içou ao monumento.

No movimento final da peça, as ideias de consumação sexual, parto e amamentação, a sacralidade da cerimônia nupcial e sua história religiosa são todas reunidas no quadro da morte de Cleópatra, não por meio da pesada analogia, mas da evanescente implicação poética, à medida que ela se prepara para se tornar "fogo e ar". Como ela diz ao filhote de áspide em seu seio (que é, ao mesmo tempo, Antônio):

*Com teus dentes afiados, desata de uma vez este nó
intricado*

Da vida. Bobinha! Minha pobre criatura venenosa,

*Encoleriza-te e trata de me despachar. Ah, se pudesses
falar,*

*Eu gostaria de te ouvir chamando o grande César de
asno,*

Um marmanjo que foi feito de bobo. [ll. 303-307]

O combustível emocional é chamado de "raiva", como em Édipo. A mudança de estado é sugerida pela palavra "intrincado", com sua concentração de sons leves e sibilantes (os sons de *i* e *s* do original *intrinsicate*), distribuída pelas palavras que a cercam como se estivessem para se desligar de sua existência sensorial e se soltar no éter. Esse "desligamento" é um paralelo com o César "feito de bobo", o outro tipo de bebê ou "bobo" – alguém que depende demais das palavras, enquanto o outro ainda não sabe "falar". Ele também recebe o "epíteto" de asno da serpente, contendo os fragmentos da tolice de Otelo – o amante ignorante.

Pois uma essência da qualidade despreocupada de jogos e experimentos amorosos das moças permanece, mesmo quando são elevados a um poder superior. Foi Iras que morreu primeiro, e Cleópatra utiliza-se disso para motivar seu próprio ato, para alcançar Antônio primeiro, e ele, como sempre, não ser capaz de negar. Então, depois da última "tarefa" de Charmian (a charmosa), Cleópatra lhe dá folga "até o dia do Juízo Final", e Charmian lealmente segue a metáfora:

Sua coroa está torta, senhora.

Vou ajeitá-la e depois posso folgar . . . [ll. 317-318]

Sua última folga, trabalho ou tarefa, enquanto ela se inclina graciosamente sobre sua senhora moribunda, relembra a barca lustrosa, com "todos seus ornamentos". O inclinar-se e ornamentar, deixando curvas serpentinas em volta de uma coroa ou coração, indica as implicações religiosas da adoração que existira potencialmente mesmo na barca lustrosa. "Está bem feito" diz Charmian enfaticamente, em reposta ao guarda que a vê executando sua última tarefa – certificando-se de que ele entenda a régia importância de seu ato, antes de ela dizer suas últimas palavras: "Ah, soldado!", enquanto cai em seus braços, seguindo sua senhora para o novo céu, a nova terra. Elas não vão sozinhas, como Desdêmona. Juntas, elas restabeleceram o verdadeiro significado do encanto egípcio, com a serpente do conflito estético em seu núcleo, de uma forma que chega em seu final triunfante ao seu receptor essencial, o próprio César:

> *Ela parece dormir,*
>
> *como se fosse prender outro Antônio*
>
> *nas fortes cadeias de seus encantos.*

O "nó intrincado" é elevado a um poder mais alto, "as fortes cadeias de seus encantos". As palavras poéticas de admiração emitidas por César são a última justificativa da obra que Cleópatra empreendeu durante o último ato, entrelaçando o ato de ser verdadeira consigo mesma com o conhecimento de Antônio. É César que percebe – e felizmente encontra as palavras certas para expressá-lo – como a velha identidade serpentina, fortalecida por sua nova ética de trabalho – o duplo significado de "cadeias" –, elevou-se e refinou-se num estado de "graça". Como verdadeiro romano, César pode aceitar, e até abraçar, o fato de ser vencido por alguém que o suplantou em uma luta justa – não Antônio, que há muito perdera o interesse por ele, mas Cleópatra, "corajosa até o fim". Sua aceitação fundamenta-se no amor por Antônio e por Otávia, ainda que falho. Por um certo período, durante o complacente período em que ele se sentira seguro de seu triunfo, ele parecera ineducável. Traços de narcisismo ainda permanecem (ele acredita ser o "criador" deste "grande evento"):

> *Grandes eventos como estes*
> *atingem os responsáveis por eles . . . [V.ii.358-359]*

Mas agora a palavra "atingem" aplica-se também a ele, como acontecera com Enobarbo e Dolabela antes – a serpente que atinge o coração, o símbolo que fecha irrevogavelmente o modelo emocional da experiência. Ele aprecia a "solenidade" do evento e, na verdade, prefere-a ao triunfo onipotente. Ele, o engabelador, finalmente fez contato com o princípio poético, sob a forma da nova Cleópatra romanizada – o poderoso impacto do objeto combinado. Agora, cabe a ele ler o poema de Cleópatra. Nesse sentido, ele é o que poderia ter sido "o outro Antônio" – pronto, como nós, a "contrassonhar" (usando um termo de Meltzer). Cleópatra, ao se tornar seu próprio monumento, foi bem-sucedida em sua tentativa de garantir que houvesse mais Cleópatras, para além do alcance da penhora política, do estupro e da prostituição, livres para existir em um estado de graça no novo mundo romano.

Notas

1. D. Meltzer, *Sincerity*, em: ed. A. Han, *Sincerity and other works* (London: Karnac, 1994), p. 204.

2. Como no aristotélico "homem magnânimo", descrito por D. Krook, *Elements of tragedy* (New Haven, CT: Yale University Press, 1969), p. 201.

292 O MONUMENTO DE CLEÓPATRA

3. Shakespeare, *Anthony and Cleopatra*, ed. M. R. Ridley, edição Arden (London: Methuen, 1954, 1971), I.i.14-17. As referências subsequentes no texto referem-se a esta edição.

4. A citação de Otelo refere-se à edição Arden, ed. M. R. Ridley (London: Methuen, 1958, 1971).

5. "Honra" e "honestidade" são palavras de mesma raiz, utilizadas de forma relativamente intercambiável durante a peça.

6. *Otelo* foi escrito em 1603-1604, *Antônio e Cleópatra*, em 1605-1606.

7. A peça de Dryden, *Tudo por amor*, foi baseada em *Antônio e Cleópatra*.

8. Frederico Garcia Lorca, "Theory and play of the *duende*", em: *Poems*, trad. M. Williams (Bala, Gwynedd: Bloodaxe Books, 1992), p. 224.

9. G. Wilson Knight descreve como "nós agora ascendemos da água e do ar para o ar e o fogo . . .": "The transcendental humanism in *Antony and Cleopatra*", em: *The imperial theme* (London: Oxford University Press, 1931), p. 240.

8. Criatividade e a contratransferência

Donald Meltzer

Sobre a criatividade*

Vou discorrer sobre a criatividade, mas não no sentido descritivo ou comportamental, como quando dizemos: "Esta pessoa é muito criativa", mas, de um modo mais preciso e definido – vou falar da criatividade como fenômeno da personalidade, da família e da cultura. Vou falar de Bion como o gênio que, num certo sentido, produziu tudo o que produziu como se fosse num sonho. Vou descrevê-lo como alguém que lutou, cometeu erros, corrigiu-se e, muitas vezes, não soube aonde havia chegado. O gênio criativo é alguém que permite que seus objetos internos lhe forneçam novas ideias – mesmo se não as entender ou não puder usá-las: sua função é recebê-las, e ele possui a arte de transmiti-las. Existe uma

---

* A palestra "Sobre a criatividade" foi apresentada por Donald Meltzer em Biella, Itália, em 1993, tendo sido traduzida para o inglês por Adrian Williams a partir da transcrição italiana. Foram acrescentados dois ou três parágrafos a partir de minhas notas sobre a palestra do Dr. Meltzer sobre o mesmo tema proferida em Stavanger, Noruega, em 1992. (MHW)

distinção entre invenção e descoberta. A invenção é uma função do *self* – a descoberta, uma função do *self* criativo.

Vou começar com a teoria de Bion a respeito do pensar e sua formulação particular da grade. A grade foi um meio escolhido por Bion para descrever os processos por meio dos quais evoluem os pensamentos e o método do pensar. Bion estabeleceu uma distinção muito precisa entre os processos mentais de um tipo adaptativo, contratual ou quantitativo, que, segundo ele, fazem parte do exoesqueleto da personalidade, e os processos baseados na experiência emocional: a criatividade, a representação simbólica e o pensamento onírico. Este aspecto emocional e simbólico da formação da personalidade foi considerado fundamental por Bion para o seu desenvolvimento. Ele achava que a formação dos símbolos para representar os estados emocionais era algo que se iniciava entre o bebê muito novo e a mãe. Ele acreditava que a *rêverie* materna, os pensamentos oníricos que a mãe transmite ao bebê, era algo que este podia internalizar de tal modo que formasse o endoesqueleto da personalidade que então lhe permitiria pensar. A estrutura da personalidade, segundo Bion – e em concordância com a visão de Money-Kyrle – era algo a ser construído passo a passo à medida que o desenvolvimento cognitivo avançasse. Cada ponto do desenvolvimento envolve a aquisição de novas ideias ou conceitos colocados no topo dos já existentes. O impacto da nova ideia sobre esses conceitos preexistentes envolve a experiência da mudança catastrófica.

Para dar forma a ela, ser capaz de pensar sobre o pensamento e descrever esses processos, Bion propôs uma grade[1] similar à tabela periódica usada em química, com dois eixos – um horizontal e um vertical – para indicar o desenvolvimento da personalidade. Para descrever os processos resultantes do impacto emocional, ele usou o conceito da função alfa. A formação dos símbolos é considerada uma função de um objeto externo parental, possivelmente também interno; e ela tem lugar enquanto se sofre o impacto desses elementos emocionais, acomodando-os em um padrão. O eixo vertical procede com uma sofisticação sempre crescente, das preconcepções aos conceitos, derivada, em primeiro lugar, dos símbolos e dos pensamentos oníricos, e atingindo um nível mais elevado – mais abstrato –, que, como ele especulou, podia ser definido por meio de fórmulas matemáticas ou científicas. Neste esquema, é importante sublinhar que toda ideia que chega ao nível do conceito passa a ser utilizada para a experiência sucessiva, sob a forma de preconcepções. O eixo horizontal é usado inicialmente para registrar um sistema de notação, observação, atenção, indagação e ação.

Bion propôs uma Coluna 2 na grade para indicar o mesmo processo, mas, em vez de ser usada para a busca da verdade, ela é usada para descrever as coisas que não são verdadeiras, para esconder a verdadeira ignorância do *self* e outras. Contudo, ele reconheceu que as formulações da Coluna 2 eram um erro e, portanto, eliminou-as e pensou na elaboração de um paralelo com a grade, uma grade negativa. No final de sua obra em três volumes *A memoir of the future*,[2] escrita nos últimos anos de sua vida, Bion pensou em corrigir outro erro, ao perceber que a conclusão do processo de pensar não é uma ação, mas uma comunicação, pois, na realidade, a ação é um método de reduzir e entravar a comunicação.

Bion afirmava que a evolução de um pensamento no pensador deve seguir uma sequência definida: antes de mais nada, a tradução em uma configuração constante (um padrão) e, então, o foco da atenção nela, o que estimula a indagação ou busca que finalmente leva à comunicação. Este método de considerar o pensamento também é útil no processo psicanalítico em que existem conjunções e configurações constantes produzidas pelo paciente de uma forma particular, o que chama a atenção do paciente e do psicanalista, provocando a indagação e, então, a comunicação. Esta é a transformação do pensamento inicial à medida que ele se torna progressivamente mais sofisticado.

Embora esse sistema pareça enfatizar – como fez Freud – a verbalização e a linguagem como meio de expressão do pensamento, na realidade isso não ocorre, pois afirma-se claramente que o início do pensamento é o pensamento onírico. Quando se considera que o pensamento tem origem nos sonhos, a ênfase se volta para a importância de visualizá-lo de modo que possa ser transformado em outras formas simbólicas. A formação do símbolo pode, na verdade, manifestar-se sob formas musicais, gráficas e também linguísticas. Na análise de crianças, valemo-nos intensamente de figuras e jogos com objetos e massinha; mais tarde, também com a linguagem. E a linguagem pode ser o instrumento máximo de comunicação quando consegue unir a arte visual e a musical, tornando-se poesia.

Seguindo isso tudo, vemos que a possibilidade do pensamento depende, em primeiro lugar, da relação com o objeto externo e, depois, da relação com o objeto interno, assim implicando uma visão do objeto interno como figuras parentais que precedem o *self* em sua capacidade de pensamento. Esta visão do desenvolvimento não contempla um processo regular, mas procede por meio de uma sucessão de saltos quânticos, em que cada um deles implica a aquisição de uma nova ideia e um período de mudança catastrófica. Bion então considerou a passagem da posição paranoide-esquizoide para a posição depressiva, a mudança de valores e organização inerente em cada parte da mudança catastrófica durante o crescimento e o desenvolvimento. Assim, em cada momento do desenvolvimento sempre há uma oscilação entre a posição paranoide-esquizoide e a depressiva.

Em análise, somos capazes de ver esse processo com grande clareza. Podemos verificar como, entre um local de descanso e outro, uma nova ideia aparece da qual o paciente se afasta e, então, luta com ansiedade; e isso não implica apenas o paciente, mas também o analista. Essa formulação permite-nos costurar de maneira mais precisa e racional os andamentos do processo analítico, limitando-o apenas à comunicação e evitando a ação e a contra-ação, *acting out* ou *acting in* na transferência. Em psicanálise, estudamos a evolução do indivíduo e a evolução do indivíduo na família ou em relação a sua família. Estes processos de mudança catastrófica por meio dos quais o indivíduo se desenvolve são acompanhados por processos similares de mudança na família, enquanto o próprio processo evolui. Podemos verificar que nosso tradicional método para definir os pontos críticos do desenvolvimento na evolução do indivíduo corresponde, com efeito, à aquisição de novas ideias – nascimento, desmame e assim por diante – e na situação analítica podemos ver muito bem como esses processos implicam uma luta interior, um retroceder e, então, uma aceitação, e que, durante este período de turbulência, nada é claro.

A natureza da transferência, seja de uma criança, um adulto ou um paciente, leva o paciente a se convencer de que o analista conhece a verdade. Naturalmente, o analista não conhece a verdade e deve tentar estabilizar a situação de transferência sem se sentir por demais assoberbado. O grande perigo que o analista pode enfrentar durante seu trabalho é começar a pensar que conhece a verdade. Em análise, por exemplo, quando o paciente dá um passo à frente, digerindo uma nova ideia, o analista pode ver pelo seu comportamento que uma nova ideia está presente, mas não pode saber o que ela é até ser descrita em seus sonhos. Sempre nos encontramos em uma situação de incerteza.

Bion chamou de K (do inglês *Knowledge* – Conhecimento) o elemento emocional que governa a aceitação pelo analista do mistério final das coisas. A nova teoria dos afetos que acompanha sua teoria do pensar é indicada por três comportamentos da grade que falam de amor, ódio e conhecimento como constituintes do desejo de conhecimento. Isso nos permite formular melhor a natureza do contato apaixonado que é impulsionado por K (o vínculo-K) – o desejo de entender que nos permite juntar a turbulência do amor e a do ódio. Ele também nos permite formular de modo mais preciso um método para modular a ansiedade produzida pela mudança catastrófica, o impacto destrutivo do que, de outro modo, levaria a mente para a grade negativa – ou seja, para as mentiras e a negatividade. Um modo de nos afastarmos dessa turbulência é evitar o conflito emocional e buscar modos de adaptação oportunista, assim evitando o pensar. A indagação ou necessidade formulada pelo paciente na análise, ou pelo indivíduo na vida, deve ter um objeto transferencial, uma pessoa que possa representar as boas qualidades necessárias ao seu desenvolvimento, embora não necessariamente incorporá-las. Assim, o paciente pede ao analista para ser levado por K, pelo desejo de ser compreendido; isso envolve atenção, indagação e chegada à comunicação. Mesmo que nem sempre se obtenha sucesso na compreensão do estado interno do paciente, o analista deve ainda assim estar sob o domínio de K, ou seja, do desejo de compreender.

O problema do pensamento que está tentando se tornar comunicação é complexo, pelo fato de a personalidade não ser uniforme, mas possuir muitas partes, cada uma com sua própria visão do mundo, e essas partes precisam ser integradas (os vértices de Bion). A solicitação que o *self* faz a seus objetos, internos ou externos, é que o ajudem a continuar se desenvolvendo, fazendo de si mesmo um foco de integração de suas várias partes. No último volume de sua trilogia, *The dawn of oblivion*, Bion descreve o tipo de organização interna da personalidade que torna possível a comunicação interna com relação ao pensar, e possíveis o pensamento e o confronto com a experiência catastrófica da nova ideia. Isso dá novo significado ao termo integração, afirmando que as diversas partes do *self* podem entrar em comunicação.

Esta visão do desenvolvimento em estágios ao longo de momentos de mudança catastrófica na busca por novas ideias leva, portanto, a novos níveis de pensamento e organização da personalidade, indo das concepções para a criatividade. É importante entender que o *self* experimenta a criatividade como algo que vem do objeto, enfocando todos os vários aspectos do *self* pela passagem da atenção para a compreensão.

No terceiro volume de *Memoir*, os vários personagens dos dois primeiros volumes são encontrados reunidos numa espécie de comitê: eles conversam, conversam, conversam, sempre no mesmo discurso ruidoso. Assim, compreendemos que desejam obter sucesso em alguma coisa. No final, a nova ideia é a do objeto combinado, e isso, para a sra. Klein, significava o advento da posição depressiva.

Provém deste modelo do processo do desenvolvimento individual visto com relação à dependência do objeto externo que o objeto transferencial pode ser então internalizado como parte de um processo autônomo do indivíduo. Isso é um passo decisivo em direção à criatividade e à capacidade do indivíduo de aceitar novas ideias a serviço dos fins culturais – para o benefício do "mundo".

Fica claro que as coisas necessárias à criatividade não são exatamente as mesmas necessárias à saúde mental. A criatividade é um termo que tem referência especial para os artistas. Embora o desenvolvimento envolva um certo toma-lá-dá-cá com os objetos, a criatividade vem com um forte sentimento de ser usada por objetos internos como meio de transmitir o conhecimento para o mundo – a comunicação, a missão a pregação para os irmãos. A criatividade não exige que haja uma integração do *self*, mas que haja um objeto combinado integrado bem internalizado. Estudos e a experiência psicanalítica indicam-nos, não obstante, que a internalização do objeto combinado é um fenômeno muito raro. O problema de ter dentro de si uma capacidade para a criatividade é diferente daquilo que Bion define como "a publicação da criatividade", pois, para tornar pública sua criatividade, o indivíduo precisa ter a capacidade de *representar* as novas ideias como elas tomaram forma na estrutura de sua personalidade. Vemos as dificuldades que as pessoas têm para formar uma relação de "objeto combinado" com outra pessoa, para representar, por exemplo, para as crianças. É óbvio que o artista em seu estúdio, o cientista em seu laboratório e o analista em seu consultório funcionam num nível mais alto que o que empregam com sua própria família. Vista sob este prisma, então, a evolução da criatividade exige a predominância de K – ou seja, o desejo de compreender. A predominância de K é que torna possível o que Keats chamou de "capacidade negativa" – a capacidade de suspender a ação, a possibilidade de ter dúvidas, o desejo de sondar as profundezas de um problema, de buscar a verdade em vez de correr em busca de soluções ou ações experimentais. Embora só o amor e o ódio possam empurrar para a ação com urgência, K é o fator que permite ao indivíduo tornar-se um ser pensante.

A sra. Klein e sua aventura de descoberta com Richard

Quando Melanie Klein combinou com sua secretária de ditar-lhe notas sobre Richard, ela tinha em mente definidas férias de verão, com um esquema livre de qualquer outro trabalho, e o encanto da paisagem escocesa diante dela. Contudo, ela não percebeu em que tarefa estava embarcando: dia após dia, semana após semana com um garoto de doze anos cheio de energia e neurótico num ambiente desconhecido (o alojamento dos escoteiros perto de uma cascata), longe de casa para os dois. Mas começou a empregar seus métodos tradicionais e rapidamente descobriu que o garoto era receptivo e animado. Ele era tagarela e inquisitivo, logo respondendo aos materiais para desenhar que ela providenciou.

Richard estava muito preocupado com a guerra, com os judeus e, naturalmente, com o pai que estava na ativa. Seus desenhos iniciais foram paisagens marinhas com combates aéreos e ataques na superfície; gradativamente, sua imaginação mergulhou abaixo da superfície para o mundo de peixes, estrelas-do-mar e polvos, dando lugar aos poucos a uma investigação territorial rica de referências de contratransferência. Em essência, a sra. Klein estava investigando os objetos transferenciais e os objetos parciais representados pela situação de guerra. Gradativamente, foi surgindo uma lista de personagens: estrelinhas-do-mar ávidas e competitivas lutando com os polvos – em termos territoriais e coloniais. Este quadro do mundo interior da sra. Klein tornou-se o "mapa territorial do mundo", com linhas e limites marcando as complicações do combate, muito dependentes do trabalho interpretativo.

De muitos modos, a transferência estava assumindo os contornos de uma história de amor, extrapolando os limites do alojamento onde Richard estava encantado com a beleza do céu noturno e das roupas da sra. Klein – mas invadido pelas moscas varejeiras. Assim, o Édipo se declarou, e o seio foi descoberto, com seus mamilos cor de morango e os objetos combinados. A claustrofobia de Richard estava prestes a ser dominada.

No todo, durante um rodopiante processo de três meses, Richard ajudou a sra. Klein a esclarecer as principais questões da

302 CRIATIVIDADE E A CONTRATRANSFERÊNCIA

psicologia kleiniana – diferenciando os objetos internos dos externos, os totais dos parciais e esclarecendo a situação edipiana ao descobrir o objeto combinado –, a descoberta no seu melhor momento, surgindo diretamente do material clínico, distinta da invenção da terminologia.

Sobre a contratransferência[3]

Esse termo, que adquiriu um *status* próprio, não é apenas uma hábil inversão linguística. Podemos prepará-lo para a investigação, esticá-lo para secar como uma pele. O que é ele? Deve ser a contribuição do analista, como num dueto com o paciente – com a intenção de harmonizar e impor seus próprios ritmo e cadência, nos moldes do cantor ou da gaita de fole. Não precisa ser léxico ou inteligível; vêm-nos à mente os pontos fracos de Bion. Lembro-me dele dizendo, com seu modo travesso, o que sabia que eu detestava, que o que estava dizendo era circular, mas ele dependia do diâmetro para lhe atribuir significado.

Assim, o primeiro ponto é que a contratransferência é uma expressão do analista atento. Em segundo lugar, ela representa seu foco de atenção. Em terceiro lugar, afirma-se que ela contém os fragmentos primitivos do pensamento, chamados de "elementos alfa", que, quando examinados atentamente, parecem formar um padrão: símbolos incipientes do significado emocional. Quando Bion depende do diâmetro de sua excursão, ele tem a esperança de que não se trate de uma insensatez. O próprio círculo é um símbolo primevo beirando a linguagem, um roteiro primitivo, como o linear B. Qualquer pessoa que tenha ouvido Bion falar sabe que ele esteve preso à capacidade negativa – à suspensão do julgamento e da ação, à espera e à tolerância de sua irritação: "Por que ele não consegue ser claro como Phil Pullman?".* Porque Bion não é nenhum sedutor, pois não está inventando e trabalha duro na tarefa de descobrir como o círculo se transforma em "O" – ou será zero? Mais matemática dodgsoniana.** O leitor está ficando cansado e já deve estar com dor de cabeça. A capacidade negativa não é fácil. Não é de estranhar que o computador seja tão popular, e as estatísticas, tão sedutoras.

É difícil explicar a técnica do contrassonhar. Não basta cair no sono enquanto o paciente está falando. Ela exige um processo de trabalho com o material, focalizando e selecionando as configurações interpretativas que aguardam um estado de satisfação (repouso). O estado de observação é essencialmente um estado de repouso. Também é um estado de vigília maximizada. Comparo-o com esperar no escuro por um cervo, pastando à noite e visto pelo brilho de sua cauda. Essa vigília noturna está atenta para o movimento da caça, movimentos mínimos do objeto parcial que, com paciência, podem ser vistos para formar um padrão de significado incipiente "moldado previamente". Esta apreensão do significado incipiente moldado previamente é uma função da imaginação receptiva – aberta para o possível, sem se preocupar com a probabilidade. Sendo rica de suspense, é necessariamente fatigante e carregada de ansiedade. É uma prova de força – e fé – que dá substância a termos como resistência ou retirada. Contudo, é um gerador de poesia.

Em suma, a contratransferência é uma experiência emocional que deve ser apreendida em nossos sonhos. O paciente deve

---

* Philip Pullman (Norwich, 19 de outubro de 1946) é um escritor britânico, mais conhecido por ser o autor da aclamada série literária *Fronteiras do Universo*, vencedora de inúmeros prêmios literários pelo mundo e traduzida para 39 línguas. [N.T.]

** Relativo a Charles Lutwidge Dodgson, mais conhecido pelo pseudônimo de Lewis Carroll. Foi escritor, matemático, lógico e fotógrafo. Suas obras mais famosas são *Alice no País das Maravilhas* e *Alice através do espelho*. [N.T.]

esperar a interpretação do analista. Como ele sabe do que o paciente está falando? Ele não sabe – ele está "contrassonhando"; na verdade, ele trocou o "pensar" (ciência) pela intuição (arte, poesia): a tradição verbal de Homero.

Notas

1. W. R. Bion, *Two papers: The grid and Caesura* (Rio de Janeiro: Imago Editora, 1977).

2. W. R. Bion, *A memoir of the future*, edição de volume único (London: Karnac, 1991).

3. D.M. acrescentou os parágrafos seguintes para o propósito do presente volume em 2002.

9. A poética pós-kleiniana

O privilégio de ver grandes coisas na solidão.

John Keats[1]

Contudo, não estou só, pois tu
Me visitas em meus sonhos toda noite

John Milton[2]

Quais são as implicações para a psicanálise propriamente dita e o que se escreve (e se lê) sobre a visão pós-kleiniana da psicanálise como forma de arte? Bion, segundo Meltzer, trata a psicanálise como "a coisa-em-si-mesma que existia no mundo antes de sua descoberta pelo gênio místico de Freud que lhe deu forma".[3] Bion vê o processo de se chegar ao conhecimento em termos de transcendência, rompendo as barreiras das mentiras e dos pressupostos básicos. "Que tipo de artistas podemos ser?", pergunta ele.[4] Meltzer também vê a psicanálise como forma de arte, em que a busca do psicanalista por significados é comandada pelo encanto produzido pela beleza do método que pode fazer contato com a misteriosa criatividade dos objetos internos. Mas ambos têm uma visão essencialmente platônica em que a atividade psicanalítica ocorre sob a égide de uma fonte de conhecimento além daquela já conhecida pelo *self*. O analista é um observador das sombras sobre a parede da caverna. Qualquer que seja a terminologia interpretativa usada durante o curso da análise ou nas formulações escritas em retrospectiva, a prática do método psicanalítico é governada por essa ideia subjacente da psicanálise. Na verdade, não é o analista que conduz a análise; ele está sendo conduzido por seus objetos em comunhão com os do paciente.

Tanto Bion quanto Meltzer consideram a teoria psicanalítica um veículo inadequado para a expressão ou a condução das realidades emocionais da relação de transferência. A certa altura, Bion conta sarcasticamente que

> *Uma das características dolorosas e alarmantes da experiência continuada era o fato de que eu tinha certos pacientes com quem empregava interpretações baseadas em minha experiência anterior com Melanie Klein e, embora sentisse que as empregava corretamente e não pudesse me criticar, nenhum dos bons resultados que eu previa acabavam ocorrendo.*[5]

Os "bons resultados" não ocorriam porque ele estava reproduzindo mecanicamente a compreensão que obtivera de sua individualidade. O que ele dizia era "correto", mas não era "verdadeiro". Ele estava usando a teoria de modo prescritivo, e não da maneira exploratória e vivaz de Melanie Klein com Richard, como descreve Donald Meltzer no Capítulo 8 deste volume. Bion estava, durante essa fase, num modo acadêmico, imitativo – projetivo – de identificação com Melanie Klein, e não de comunicação com "Klein como musa" e sua função como recipiente para a ideia da psicanálise.

Dadas as inadequações da teoria, como, então, pode alguém, fora da intimidade do consultório de psicanálise, coligir algum vestígio da "verdade" do processo psicanalítico – como compreender alguma coisa da ideia psicanalítica? Como podem os participantes do processo psicanalítico conectar-se com a ideia que permite novas descobertas futuras, fazendo da psicanálise uma experiência estética do presente e não apenas um traço mecânico da memória ou da retrospectiva organizacional? Se esse conhecimento não pode ser academicamente transmitido, será que isso significa que é impossível para qualquer pessoa que não tenha sido efetivamente analisada por Melanie Klein ser um verdadeiro kleiniano – e, na verdade, este fator externo seria suficiente em si mesmo? Afinal, até Bion sugeriu que, embora tivesse se beneficiado de sua "experiência anterior" com Klein, descobriu que era impossível perder contato com sua eficácia (como no caso de tentar transmiti-la para seu paciente). Ele aprendeu isso a partir da experiência, da mesma forma que Milton reconheceu que, por meio de "A paixão", havia perdido durante algum tempo contato com sua musa. De maneira clara, a psicanálise logo morreria se fosse tão exclusiva ao ponto de seu ensino tornar-se impraticável, e sua transmissão, impossível. O problema está na maneira como se ensina. O que, precisamente, está sendo transmitido por um professor inspirado?

A resposta psicanalítica é *a verdade de uma experiência emocional*. Não a exatidão, mas a verdade. Klein, segundo Meltzer, estava inabalavelmente preparada para mudar de opinião sobre algo de um dia para o outro se sua percepção e, portanto, seu julgamento mudassem como resultado de uma nova evidência – por mais enfática que ela possa ter sido ao declarar sua opinião original.[6] A verdade de uma experiência emocional não é algo simples de ser expresso. Meltzer mostrou, em seu relato do "caso de amor" entre Klein e Richard, como não é apenas possível, mas essencial, ler a gramática profunda desta narrativa de uma psicanálise se

308   A POÉTICA PÓS-KLEINIANA

desejarmos observar o processo de descoberta que estava ocorrendo naquela época.[7] Não basta entendê-lo apenas em termos das condições teóricas de sua época, ou mesmo em termos retroativos. Milton afirmou "o significado, não o nome que emprego". É necessário ler além do "nome" para chegar ao "significado" e localizar o processo de descoberta se desejarmos internalizar a substância dos eventos inefáveis que ocorreram durante essa análise e incorporá--los à nossa ideia de desenvolvimento mental – fazer desse conhecimento alimento para a mente. Não basta saber o que a sra. Klein *disse* a respeito de Richard: é necessário conhecer o que ela *fez* – descobrir uma maneira de observar o que aconteceu nas sessões e que estava além das palavras. A definição que Shelley fez de poesia como "legislativa" é igualmente válida para a poesia da psicanálise. A poesia de sua prática, que possibilita o "ter" ideias, é anterior à formulação filosófica dessas ideias. Podemos ficar na formulação; mas o que precisamos conhecer é o significado. Coleridge disse que "o mais elevado problema da filosofia" era

> [saber] se as ideias são apenas reguladoras, de acordo
> com Aristóteles e Kant; ou CONSTITUTIVAS, com o
> poder e a vida da natureza, de acordo com Platão e
> Plotino.[8]

Sua opinião era que as ideias, por sua natureza, não podiam ser meramente reguladoras e, portanto, parafraseáveis; elas tinham de ser entendidas como parte de um processo orgânico. Ao atribuir isso a Platão, ele estava lendo o "poeta em Platão", como os poetas sempre fizeram, e não o Platão doutrinário (que baniu os poetas etc.). Na verdade, segundo Cassirer, Kant de fato reinterpretou seu conceito de "razão" para transformá-lo em "razão pura" – um princípio "constitutivo" que guiava a partir de dentro, e não um princípio "regulador" de referência externa.[9] As formulações e as teorias são limitadas e temporárias; as ideias são inesgotáveis, pois incorporam o processo de chegar ao saber, "o poder e a vida da natureza".

Esse tipo de "conhecer" é, inevitavelmente, dependente da qualidade do envolvimento subjetivo do inquiridor; é uma operação artística. (E também, é claro, exige acesso suficiente ao material.) Um processo análogo ao ler Richard ocorre quando lemos os poetas – e, na verdade, quando os poetas leem os poetas. Precisamos entrar no estado mental que Meltzer descreve como o "sonho da contratransferência". Keats chamou-o de "arder por inteiro" – um processo continuamente repetido, até a pessoa se tornar "cinzenta de paixão".[10] A usual objeção às leituras subjetivas é que fica impossível distinguir validade de "ferocidade" ou loucura. De fato, é bastante fácil julgar se o escritor está dizendo a verdade – desde que seja a pergunta que fazemos a nós mesmos –, distinto de meramente "esforçar-se para obter um efeito" (para usar uma frase de Keats), o que costuma não resultar tanto em ferocidade, mas no enfado da autopromoção. Uma leitura subjetiva, que é em si mesma uma experiência de aprendizagem, está mais próxima da realidade científica da maneira como a mente se desenvolve que qualquer outra afirmativa aparentemente objetiva da teoria kleiniana ou da doutrina miltoniana. Ela compartilha da ideia psicanalítica ou poética que subjaz a todos seus deselegantes e incompletos "passos da imaginação em direção a uma verdade". Quando Keats se pôs na entrada da Caverna de Fingal e imaginou ter visto o Licidas de Milton, o gênio da praia, guardando o portal dos mistérios da poesia inspirada, ele fez a pergunta: "Este é um professor que incentiva os esperançosos iniciados da poesia, ou alguém que a protege contra os olhos equivocados?". Keats, num certo sentido, acolheu as duas respostas e investigou experimentalmente as consequências de cada modo de aprendizagem: o da imitação obediente, baseado na leitura de recursos estilísticos como "signos" referenciais, e o venturoso das "empenhadas partículas de luz numa grande escuridão" – buscando pelo símbolo da experiência emocional.

Ser um *mero* leitor de signos é ser um mentiroso, no senso bioniano de acobertamento com acreções egoístas. Ignorar a temporalidade das formulações teóricas e aplicá-las de modo mecânico ou moralista resulta num empobrecimento dos objetos internos e na anulação da inteligência. É exatamente o oposto do "vale da feitura da alma" de Keats. Bion faz repetidamente uma distinção entre "conhecer" e "conhecer a respeito". Podemos ver como alguns tipos de "conhecer a respeito" podem ser úteis, enquanto outros implicam uma substituição do *self* pelo objeto e, assim, tornam-se mentiras. Existe muito que pode ser conhecido de maneira útil sobre os poetas, em termos de cultura, técnica, biografia – e seria tolo ignorar ou negligenciar qualquer coisa que possa contribuir para dar suporte à nossa imaginação. Esse conhecimento só é útil se lembrarmos que a história não é exata no sentido científico e não pode, de nenhum modo, explicar a criatividade dos poetas, que é o que realmente precisamos conhecer. Muitas variedades de mentira abrigam-se sob o guarda-chuva do "conhecer a respeito": elas incluem a vasculhação, o apadrinhamento, o plágio, bem como o autoritarismo, o exclusivismo e a grandiosidade. Como se sabe, haverá em qualquer disciplina humanista autointitulados guardiões acadêmicos de suas "leis". Mas os que não estão em contato com seus objetos inspiradores, ininterrupta ou, pelo menos, continuamente, são todos mentirosos. Eles não contribuem para a função legislativa da poesia no sentido shelleyano; obedecem à lei, mas não ao espírito da lei. Esses falsos guardiões lesgislam contra os tumultuosos mares da humanidade marulhando nas praias – as "gerações famintas". Eles nada sabem das "gigantescas sombras que o futuro lança sobre o presente" que, como disse Shelley, caracterizam as vozes dos poetas – ao que Bion fez eco em "a sombra do futuro lançada adiante".[11] Nos termos de Bion e Meltzer, eles são "bidimensionais".

Os "viciados" em psicanálise, afirma Bion, apresentam uma "qualidade curiosamente bidimensional".[12] Essa bidimensionalidade é devida à substituição dos signos por símbolos. Ela deriva da visão do processo psicanalítico, ou do processo de leitura, como um decifrar de signos, e não um descobrir de símbolos. Em *The Kleinian development*, Meltzer mencionou a dívida da psicanálise para com filósofos como Cassirer, Whitehead e Wittgenstein, que "se concentraram nos problemas da formação do símbolo, dos sistemas notacionais, dos modos de pensamento, dos usos da ambiguidade, do significado dos silêncios, do papel do nível musical *versus* nível lexical na comunicação etc.".[13] Eles estavam dando continuidade a uma investigação que começara no século XVIII no contexto do debate sobre as origens da linguagem e fora retomada pelos filósofos românticos alemães e pelos poetas românticos ingleses, como uma indagação sobre a natureza de um "símbolo" (termo adotado em seu uso moderno por Goethe).[14] Susanne Langer, na mesma tradição filosófica, desenvolveu sua análise das qualidades simbólicas e das situações no contexto da tentativa de formular a natureza da experiência estética. Ela mostra como as formas artísticas ("formas presentacionais") possuem uma "semântica genuína" própria "além dos limites da linguagem discursiva".[15] Essa semântica relaciona-se com a articulação das "formas do sentir". As formas artísticas ajudam-nos a "conceber" nossos sentimentos e nossa vida de sentimentos, por meio de tensões, ritmos, resoluções e interação espacial. É nessas qualidades formais que reside seu significado – e não em seu conteúdo discursivo ou significado parafraseável. Este é o caso até – ou especialmente – quando o meio é verbal, como o drama ou a poesia (ou a psicanálise). As formas simbólicas conduzem à concepção, enquanto os sistemas de signos estimulam a ação. Um símbolo, escreve ela, "torna as coisas

312 A POÉTICA PÓS-KLEINIANA

concebíveis", enquanto um signo "armazena proposições"; o símbolo "faz com que nos ocupemos de seu significado".[16] Por "objeto", ela se refere à "ideia não falada" cuja compreensão é o objetivo de uma atividade simbólica ou artística.[17] Esse símbolo estimula não a ação, mas a contemplação.

Langer usou a música como ponto de partida para a indagação, pois essa arte demonstra tão claramente o casamento das mentes que deve ocorrer entre o executante e o compositor com relação à "ideia musical" que está além de ambos, embora comande a realização sensorial da forma simbólica. A "ideia", afirma ela, é ouvida ou vista sensitivamente por todos os participantes do processo, seja o artista ou o diletante. Segue-se que o "valor cognitivo dos símbolos" jaz em sua capacidade de "transcender a experiência passada" do intérprete.[18] Este processo de concepção ou apreensão de uma ideia desconhecida dentro do "abismo escuro" da mente para "torná-la grávida" foi descrito por Milton em *Paraíso perdido*. É uma viagem de descoberta – não sozinho, mas com a musa, aquela mediadora com o mundo das ideias para além do que já se conhece. Como disse Shelley, os poetas podem apresentar "as relações anteriormente não apreendidas entre as coisas" –[19] isso responde pela função "legislativa" da poesia no mundo das ideias:

> *[Os poetas] medem a circunferência e sondam as profundezas da natureza humana com um espírito perceptivo e penetrante; talvez sejam eles mesmos os mais sinceramente surpresos diante de suas manifestações, pois ela é menos seu espírito que o espírito da época.*
>
> *Os poetas são os hierofantes* de uma inspiração não*

---

* Sacerdotes que, nas religiões de mistérios da Grécia antiga, notadamente em Elêusis, instruíam os futuros iniciados, mostrando-lhes solenemente os objetos sagrados. [N.T.]

apreendida, os espelhos das sombras gigantescas que o futuro lança sobre o presente, as palavras que expressam o que eles não conseguem entender . . . Os poetas são os legisladores não oficiais do mundo.[20]

Por mais escarlates que sejam os "pecados" da individualidade de um poeta, afirma ele, todos são "tornados alvos como a neve" pelo eterno valor para a humanidade de seu serviço como *poetas*, como veículos para um conhecimento além de nós.

Da mesma forma, para Bion e Meltzer, compreender a psicanálise como formadora de símbolos ou atividade artística que abre espaço para a apreensão do desconhecido significa aliviá-la da claustrofobia da bidimensionalidade. Meltzer escreve que foi sua experiência com pacientes autistas, com seu distanciamento do conflito estético, que lhe possibilitou inserir a "chave da função alfa" (formação do símbolo) na "fechadura da bidimensionalidade". De modo caracterestico, Bion define o campo da verdadeira atividade mental – distinto do "protomental" – em termos de três coordenadas: as emoções do amor (L – *Love*) e do ódio (H – *Hate*) e sua relação com o conhecimento (K – *Knowledge*), ou os vértices de ciência, arte e religião.[21] A trindade é significativa porque corresponde à tridimensionalidade de um campo em que os "vínculos" ou a "tensão" dos vértices são o que captura o significado da experiência:

> *Essas características fundamentais, amor, ódio, temor, são intensificadas até o ponto de o par participante senti-las como quase insuportáveis: é o preço a ser pago pela transformação de uma atividade que se refere à psicanálise numa atividade que é psicanálise.*[22]

314 A POÉTICA PÓS-KLEINIANA

Para que a psicanálise seja psicanálise, e não apenas tenha essa aparência ou semelhança, ela deve, de algum modo, tornar-se um espaço tridimensional, contendo, mas não fechando, governado não por ideias no sentido "regulador", mas pelas "relações entre as coisas" – as ideias no sentido "constitutivo". Esse receptáculo para a experiência "permite-nos conceber seu objeto" – a ideia daquela experiência particular, uma função da experiência que é a própria psicanálise. A visão de "campo" da luta emocional recorrente sobrepõe-se, na teoria pós-kleiniana, à teoria kleiniana de "fase" de um obstáculo desenvolvimentista entre a posição paranoide-esquizoide e a depressiva. Segundo Meltzer, a substituição de "fase" por "campo" é o que permitiu evidenciar que era a "resposta estética" que ativava o âmbito simbólico. Repetidas vezes, a mente treme diante da formação do símbolo, na oscilação depressiva/paranoide-esquizoide. O tremendo campo de força estabelecido pelo confronto entre amor e ódio resulta no dramático resgate do vínculo-K, o desejo dormente, embora inato, de conhecimento que transforma o desastre-catástrofe em "mudança catastrófica", um desenvolvimento estrutural na mente em virtude de sua incorporação de uma nova ideia.[23] O vínculo-K, extrapolando em termos bionianos, é o cavaleiro armado que, na literatura, configura arquetipicamente o aspecto questionador da personalidade. Os três vértices do campo emocional são estabelecidos; eles se condensam por meio da tensão entre eles e, em última instância, a dor ataca – com um simples golpe de machado. Se o objetivo moderno da psicanálise é "apresentar o paciente a si mesmo" (como Bion amiúde afirma) e ativar os conflitos emocionais que colocarão o desenvolvimento da mente em ação, então ela deve oferecer a oportunidade de encontros estéticos como esses. A essência do processo psicanalítico, na visão pós-kleiniana, não está na revisão de experiências passadas, mas na vivência de experiências presentes. Pensar não consiste em organizar sentimentos retrospectivamente, mas em obter acesso aos sentimentos, que então são "transformados", por meio da função alfa, em símbolos.

Quando do aparecimento do livro *A memoir of the future*, "temor", no campo de LHK, transformou-se em "espanto", remetendo a seu sentido etimológico original – as origens da experiência estética e religiosa diante do desconhecido (o rochedo de Wordsworth). Meltzer afirma que, embora a manufatura das mentiras seja um processo ativo, empreendido pelo *self* (invenção), a descoberta da verdade é "mais passiva, exigindo submissão à operação do continente e do conteúdo".[24]

> *Mas talvez afirmar [isso], como se o analista fosse o continente, não explique que é o ajuste da atenção e das atitudes do analista à cooperatividade do paciente que forma e sela o continente, levando a um grau de flexibilidade e resililência requeridos momento a momento.*[25]

O modelo "continente-conteúdo" de Bion baseia-se na mãe--em-*rêverie*, digerindo e transformando as ansiedades do bebê, devolvendo-as a ele sob a forma de símbolos, de modo que se possa pensar a respeito das ansiedades. Segundo Meltzer, o analista e o analisando – o "par participante" de Bion – trabalham juntos para construir um continente, um campo conjunto, que colocará seus *objetos internos* numa posição de comunicação mútua, em que eles possam manter "conversas". A descrição que Meltzer faz de "adaptar a atenção à cooperação" tem similaridades com a imagem de Bion do lapidador de diamantes que intensifica o brilho da pedra fazendo a luz refletir de volta ao longo da mesma trajetória.[26] O caminho para o conhecimento é uma função de reciprocidade. O lapidador, como o analista, apenas abre o caminho; o *insight* é uma função da luz, a "luz que brilha para dentro" de Milton. Segundo Bion, não "formamos" nossas mentes; pelo contrário, "nossas mentes são formadas para nós por forças das quais nada sabemos".[27] O que nós efetivamente fazemos é o continente, o caminho, a irregularidade em que a ideia pode se alojar, "o caramanchão trançado" para as visitas de Psique. O "sucesso" analítico depende de o paciente ter introjetado suficientemente uma capacidade de aprender com a experiência para conseguir prosseguir com sua autoanálise. Esse tipo de sucesso deve ser diferenciado da adaptabilidade social, da normalidade ou do alívio dos sintomas. É útil se o paciente conseguir entender os pensamentos do analista a respeito dele, no nível discursivo dos sistemas de signos. Mas é essencial que o paciente introjete a *capacidade de pensar* sobre ele do analista, no nível da formação de símbolos, para que consiga dar prosseguimento ao processo de autoanálise que é o objetivo maior do "par participante". Este, como todos os processos de inspiração, não é algo que se obtenha para sempre, da mesma forma que a "posição depressiva" não é um emblema ou qualificação. É algo que tem de ser continuamente renovado sempre que uma nova ideia envia suas premonições para o horizonte do consciente – a "sombra do futuro". Keats, em suas grandes odes, demonstrou a impossibilidade da fusão – de ser misticamente engolido sem dor; contudo, isso não significa a morte no sentido do abandono pelos deuses criadores dos símbolos; o rouxinol pode cantar na próxima clareira do vale.

A palavra "estético", observa Meltzer, aparece pela primeira vez na obra de Bion em 1965, em *Transformations*. Nas primeiras obras de Bion, não há nenhuma distinção entre o discursivo e o representacional – "pensamento" ainda significa "pensamento verbal". Inicialmente, Bion parece ter aceitado, com certa surpresa e relutância irônicas, que ele não mais estava no domínio do "científico":

Não apoio esta convicção pela evidência vista como científica. Pode ser que a formulação pertença ao domínio do estético.[28]

Attention and interpretation, com suas formulações de "fé" e de "amor, ódio, temor", foi escrito em 1970, depois de Bion ter escapado do "meio aquoso" de Londres para o "meio gasoso" da Califórnia, "onde ele teria de lutar por sua vida profissional" (como afirma Meltzer em sua "mitologia pessoal").[29] Foi lá, lutando pela vida e mandando a respeitabilidade às favas, que Bion escreveu sua extraordinária trilogia ficcional, *A memoir of the future*, sob a égide de uma voz que lhe dizia que talvez fosse possível dizer a verdade em ficção, mesmo quando parecia impossível segundo o "jargão" científico.[30] Em sua obra, a perspectiva científica finalmente predomina, fundindo e esclarecendo o que antes havia sido experimental, implícito, obscuro ou obscurecido. Meltzer escreve:

> *Em termos do conceito de Bion de "mudança catastrófica" e do impacto da "nova ideia", não fica difícil estabelecer o que era essa ideia e a revolução que ela provocou em minha maneira de pensar e trabalhar . . . A "nova ideia" era claramente algo como: "no começo era o objeto estético, e no objeto estético estava o seio, e o seio era o mundo". É claro que estou usando a palavra "seio" como termo técnico que implica apenas uma descrição, e não o contrário. Por um lado, parece-me surpreendente que essa ideia não me tenha chegado por meio de Adrian Sokes, para quem ela foi sempre brilhante; por outro, é difícil dizer de que parte da obra de Bion ela provém. Não está na grade; ela só é sugerida em* Transformations; *ela aparece de maneira*

318 A POÉTICA PÓS-KLEINIANA

secundária em Attention and interpretation. *Somen-*
te em A memoir of the future *ela encontra seu lugar*
de maneira inequívoca. Mas ela me veio por meio de
Bion antes que essa publicação tivesse fluído para o
meu pensamento e certamente também para o meu
consultório. Eu não apenas tomei consciência de que
o método psicanalítico havia assumido uma qualida-
de estética aos meus olhos, mas também comecei a ver,
principalmente por meio dos sonhos, que isso também
acontecera com alguns de meus pacientes.[31]

A qualidade estética da ideia psicanalítica, com todas as suas
implicações do turbulento "cerco dos contrários" na relação interna do bebê com o seio-mundo, colocou-se gradativamente em
foco até, quando plenamente reconhecida, ser vista como algo que
sempre esteve lá – ou seja, desde que Melanie Klein, durante a psicanálise de crianças, naturalmente pressupôs um papel maternal e
descobriu suas implicações de objeto combinado.[32]

Na filosofia de Bion, a "nova ideia" que sempre está no horizonte em qualquer sessão analítica é algo a ser temido. Ela assume
a surpreendente qualidade que Klein observou que podia acompanhar o objeto combinado e causa premonições da ansiedade catastrófica. Na ampliação de Meltzer desta filosofia, a ideia é temida
pelo *impacto de sua beleza.*

Se seguirmos atentamente o pensamento de Bion, ve-
remos que a nova ideia se apresenta como "experiên-
cia emocional" da beleza do mundo e sua maravilhosa
organização, mais próxima, em termos descritivos, do
"coração do mistério" de Hamlet.[33]

A experiência emocional é um casamento poético de emoções contrárias – amor e ódio – que pode ser (como afirma Bion) "quase insuportável". Pode resultar em "dor" ou em "sofrimento".[34] A dor causa sintomas, enquanto o sofrimento, se puder ser suportado, é acompanhado ou seguido por uma revelação de seu significado. A escolha é, mais uma vez, de ação ou contemplação. Possivelmente, Bion prefere o termo "sofrimento" por sua ligação etimológica (via latim) com "paixão" e "passivo", com suas associações poéticas e religiosas. Meltzer conserva o tradicional uso de "dor", que inclui a ideia de dor mental, como na afirmativa de Keats: "Tudo é fria beleza; a dor nunca é extinta".[35] Resolver a tensão dolorosa desse conflito num momento de conhecimento exige um ato de fé em que o apoio da individualidade (o que Bion chama de "memória e desejo") é abandonado em favor da total independência com relação ao objeto interno, como Keats e Psique ou Milton e sua musa:

> O "ato de fé" (F) depende da disciplinada negação da memória e do desejo. Uma memória ruim não basta: o que normalmente é chamado de esquecimento é tão ruim quanto a lembrança. É preciso inibir a fixação nas memórias e desejos. Existem duas facetas da mesma coisa . . .[36]

Qual é a natureza do "ato de fé" na ética pós-kleiniana? Entender o conceito de fé exige um retorno à natureza da dor. Meltzer diz que Bion localizou a origem da dor mental "naquele ponto do desenvolvimento de um pensamento em que ele se torna fixo no mito-sonho".[37] Mas a natureza da dor e suas qualidades só foram definidas com a formulação que Meltzer fez do "conflito estético". Esta fase da evolução da ideia pós-kleiniana da psicanálise encontrou elucidação nos "desvarios com relação ao absurdo" de Kierkegaard (como é jocosamente apresentada por Meltzer).[38] Em *Temor e tremor*, Kierkegaard considera a história da intenção de Abraão de sacrificar Isaac em termos de um mito de desmame. É possível interpretar o mito, afirma ele, em termos da fé do Abraão-bebê de que o Deus-mãe proverá uma forma alternativa de alimento (o carneiro). É uma solução "absurda", "além do cálculo humano". Não é uma questão de "renúncia" ao inevitável sacrifício. Pelo contrário, Abraão tem fé que Deus lhe devolverá Isaac (seu *self*-criança em desenvolvimento), não no outro mundo, mas neste – embora ele não consiga imaginar como isso pode acontecer. Kierkegaard vê a "renúncia" como o limite culminante do sistema dialético autossatisfatório de Hegel. Ele se autodiagnosticou como alguém sem fé; contudo isso aguçou sua percepção de seu mistério e da grandiosidade dos que não conseguem ver o problema. Os "cavaleiros da renúncia" possuem uma aparência "ousada", confiantes em sua sociedade moral e social. O "cavaleiro da fé", por outro lado, que empreende um "movimento" mental, é muito mais difícil de discernir, pois sua aparência externa é bastante comum. Em todos os aspectos, ele pode parecer um "filisteu burguês", ou o "queijeiro vegetando ao crespúsculo".[39] Ele pode ser um camponês no quintal. Pode ser um bebê prestes a ser desmamado, não resignado à privação, mas com a esperança de que, para além de suas capacidades conceituais, uma nova forma de alimentação espiritual possa se materializar. Os cavaleiros da renúncia acreditam na poesia como consolo para as dores do vale de lágrimas, ou na psicanálise como indulgência e promulgação da culpa. Não são seus corpos, mas suas mentes, que são bidimensionais. A vantagem desta postura complacente é que ela não implica nenhuma dor, nenhum "sofrimento". Mas tampouco existe um caminho para que as ideias penetrem e se instalem. A natureza da dor jaz nas qualidades desconhecidas do objeto – com sua capacidade de dar e também de tirar.

Bion parece ter chegado ao seu conceito de fé, como algo necessário para a função alfa (formação de símbolos), via Kierkegaard, reconhecendo que suas tentativas iniciais de ser um analista kleiniano foram, por vezes, bidimensionais. O que estava faltando era a dimensão desconhecida que transformaria a psicanálise do "falar a respeito" em *verdadeira* psicanálise. Na interpretação de Meltzer deste novo signo – que Bion chama de "elemento"–, "F" inclui em si o medo do "demônio assustador" da "alucinose, da megalomania, dos delírios, da ansiedade catastrófica". Bion identificou-se com a descrição que Coleridge faz do demônio em seus calcanhares – um demônio de loucura que possivelmente espia dos cantos da mentalidade de todos, e cuja existência é reconhecida em algum lugar por todos os poetas.[40] Assim, o "ato de fé" de Bion, afirma Meltzer, não corresponderia à criança nadando pela primeira vez sem suas boias de braço, confiante na presença do pai, mas, pelo contrário, a "flutuar livre em águas infestadas de tubarões".[41] Em *The apprehension of beauty*, Meltzer cita a imagem do tubarão de Melville:

> *E naquele mesmo dia também, olhando bem no fundo, a partir do lado do barco, do mesmo mar dourado, Starbuck murmurava solitário:*
>
> *"Encanto insondável, como todos os jovens viram nos olhos de suas jovens noivas! Fala-me de teus tubarões de dentes enfileirados e de teus modos canibalescos arrebatadores. Que a fé desaloje o fato; que a fantasia desaloje a memória; eu amo e creio profundamente".[42]*

Meltzer toma o tubarão de Bion de incipiente loucura e o coloca na constelação estética das emoções, onde ele se torna a qualidade enigmática do objeto no conceito do conflito estético – a oportunidade da fé, para "amar profundamente" nas águas infestadas de tubarões do mar dourado. A fé é o momento que Cleópatra aplica a áspide, ou quando Galvão oferece o pescoço sem se contrair diante

322 A POÉTICA PÓS-KLEINIANA

do terceiro golpe do machado. É Penélope quando sugere a Odisseu que seu leito pode ser removido. É quando Milton abandona a doutrina cristã em favor dos ditames da musa, ou quando Édipo caminha para além dos toques das filhas ou Keats abre a janela – sem saber se para o amor ardente ou para o abandono no país das fadas. A fé é o que alivia a mente dos infindáveis volteios da invenção e torna a descoberta possível. Isso não significa que todo conhecimento atingido até então pela mente em sua peregrinação de feitura da alma deva ser posto de lado. Pelo contrário, cada passo adiante é fundamentado nas totais potencialidades do anterior estado da mente, em sua orientação para a ideia platônica do desenvolvimento mental. O que deve ser "abandonado" na memória e no desejo não é o real conhecimento que se tornou parte da estrutura da mente, mas as orientações sentimentais e tirânicas da satisfação do desejo e da culpa nostálgica – a invenção da causalidade. A memória e o desejo são efetivamente, como afirma Bion, a mesma coisa: a ideia preconcebida do *self* de como as coisas acontecem. Se privilegiada obsessivamente, esta orientação se torna uma "mentira", uma atitude que impede que os conceitos penetrem na crosta da complacência. As ideias não conseguem acontecer.

A outra maneira de as ideias não conseguirem acontecer é o "falso conceito". O falso conceito é a impossibilidade de se formar o símbolo "correto" – o símbolo que verdadeiramente expressa o significado emocional do momento. Em essência, isso ocorre quando o salto de fé do *self*-bebê não encontra receptividades na mãe-musa. O modelo para esse tipo de impossibilidade ocorre, para Meltzer, quando a apresentação do bebê de seu primeiro cocô bem-formado não é reconhecida pela mãe como seu primeiro "pensamento" criativo. O bebê permitiu que seus objetos internos organizassem sua digestão, assim demonstrando o "efeito unificador do pensamento", em oposição ao "significado evacuatório da ação". É uma verdadeira realização, uma dádiva, como a oferecida por Milton à musa no nascimento do Cristo:

Ah, corre, impede-os com tua humilde ode
E a deposita aos seus pés abençoados.

Se a mãe não apreciar esta "humilde ode" ou fizer sua apreciação ser sentida, o solo estará preparado para um falso conceito.[43] Bion começa a história do significado do cocô do bebê em *Memoir*, na conversa entre P.A. e Roland; eles não conseguem encontrar uma "explicação simples" para a determinação e o deleite mútuos da mãe e do bebê.[44] Assim, Bion deixa claro que não existe nenhuma explicação "simples" para esse ato simples, ou para a alegria recíproca que ele produz; embora ele, neste ponto, não o ligue explicitamente à sua preocupação predominante com a natureza do conceito *versus* conceito falso. A análise do conceito falso que Meltzer preferiu é, na verdade, a de Roger Money-Kyrle, que lhe atribuiu uma particular perspectiva humanista que dá suporte a seu próprio desejo de libertar a teoria kleiniana de seu severo quadro moralista. Meltzer acha que essa severidade existe também na visão de mundo de Bion, sugerindo que ela perdeu "a visão helênica da tragédia, da condição humana subjugada por forças das quais ela não só é ignorante, mas essencialmente inocente".[45] Por meio da possibilidade do falso conceito, o peso da culpa e da vergonha é tirado do analista essencialmente bem-intencionado ou da mãe-em-*rêverie*, permitindo que a atenção se enfoque no potencial reparador da conversa entre os objetos internos. Isso não é um abrandamento ou uma posição de "meio-termo" com relação ao mal humano, tampouco é (como afirma Meltzer) a mera expressão de uma "disposição sanguínea". Pelo contrário, esclarece a área em que o acordo pode ser uma tentação. Essa área é o outro campo do fracasso da formação do símbolo – ou seja, o mundo das não

324 A POÉTICA PÓS-KLEINIANA

emoções, menos LHK. Nesse campo, não pode haver acordo: é o claustro, o jazigo da alma.[46] Como os demônios de Milton expressam de maneira tão patética sua alienação de Deus:

> *Como ele a nossa treva, não podemos sua luz*
> *Imitar como quisermos?*[47]

No pensamento psicanalítico, como no de Milton, é só o *self* – e não os objetos – que aprisiona a alma (o "Eu mesmo sou o inferno" de Satã); como diz Meltzer, "a porta está sempre aberta". De fato, a formulação explicitamente feita por Bion da possibilidade de uma grade negativa é apresentada na obra de Meltzer como uma de suas maiores realizações, em virtude do poder que ela dá ao analista de não ser chantageado pelo temível demônio da hipocrisia. Não apenas a força emocional, mas também o enfoque intelectual necessário para mostrar artisticamente como o pensamento está sendo minado. Em *The Kleinian development*, Meltzer afirma que a psicanálise tem suas "raízes históricas mais na filosofia e na teologia que na ciência do século XIX".[48] Sua visão é que "a prática da psicanálise é uma arte"; mas ele prossegue na definição do que isso implica:

> *Não é possível fazer observações e descobrir uma linguagem para a transformação sem que haja um modelo do mundo no fundo da mente. O processo de descoberta de novos fenômenos é completamente dependente do uso explícito e consciente de um modelo para se reconhecer a emergência na consciência de fenômenos que não podem ser descritos por modelos existentes. A evolução da ciência é desta natureza espiral indutiva--dedutiva, de forma que esses novos modelos exigem uma ampliação do modelo, e essa ampliação abre-se*

para visualizar outros fenômenos que não apenas não podiam ser antes descritos, mas sequer podiam ser reconhecidos.[49]

O "modelo do mundo" deriva de um genuíno conhecimento alcançado da personalidade, embora incompleto. Trata-se do estágio que foi atingido em sua tentativa de "adquirir identidade" no vale da feitura da alma, onde as "circunstâncias" não são apenas os eventos causadores da dor, mas também as oportunidades de "instruir uma inteligência" e transformá-la, por meio de sucessivos saltos de fé, numa alma. Desde que não esteja calcificada em um sistema de signos pela memória e pelo desejo, ela pode conservar sua ligação orgânica com seus mediadores espirituais no mundo das ideias. De maneira clara, a mente, ao contrário de outros campos fenomenológicos, não é suscetível aos métodos da ciência física; como insiste Bion, o tema da investigação é o mesmo que a ferramenta de investigação, o observador-observado. Contudo, na medida em que o processo artístico é de descoberta, ele se dedica, em última instância, a contribuir para o corpo científico do conhecimento a respeito da mente. Por um processo de construção incrementada podemos imaginar como, com paciência (a "capacidade negativa" de Keats), um "modelo surgirá" eventualmente, como ocorre quando se pensa por meio de experiências emocionais individuais.[50] Como os participantes que – por meio de diferentes atividades – estão todos essencialmente "ouvindo a ideia musical", a ideia da psicanálise pode se tornar incrustrada no mundo do conhecimento. O conhecimento científico obtido pela psicanálise e o modo artístico de obtê-lo são interdependentes. Juntos, resultam numa "progressão em espiral". Isso se deve à natureza peculiar da mente como um domínio sempre crescente, suprassensorial, mas ainda natural. Bion escreve:

326 A POÉTICA PÓS-KLEINIANA

> *Por mais prolongada que possa ser uma psicanálise, ela representa apenas o início de uma investigação. Ela estimula o desenvolvimento do domínio que investiga.*[51]

Meltzer escreve:

> *Os analistas de hoje podem estar lançando as bases para uma ciência de muita grandeza no futuro, da forma como os alquimistas lançaram a base da moderna química e suas surpreendentes realizações.*[52]

E os poetas, esses eternos alquimistas que anunciam os sonhos de desenvolvimento da humanidade, são os legisladores não oficiais do mundo da mente.

Notas

1. Keats, carta a Haydon, 22 de dezembro de 1818, em: *Selected letters*, ed. R. Gittings (Oxford: Oxford University Press, 1975).

2. Milton, *Paraíso perdido*, VII.28-29.

3. D. Meltzer, *The Kleinian development* (StrathTay: CIunie Press, 1978), III, p. 104.

4. Wilfred Bion, *Bion in New York and São Paulo*, ed. F. Bion (Strath Tay: Clunie Press, 1980), p. 73.

5. Wilfred Bion, *A memoir of the future* (3 vol., 1975-1979), edição de volume único (London: Kamac, 1991), p. 559.

6. Ver D. Meltzer, "Concerning signs and symbols", *British Journal of Psychotherapy*, *14*(2), 1997.

7. Ver a análise de D. Meltzer em *Richard week-by-week*, Parte 2 de *The Kleinian development* (Strath Tay: Clunie Press, 1978).

MEG HARRIS WILLIAMS 327

8. Coleridge, *The statesman's manual* (1817), *Lay Sermons*, ed. R. J. White (London: Routledge, 1972), p. 114.

9. E. Cassirer, *Rousseau, Kant and Goethe* (Hamden, CT: Archon Books, 1961).

10. Ver "On sitting down to read King Lear once again", e "On seeing a lock of Milton's hair", escritos em dias consecutivos, em janeiro de 1818.

11. Bion, *Memoir*, pp. 469, 486. Para Shelley, ver nota 20 a seguir.

12. W. Bion, *Brazilian lectures, Vol. II* (Rio de Janeiro: Imago Editora, 1974), p. 56.

13. Meltzer, *The Kleinian development*, Vol. 3, p. 21.

14. Sobre as "origens do debate linguístico" e a ideia de "inspiração" do Dr. Johnson, ver Nalini Jain, *The mind's extensive view: Samuel Johnson as a critic of poetic language* (Strath Tay: Clunie Press, 1991). De acordo com Cassirer, Goethe, revisando Kant, cunhou o termo "símbolo" no contexto do estabelecimento do "ideal" de Kant como algo que poderia fornecer uma unidade ao processo da experiência, em vez de algo elevado acima dela (Cassirer, *Language and myth*, trad. S. Langer, New York: Dover Publications, 1953). A palavra grega *symbolon* originalmente se referia a um objeto pequeno, quebrado e dividido entre dois amigos ou familiares como prova de sua boa-fé (pertencendo um ao outro). O termo ocorre em *Édipo tirano* como o ponto de início da busca de Édipo para encontrar a si mesmo (l. 221).

15. Susanne Langer, *Philosophy in new key* (Cambridge, MA: Harvard University Press, 1942), pp. 86, 97.

16. Langer, *Philosophy*, pp. 223, 244.

17. Langer, *Philosophy*, p. 259.

18. Susanne Langer, *Feeling and form* (Londres: Routledge & Kegan Paul, 1953), p. 390.

19. Percy Bysshe Shelley, *A defence of poetry* (escrito em 1821), em: *Shelley's poetry and prose*, ed. D. H. Reiman e S. B. Powers (New York: Norton, 1977), p. 482.

20. Shelley, *A defence of poetry*, p. 508.

21. Bion, *Brazilian lectures*, II, p. 96.

22. W. Bion, *Attention and interpretation* (London: Tavistock, 1970), p. 66.

23. D. Meltzer, *Extended metapsychology* (Strath Tay: Clunie Press, 1986), p. 17.

24. Meltzer, *Kleinian development*, Vol. 3, p. 107.

328   A POÉTICA PÓS-KLEINIANA

25. Meltzer, *Extended metapsychology*, p. 208.

26. Bion, *Bion in New York and São Paulo*, p. 15; ver também Meltzer, *Extended metapsychology*, p. 121.

27. Palestra em Nova York, Bion, *Bion in New York and São Paulo*, p. 69.

28. Meltzer, *Kleinian development*, Vol. 3, p. 75.

29. Meltzer, em: ed. A. Hahn, *Sincerity and other works* (London: Karnac, 1994), p. 471.

30. Bion: ver "Satanic Jargonieur", de Bion, *Memoir*, p. 302.

31. Meltzer, *Extended metapsychology*, p. 204.

32. Sobre a descoberta do "objeto combinado" de Melanie Klein como base para a força emocional, mas também às vezes sobrecarregador, ver Meltzer, *Kleinian development*, Vol. 2, pp. 113-123.

33. D. Meltzer e M. Harris Williams, *The aprehension of beauty* (Strath Tay: Clunie Press, 1988), p. 20.

34. Bion, *Attention and interpretation*, p. 18.

35. Keats, soneto "On visiting the tomb of Burns".

36. Bion, *Attention and interpretation*, p. 41.

37. Ver Meltzer, *Kleinian development*, Vol. 3, p. 64.

38. Meltzer, *Kleinian development*, Vol. 3, p. 97.

39. Soren Kierkegaard, *Fear and trembling* (1843) (Harmondsworth, Middlesex: Penguin, 1985), pp. 65-69.

40. Coleridge, *A balada do velho marinheiro*, citado (sem referência) por Bion, *Attention and interpretation*, p. 46.

41. Meltzer, *Kleinian development*, Vol. 3, p. 99.

42. Hermann Melville, "The Gilder", em *Moby Dick*, em Meltzer e Harris Williams, *The aprehension of beauty*, p. viii.

43. Em uma conferência proferida no Centro de Psicoterapia de Londres como parte de uma série sobre "Espiritualidade"; publicada em 2004 por London: Karnac. O "significado evacuatório da ação" é descrito em Meltzer e Harris Williams, *The aprehension of beauty*, p. 69.

44. Bion, *Memoir*, p. 558.

45. Donald Meltzer, "Money Kyrle's concept of misconception", em: Hahn, *Sincerity* , p. 511.

46. Ver Bion, *Attention and interpretation*, pp. 19-20.

47. Milton, *Paraíso perdido*, II.269-270.

48. Meltzer, *Kleinian development*, Vol. 3, p. 94.

49. Meltzer e Harris Williams, *The aprehension of beauty*, p. 204.

50. Bion, *Memoir*, p. 472.

51. Bion, *Attention and interpretation*, p. 69.

52. Meltzer e Harris Williams, *The aprehension of beauty*, p. 23.

Apêndice A – As raízes de Rosemary: a musa nas autobiografias de Bion

> *Que vivente pode dizer:*
> *"Tu não és poeta; não podes contar teus sonhos?"*
>
> Keats[1]

> *Paul: Mas ele atribuiu sua escapada aos estúdios da musa celeste – . . .*
> *Roland: Você quer dizer que deveríamos levar a descrição dele a sério? Claro que se trata de poesia maravilhosa –*
> *P.A.: "Claro", mas Virgílio, Homero e Milton não escreviam "poesia"; eles escreviam "seriamente". Escreviam poesia porque era a maneira mais séria de escrever.*
>
> Wilfred Bion[2]

Em sua busca por descobrir a verdade sobre si mesmo, Bion utiliza a liberdade dos livros autobiográficos para lembrar, ou para reviver no presente, o ensino pelo exemplo daqueles que contribuíram para as qualidades de seus objetos internos. Aqui, ele se esforça por retirar o véu obscuro de respeitabilidade que sentia que

332   APÊNDICE A

lhe fora sempre um empecilho e seguir o exemplo dos poetas – de "escrever a sério", apesar de sua intensa frustração por sentir-se incapaz de atingir a expressão poética. Em *Memoir*, ele invoca uma gama de vozes internas, variando de somitos pré-natais aos de "oitenta anos de idade", para estabelecer um diálogo sob a égide de "O", o âmbito do desconhecido e do inefável. Eles tentam alinhar seus vértices conflitantes em um padrão receptivo no qual a verdade pode se alojar. Meltzer escreve:

> *A nova ideia, no final, torna-se a ideia do objeto combinado, e isso, para a sra. Klein, significou o advento da posição depressiva.*[3]

Com certeza, Melanie Klein foi a musa de Bion, e *Memoir*, que começa com o arquetípico *The dream*, é sua autoanálise sob a orientação dela, da mesma forma que Keats escreveu *A queda de Hiperião* sob a orientação de Moneta, que Milton escreveu *Paraíso perdido* sob a de Urânia ou que Homero escreveu *A odisseia* sob a de Atena. Porém, dir-se-á que Klein é raramente mencionada – exceto para dizer quão insatisfatória ele achava a aplicação mecânica de suas teorias: a varinha mágica da interpretação kleiniana afinal não funcionou. Ele nem mesmo cita Klein da maneira como cita Freud. Não, porém aspectos ou qualidades da sra. "Klein como objeto" estão disseminados por toda parte, e o diálogo com os aspectos do *self*-bebê é contínuo, com sua oscilação Ep ↔ D entre as vozes de "autossatisfação" e da receptividade ("admiração"). De certa forma, *Memoir* é a redescoberta de Bion do significado pessoal do conceito kleiniano de objeto combinado (reformulado por ele como continente-conteúdo), revisando sua história por meio do "passado apresentado" e da "sombra lançada pelo futuro".[4]

MEG HARRIS WILLIAMS 333

Este diálogo – ou "Bedlam", em que todas as vozes falam juntas – pode ser mais acessível quando inicialmente abordado por meio da autobiografia mais literal de Bion, *The long week-end*, que nos ajuda a construir um quadro das origens dos elementos da musa com relação a uma infância real. Aqui, ele descreve a mãe cujo amor era suficientemente profundo para que "tolerasse o fato" da grosseria de seus filhos, mas cuja aquiescência com relação às pressões sociais enfraqueceu sua capacidade inspiradora e levou ao tipo de separação interna que ele denominava, irônica e amargamente, "desligamento do lar".[5] Ele descreve o pai como "sensível" e "de boa mira", mas cuja débil ansiedade com relação à masculinidade do filho fez dele um veículo para a adoção de um regimento tirânico, substituindo a meta do sucesso pela do desenvolvimento. Evidentemente, não é a respeito dos pais verdadeiros que ele escreve, mas de seus pais oníricos internos, como acontece no processo de "lembrar" e como ele – antecipando a confusão – firmemente nos lembra quando afirma:

> Qualquer um pode "saber" sobre que escola, regimento, colegas e amigos eu escrevo. Mesmo no sentido mais superficial, isso está errado. Eu escrevo sobre "mim".[6]

É significativo que as primeiras palavras de *The long week-end* refiram-se à sua aia indiana:

> Nossa aia era uma mulher pequena e ressequida que, quando eu pensava em lhe atribuir alguma idade, devia ser, como minha irmã e eu achávamos, muito velha, mais velha que nosso pai e nossa mãe . . . [Minha mãe] não era tão velha quanto nossa aia; minha irmã e eu concordávamos que ela não tinha menos que, di-

gamos, duzentos ou talvez trezentos anos de idade, e embora essa fosse uma idade madura, ela não parecia que ia morrer.

Contudo, sabemos mais sobre o conceito impossível e indescritível que Bion chamou de "O" – o inescrutável, o imutável, o inefável – do que sabemos sobre sua aia. Não existe virtualmente nada sobre ela em *The long week-end* além da passagem em que ela permite que a raiva de seu pai recaia sobre ela como uma tempestade, da qual emerge ilesa e imperturbável.[7] Ela provavelmente era uma camponesa analfabeta da casta dos "intocáveis" (que Bion contrasta com o "indizível" – o chauvinismo do Raj).* Entretanto, ficamos com a profunda impressão – como lemos em seus "sonhos" – de que ela, junto com os aspectos de sua mãe em parte indiana, foi a fonte original da musa interna cujas qualidades encontram sua reencarnação em Rosemary, a heroína de *Memoir*, a "filha da prostituta" cujo amor não é melancólico, mas ardente e poderoso como o tigre, capaz de transcender a violência bruta do conformismo social. Esta aia/musa que, como a sra. Klein, ocupa um prenhe silêncio onírico nos livros, é capaz de conter seus "pensamentos" de uma forma que ele evoca como pungentemente ausente da narrativa de sua infância. Ao contrário de sua mãe, que "podia morrer por ser tão velha", a aia é de uma atemporalidade indestrutível, beirando o conceito de infinidade para a mente infantil. Bion se torna profundamente sensível com relação ao espaço em que ela não está, e mais tarde denota-o como "O". Sua falta de caracterização torna-se disponível para o papel transferencial – em *Memoir* ela pode se metamorfosear em Helena de Troia tão facil-

---

* Raj (híndi: राज, urdu: راج, bengáli: রাজ) em diferentes contextos significa "domínio", "rei", "governador", "imperador" ou "realeza", nas famílias do sânscrito do subcontinente indiano. Daí a expressão *British Raj* para se referir ao Império Britânico na Índia. [N.T.]

mente quanto a velha mendiga indiana, cada uma delas – como a mãe de Rosemary, a prostituta vitoriana – gerada a partir do composto da civilização:

> *Minha profissão é a mais antiga do mundo . . . Taís, Eva, Lilith . . . existe uma linhagem que não se pode precisar onde começa . . . Você não imaginou que a pobrezinha do gueto, o útero da virgem, pudesse ser mais que recompensada por não ter sido abominada?*[8]

Quando Roland, de maneira condescendente, tenta simpatizar com as "desvantagens" da criação de Rosemary, ela contradiz sua ignorância com desdém: informa-lhe que teve "a melhor das mães", que protegeu religiosamente sua filha da exploração de "jovens cavalheiros" da sociedade.[9] Escapar dos confins da respeitabilidade social é, para Bion, um critério necessário para o heroísmo: o tecido de "mentiras" deve ser descartado antes que se possa ingressar nos âmbitos da emoção verdadeira. Essa ideia da mãe/musa é elaborada nos livros em aposição à sua antítese "negativa", que aparece de várias formas (os falsos continentes do tanque ou armadilha), mais suscintamente definida como "mãe-Inglaterra, aquela velha puta", que crucifica seus filhos na guerra.[10]

A inspirada e original base da filosofia pós-kleiniana de Bion, sua classificação das emoções positivas em oposição às negativas (LHK e menos-LHK), é, segundo Meltzer, "profundamente estranha à filosofia e teologia da tradição ocidental, mas não à oriental, na qual a infância indiana de Bion o mergulhou, como Aquiles, pelas mãos de sua aia".[11] Após a morte de Bion, quando eu estava pesquisando para o filme indiano e imersa em uma tumultuada confusão de fiascos da Primeira Guerra Mundial e filosofias místicas,[12] a sra. Francesa Bion gentilmente permitiu que eu examinasse

336   APÊNDICE A

os livros da grande biblioteca de Bion. Eu procurava por anotações pessoais e encontrei pouquíssimas delas, mas agora, olhando novamente as passagens marcadas por Bion, é muito interessante observar como elas confirmam a impressão de que seus escritos mostram o predomínio das influências orientais, e também clássicas, em seu pensamento, apesar de sua criação não conformista. A julgar por seus próprios livros, Bion parece ter tido pouco interesse pessoal na tradição judaico-cristã, além daquela apresentada de maneira característica por Milton; é como se a Bíblia falasse por sua cultura, mas não por ele mesmo. Sua Bíblia quase não apresenta anotações, embora ele deva ter se ocupado dela, dado o contexto missionário de sua família. No Corão, ele sublinha o episódio de idolatria em que os filhos de Israel escutam Moisés falando com Deus (a conversa parental) e "exigem" que eles mesmos "vejam Deus", e em consequência "todos morrem atingidos por um raio" – uma mudança catastrófica fracassada de identificação intrusiva, dogmaticamente desqualificada. Sua imaginação, por outro lado, foi alimentada pelo *"soma* transbordante", fluindo da montanha dividida pelo trovão e pelo Sol, oferecendo a ambrosia aos deuses, a comida arquetípica do corpo-mente. Essa imagem, bem como a embriológica, deu origem aos "somitos" de *Memoir*, aquelas partículas elementares da mente pré-natal. Nas escrituras indianas, ele encontrou afirmações de puro misticismo – a fusão transcendental com o divino – e suas muitas modificações, como a maneira como a "experiência insuportável e inatingível deve ser traduzida . . . em símbolos". E também como a intuição é o único meio de se conhecer "o absoluto", e como o espírito-*soma* é "o que faz a mente pensar, mas não precisa da mente para pensar", o precursor – junto com o *Meno* de Platão – do âmbito do pensamento que fica externo ao *self*, esperando por um vínculo com o pensador, em oposição ao mundo de *maya* (aparência) e seus pressupostos. Isso se conecta com passagens de Platão marcadas por Bion, como

MEG HARRIS WILLIAMS 337

"a mudança é sempre altamente perigosa" e como existe uma diferença entre "destemor" e "coragem cautelosa" – distinção debatida repetidas vezes nas obras autobiográficas, em que Bion parece quase desprovido de exemplos de coragem verdadeira para citar até descobrir um em sua heroína Rosemary. Seus companheiros tombados em combate foram mais trágicos que corajosos, traídos pelo alto comando, por sua inaptidão ou sua ideologia imperialista. Em Platão, Bion também assinalou a distinção entre ser e tornar-se:

> Todas as coisas que gostamos de dizer que "são", na verdade estão no processo de se tornar, como resultado do movimento, da mudança e do fundir-se umas nas outras. Estamos errados em falar delas como "sendo", pois nenhuma nunca é: elas estão sempre se tornando. [Teeteto]

Realmente, sua variedade de misticismo nunca afirmou "tornar-se O", mas que estava engajada em transformações do 'tornar-se', sob a influência de emanações de O.[13] Sua preferência por metáforas do círculo e do reverso – perspectiva reversa, visão binocular, examinar um problema dos dois lados da "cesura" ou "diagrama" – é parte deste sistema solar. E ele ancora a vertigem da especulação cósmica na Terra por meio de outra voz interna que nos lembra da sólida realidade de uma dor de dente.[14]

Não é de admirar que Bion se sentisse insatisfeito com a visão de Ps ↔ D como uma linha reta sem lugar para transformações e metempsicoses se, em sua visão de mundo, o processo de se tornar judicioso – tornar-se – implicava um confronto contínuo com os perigos da mudança psíquica: "sabedoria ou esquecimento?".[15] Sua visão natural do desenvolvimento era cíclica, identificando-se com a orientação das religiões orientais e das clássicas (o "diâmetro do

338　APÊNDICE A

círculo"), e não com a visão linear hebraica. Ele foi atraído para a religião e a filosofia do Oriente – mas para a poesia do Ocidente.

De todos os poetas ocidentais que Bion admirou intensamente – Homero, Virgílio, Shakespeare ("o maior homem que já existiu"), Keats (por seu conceito de "capacidade negativa"), Hopkins (por seu "duplo escuro") –, aquele com quem ele provavelmente mais se identificava e a quem se refere com mais frequência é Milton. Depois de, certa vez, ter tido uma longa discussão com Bion sobre Milton, dois pontos ficaram impressos em mim como aspectos significativos de sua própria luta. Um foi seu interesse pela "carta a um amigo" de Milton, o manuscrito inédito em que Milton despejou seus medos, sua frustração e sua raiva por ter sido amaldiçoado com o talento de escrever poesia, uma maneira de viver "muito desconsiderada e desaprovada" pela sociedade. O outro foi a maneira como Milton fez as pazes com a cegueira, na terceira invocação de *Paraíso perdido*. A coisa significativa não foi o argumento didático (que é um lugar comum poético), mas a maneira como a linguagem poética exibe a necessidade de se apagarem os modos cotidianos de ver – pressupostos básicos – para abrir espaço para o tipo de visão "cega" que é o *insight*. Bion estava interessado nas minúcias desse ajustamento, que ocorre no momento da escrita e se estende para além da preconcepção do poeta: também exigindo ser lido artisticamente por meio do enfoque da dicção poética. Em sua cópia do poema, Bion sublinhou palavras individuais – "vencido", "sentir", "olhos", "órbitas", "noturno", "cego", "conhecimento" e "sabedoria" – como se para sentir o caminho ao longo de seus estágios. Ele admirava a coragem de Milton ao se permitir tornar-se um veículo para sua musa, apesar da antipatia de sua individualidade com relação às implicações das ideias que chegavam a seu poema por esses meios "não premeditados".

As anotações que Bion fez nas margens do volume são de data recente, mas indicam uma redescoberta ou um estudo mais formal das maneiras de pensar profundamente enraizadas em seu próprio tornar-se. Em seus livros autobiográficos, sentimos a brecha intransponível entre sua ascendência indiana interna e a europeia – ou seja, os objetos internos derivados dessas culturas, e não a herança literal. Em *The long week-end*, existe um episódio comovente em que ele ouve a mãe perguntar ao pai se ele já tivera a experiência da inspiração religiosa – quando "uma luz surpreende o cristão enquanto canta".[16] A honestidade com que seu pai confessou que não, e a tristeza dos pais com relação a isso, de certa forma sugere que foram eles mesmos que o direcionaram para o mundo espiritual de sua aia, mesmo quando tiveram de obedecer às pressões sociais que implicariam em sua ida para a escola na Inglaterra e seu posterior alistamento no exército quando da Primeira Guerra Mundial, sob a égide do Deus puritano "Arf Arfer" e do "amigo assustador" que o atormentaria com uma perseguição após a guerra, fazendo-o fugir para salvar não a vida, mas seu *status* profissional. A brecha na ascendência destruiu-o, mas também o salvou, como mostra seu ressurgimento nas autobiografias – suas qualidades distinguiam-se umas das outras, mas acabaram por se reintegrar de maneira crucial.

A descrição da aia que abre *The long week-end* é seguida por um quadro vívido do menino Wilfred cantando com a irmã enquanto a mãe tocava harmônio:

Há uma colina verde lá longe,

sem uma muralha . . .

A colina verde de sua mãe mostra as qualidades da paisagem indiana, que ele afirma "adorar": a "luz intensa, o negro intenso", o "Sol ardente e insuportável – como era maravilhoso!"[17]

340 APÊNDICE A

*A paisagem indiana ressequida deve ter canalizado
todo seu verde para aquela colina que conservava sua
muralha como uma coroa, formada por finos pináculos
e torres amontoados contra os inimigos "externos".*[18]

Ele afirma que levou "um longo tempo para perceber que o
infeliz poeta queria dizer que a colina *não* tinha uma muralha" –
"pobre colinazinha verde". E o que é pior, "por mais incrível que
parecesse, ela ficava *fora* da muralha da cidade", vulnerável aos
"inimigos". Ao contrário da aia, que era suficiente em tudo, a mãe
é complicada por suas lealdades – as coisas que a fazem "parecer
morrer". Quando o menino senta em seu colo, ele se sente "quente
e seguro" a princípio, mas, súbita e inexplicavelmente, "frio e as-
sustado". O "frio" repentino que varria o colo quente da mãe deriva
da sombra do primitivo deus paternal "Arf Arfer" que periodica-
mente desce com suas "grandes asas negras obscurecendo o sol"
para encobrir qualquer evidência de idiossincrasia em Wilfred. Ele
surge com o ar frio da capela da escola no final do serviço:

*Arf Arfer Oo Arf in Mphm, por favor, me torne um
bom menino. Eu me desvencilhava bem rápido do colo
dela e ia procurar a minha irmã.*

(A fusão dos dois períodos indica a presente natureza "sonhadora" até na autobiografia aparentemente literal.) Arf Arfer, com
sua negritude, deriva dos gritantes contrastes da Índia, a terra-
mãe aos olhos da criança, com seu maravilhoso "sol insuportável"
e sua dúbia penetração pelo pai-soberano, que também assume
a forma do "papagaio de olhos arregalados" que pertencia a sua
irmã, um ídolo da superstição. Esta conjunção – do colo e do Arfer – poderia induzir uma revelação mística (como nas histórias

MEG HARRIS WILLIAMS 341

populares da aia) ou, de modo alternativo, um "temor inominável", como quando seu pai sentou-o no colo e então, traiçoeiramente, deu-lhe um tabefe depois de ter extraído dele a confissão de que havia batido na irmã.[19] (A irmã enfurecida, apontando com o dedo para ele, reverbera o famoso pôster Kitchener;* esta indução de culpa levou a uma espécie de paralisia em seu relacionamento – ele afirma ter aprendido a ficar longe dela.) Mais tarde, na escola, esta ofuscação de pressuposição básica torna-se a "rede da ameaça indireta" associada com a hipocrisia sexual (na adolescência expressa como "chatice") e, durante a guerra, a ilusão comunitária da segurança dos tanques. Ela levou a repetidos encontros com o buraco negro emocional para o qual "mesmo agora não encontro palavras".[20] O temor inominável é o anticontinente para os não pensamentos, derivado do objeto combinado em conjunção falsa – a grade negativa.

O papel do "pai" – ou pai-onírico – é esclarecido nos episódios gêmeos da caçada do tigre e do trem elétrico, ambos ocorridos no sexto aniversário de Wilfred. Depois que um trem de brinquedo trazido da Inglaterra como presente especial de aniversário não funcionou, o jovem Wilfred, junto com um empregado indiano, tentou um modo supersticioso de fazê-lo funcionar, besuntando o trem com *ghee* (manteiga indiana) e deixando-o exposto ao sol – ao poder daquele "sol insuportável", invocando uma divindade muito mais compreensível que a eletricidade. O resultado dessa "bagunça pegajosa" foi a humilhação de seu pai engenheiro, em virtude da falha tecnológica, como se isso solapasse sua credibilidade masculina. "'Ponto final?', perguntou minha irmã, que estava

---

* Pôster de recrutamento da Primeira Guerra Mundial que exibia o Ministro da Guerra Lorde Kitchener com o indicador apontando para o espectador e dizendo: "Britânicos, quero que vocês se alistem". O forte efeito psicológico levou à imitação do pôster em vários países, inclusive em São Paulo, durante a Revolução de 1932. [N.T.]

342 APÊNDICE A

aprendendo a ler." Wilfred indaga se esta misteriosa "cidade elétrica" é "verde como a outra" – se tem a ver com a conjunção mãe-pai da colina verde.[21] Ele murmura sua oração infantil: "Tende piedade de minha simplicidade" ("simples cidade") com os olhos fixos na brilhante corrente do relógio do pai, sua sexualidade/ cidade mágica. A cidade verde-elétrica é uma rica fortaleza de sabedoria comparada com sua simples cidade e, contudo, estranhamente insegura, "amontoada contra" seus inimigos como nas histórias do motim indiano que o assustavam. (Uma das manifestações de Arf Arfer era "Nickel Sehn" – o Nicholson do Motim.)* A vulnerabilidade tinha a ver com a rigidez do empenho do pai em criar o filho à imagem de Deus e do Raj, suavemente eficiente em seu modo de colonização. "Numa causa justa, temos de lutar com as mãos limpas", como mais tarde ele diria sobre o romper da guerra.[22] Nisso, sua mãe era igualmente cúmplice – levada, como o pai, pela ansiedade com relação à adaptabilidade moral e social de Wilfred, evidenciada pela estranheza das perguntas do menino. Wilfred, na verdade, acreditava que sua mãe estivesse genuinamente "perplexa", mas havia algo de sinistro na atitude do pai de dissimulação ou negação; isso parece tornar-se associado com o "Diabo entrando nele" na excitação masturbatória do "brincar com trens" ao sol do meio-dia (levando-o mais tarde a seu desejo de "penetrar no segredo" do falso tanque/mãe – o conceito de curiosidade intrusiva).[23] O conceito de mistério é substituído pelo segredo, com suas conotações de hierarquia e privilégio sociais. A família, com seu inconformismo missionário, tinha a aparência dos convertidos à fé, ansiosos ou zelosos, dentro do puro ideal in-

---

* John Nicholson (1821-1857), soldado e administrador, desempenhou um papel importante no motim indiano de 1857. Conseguiu a libertação de Dheli, mas foi ferido mortalmente depois de liderar um ataque ao Portão de Kashmir. Alguns dentre os modernos indianos consideram essa revolta o primeiro movimento de independência de seu país. [N.T.]

glês de educação (seu pai, na verdade, não era inglês, mas suíço). Eles se preocupavam que sua identidade anglo-indiana o levasse a "ter ideias"[24] e tentavam salvaguardá-lo, por meio da disciplina, contra essa possibilidade.

Assim, as tentativas da criança de formar símbolos são repetidamente frustradas pela moralidade adulta (com a melhor das intenções). Isso acontece na noite da caça ao tigre, quando a tigresa "ruge seu réquiem" pelo companheiro – morto pelos caçadores, que incluem o pai de Wilfred.

> *Naquela noite, Arf Arfer chegou em meio ao terror, "como o rei dos reis". A caçada havia matado um tigre, e o corpo tinha sido trazido para o nosso acampamento. Sua companheira veio reclamá-lo e, nas duas noites seguintes, o acampamento ficou cercado por grandes fogueiras e tochas brilhando forte para mantê-la afastada. Com sua grande cabeça e boca voltadas para o chão, como para disfarçar seu paradeiro, ela rugia seu réquiem. Meu medo foi engolido pelo espanto, quase como se dentro de nossa tenda viesse uma tosse forte e, então, o tremendo rugido do lamento da tigresa.[25]*

O menino, em vez de se identificar com o triunfo imperial, sente-se "engolido pelo espanto": "Ela não vai nos comer, vai, papai? Você garante que não?". A tigresa, na verdade, está dentro de sua mente ("dentro de nossa tenda"), uma manifestação da divindade. Ao mesmo tempo, ele está dentro da boca e da mente do espanto/tigresa, "engolido". Nesta experiência primeva fundada no medo estético (como o rochedo de Wordsworth), Bion descreve o "temor" que exige ser resolvido e tornado conhecimento: "a temível experiência" descrita em *Memoir*.[26] É a origem de sua inata curiosidade científica, que assume uma forma diferente daquela de seu pai e não encontra respostas. Em vez disso, a resposta que ela encontra repetidamente é que este filhote de elefante desperta ansiedade em seus pais. Ele quer saber para onde foram os tigres, machos e fêmeas, e lhe infundem respostas vagas como: "Ah, eu não sei, filho – para longe, bem longe, eu espero". Mas ele insiste:

> *"O que ele está fazendo agora?"*
>
> *"Quem?"*
>
> *"Jesus – quero dizer, o tigre."*[27]

A criança não está convencida da "morte" do tigre, o que de modo nenhum o separa de sua companheira como objeto-combinado de incrível poder.

Os símbolos fálicos do trem e do rifle não o assustam por si mesmos, mas pelo medo de vingança que eles evocam na tigresa-deusa (o motim). Ele se pergunta continuamente por que ele é tão "brando", um menino "cara de lua", um "bebê chorão". O realismo de seu medo é negado pelo mundo adulto ("sentido, mas não sofrido", em sua posterior distinção). Contudo, apesar da falta de reciprocidade dos adultos, o tigre fundiu-se com a mãe/Índia em sua mente e, assim, tornou-se um símbolo, um continente para a ideia do deus interior. Ele torna a se fundir com o tigre de Blake em *Memoir* para se tornar o "grande Rá-gato" do sonho do menino (um sonho recorrente durante a guerra):

> *Menino: Boa noi... [dorme] Tibs, você um gato mimado. Não, não adianta dizer que você é um tigre. Se você for um tigre, é realmente um tigre mimado – um gato que foi mimado e se transformou num bichano. Cyril*

ri quando diz "bichano". Ele diz que é um palavrão.*
Olha lá, Tibs, não vá virar um gatão. Isso é alemão. Es-
pero não estar ficando com medo de um gatão não mi-
mado. Tigre . . . Tigre . . . nós aprendemos isso na escola
. . . fulgente fulgor. Por favor, senhor! Seus olhos, senhor
– que terríveis mãos ponto de interrogação e que terrí-
veis pés? Uma pausa, senhor? Sim, senhor, uma pausa
de verdade. Se o vinho não o pegar, as mulheres vão
pegar. Rima com empoeirar.[28]

O gato egípcio, que existiu como a aia ou o tigre da "infância da raça", traz a acumulada sabedoria antiga que se estende infinitamente para além do tempo de vida do indivíduo. Como continente para o conhecimento, ele salta para a vida quando é pontuado poeticamente – um "ponto de interrogação", uma "pausa apropriada" – uma formulação do objeto combinado. Relembrando o trem elétrico, ele chega a um "ponto final", mas desta vez figurando a potência, e não a impotência, do componente macho. Como símbolo, é degradado ou sexualmente "deteriorado" pela onipotência da forma do jogo das crianças (a "caça à lontra" quando elas prendem o gato da casa no vaso de flores, associado com um "vaso grávido"). Na visão do menino, ele então se vinga, assumindo as cores do inimigo do "grande" gato alemão na guerra. O tigre continua a ser recorrente ao longo de sua vida, contaminado pelas projeções do Arf Arfer:

Meu Deus! Lá vêm elas outra vez. Essas corujas! É es-
tranho . . . Aquilo é um tigre. Não, tigres são apenas
gatos. Aquilo não é um gato. Arf, a pequena história da

---

* No original, o que traduzimos por "bichano" é *pussy cat*, e *pussy*, em linguajar obsceno, é o órgão sexual feminino; daí Cyril se referir a um "palavrão". [N.T.]

> *Inglaterra de arfer. Você, hiena danada? Se o vinho não pegar você, as mulheres . . .[28]*

Assim, embora quando da época da guerra Bion afirme que aprendeu a "mentir" internamente com relação ao deus-tigre: jogar o jogo da conformidade e prevenir o impacto do conhecimento, isso o torna refém dos pesadelos antissimbólicos do temor indizível ("Quem acreditará em meus pesadelos?").[30] Nestas fases não desenvolvimentistas, ele é governado por sua identificação com o fracasso das figuras paternas de sua infância em corresponder à sua necessidade de formação de símbolos.

A traição máxima experimentada durante sua infância foi o sentimento de que sua mãe o havia "abandonado" ao enviá-lo, com a idade de oito anos, a um internato na Inglaterra. Sua última visão dela foi seu chapéu se afastando do outro lado da cerca da escola. Ele lembrava quando ela fora chamada de "mulher abandonada" na Índia, em virtude de, certo dia, ter usado na igreja um chapéu com pencas artificiais de frutas, coroadas por um cacho de uvas negras.[31] Seus chapéus voluptuosos representavam sua fertilidade e sua emotividade (sua beleza) que, de maneiras ocultas, não se conformavam com a propriedade do Raj – pelo menos no seu círculo parental. Sua traição, contudo, envolveu a negação de seus próprios sentimentos de tristeza à medida que se aproximava a partida do filho para a Inglaterra:

> *"Ma-mãe! Você não está triste, está?"*
>
> *"Triste?", respondeu ela rindo. "Claro que não! Por que eu estaria triste?"*
>
> *Bem, por que ela estaria triste? Não consegui pensar em um motivo.[32]*

A identidade indiana "imprópria" da mãe – aquela cujo amor, embora gentil, era mais forte que o narcisismo – o havia traído para a sociedade. O impedimento de expressar seus próprios sentimentos significava que ela não conseguia evitar que ele experimentasse os dele. Ele nunca a perdoou e viveu uma perpétua "saída de casa" durante os anos de sua adolescência, muito antes que a guerra reforçasse esse estado mental – um estado em que ele "não conseguia pensar". A própria ideia da mãe tornou-se intolerável para ele. O tipo de "abandono" do qual achava que a mãe era culpada refletia-se internamente no que ele descreve como total ineducabilidade em qualquer sentido real, substituindo sua atitude infantil de "questionamento" pela competitividade e pela realização nos esportes. Como autodefesa, adotou o objeto "de terror inominável" que comandava a mentalidade de sua escola preparatória – a "teia de ameaça não direcionada" que enchia o ar de um ambiente em que se afirmava que o "meneio" levava à insanidade. ("Você *estava* fazendo barulho ontem à noite . . .")[33] Mesmo no "ar limpo" da escola de Ensino Médio, onde – como Bion mais tarde se deu conta – as condições para um aprendizado genuíno efetivamente existiam sob a forma de certos professores dedicados e uma atmosfera iluminada, ele sentiu que era incapaz de utilizá-los. Ele ficou superimpressionado com os aspectos competitivos e as tentativas paternais e domésticas de impedir que a "panela de pressão sexual em fogo brando" chegasse ao ponto de fervura, e negligenciou as oportunidades de educação humanista. Não obstante, tudo isso permaneceu dormente em sua mente e foi gradativamente penetrando em seus subsequentes sonhos e processos de pensamento, quando sua necessidade emocional o trouxe para a "atenção" do consciente (na definição de Freud, a quem ele frequentemente se referiu).[34]

Embora as condições sociais exigissem que a escola fosse uma "preparação para a guerra", Bion diagnostica sua dificuldade em

348 APÊNDICE A

termos da internalização de pseudo-objeto antiaprendizado. Ninguém *tinha* de se submeter internamente às pressões da sociedade: ele descobriu algumas pessoas que não faziam isso. Seu distanciamento da realidade educacional e emocional podia ser avaliado pelo súbito medo que surgia sempre que entrava em contato com o ocasional estudante que parecia estar "aprendendo" e que se mostrava – a seus olhos e aos deles – uma fraude preocupada apenas com a aparência superficial da realização – os emblemas da honra. Um deles foi o estudante dos clássicos que Bion sentia ter de derrotar – não no campo intelectual, em que ele não teria chance, mas por meio de uma corrida de longa distância no campeonato de atletismo.[35] Sua formulação da mentalidade do "menos-LHK" tem suas raízes no que mais tarde ele chama de "exoesqueleto" do sucesso mundano. Isso se reflete na "mentalidade de tanque" de sua guerra. Ele foi atraído para os tanques para "penetrar no segredo que os cercava", pelo caráter pseudotigresco como um falso continente para o conhecimento; e sua primeira visão de um tanque lembrou-o de uma primitiva armadilha para tigres em Gwalior que o havia aterrorizado quando criança.[36] Arf Arfer o assusta, mas, ao mesmo tempo, o mantém na linha. Os tanques "ronronam" ao avançar para a batalha como caricaturas de tigres, mas, na verdade, são dinossauros, armadilhas mortais. Como o estegossauro observa em *The dream*:

> *Eu mesmo: Os ingleses de Deus pareciam tão engraçados ao rumarem para a batalha em tanques.*
>
> *Estegossauro: Como nós. Não podiam se mover. Alvos fáceis.*[37]

Os tanques representam o nível mais primitivo da mentalidade do pressuposto básico, adotada pelos "ingleses de Deus" do Raj e da escola particular – tão antigos quanto as deusas primevas (a aia, Helen, a mãe de Rosemary etc.), mas antitéticos em termos de significado:

> *Todos os quatro haviam florido. Chamas brilhantes, duras, como se fossem recortadas em papel laminado, tremeluziram e morreram, extinguidas pelo sol brilhante. Um tanque, sem tripulação, foi agarrar-se à traseira do que estava à sua frente, como que em preparação para fazer amor; então parou, como se estivesse exausto.*[38]

Em seu "florescer" pseudocriativo quando atingidos, eles derramam seus cérebros humanos vulneráveis – "as entranhas jorrando do monstro pré-histórico".[39] A penetração destrutiva do falso continente representa o estado de "menos-K", um pretexto ou uma substituição para o objeto combinado. Nesse estado, a alma "morre", como Bion elucida por meio de sua memória onírica da ação do tanque em 8 de agosto de 1818: "É '-K'. A data em -K é 7 de agosto e 8 de agosto".[40] "Eu morri lá. Pois, embora a alma morra, o corpo vive eternamente."[41]

O mesmo ocorreu quando ele reencontrou sua mãe após ter concluído a escola e descobriu que ele era apenas uma "lembrança quitinosa" (um "fantasma") de si mesmo – "aprisionado na casca que aderiu a mim".[42] Durante a guerra, foi gratificado pelo "orgulho" que ela tivera da condecoração recebida por ele, ao mesmo tempo que desprezava a si mesmo por concordar com o que sentia internamente como uma mentira sobre sua "coragem". Não havia, em sua experiência, qualquer coisa similar à coragem, apenas medo em "direções diferentes". De fato, seu misto de autossatisfação e desprezo bloqueou sua visão de heroísmo genuíno, que ele sentia que poderia atribuir apenas à desorientação mental causada

350 APÊNDICE A

por neblina, gripe e álcool. É como se sentisse que sua identidade havia sido limitada para sempre pela "perspectiva reversível" de um "pobre, pequeno e ignorante *self* indiano" – uma natureza passional – e sua máscara não retribuidora, as "armadilhas do império da hipocrisia".[43] Nesse dualismo, não havia espaço para crescimento, para a emoção real – não havia musa. A alternância entre sentimentalidade e rigidez (embutida no colo quentinho-frio de sua mãe) torna-se um aspecto do retrato de sua própria personalidade nos diálogos de *Memoir*. Quando ele escreve – no contexto da morte de seu mensageiro, Sweeting, ao lado dele na guerra – que as palavras "Eu não queria que isso acontecesse" são "as mais tristes da língua",[44] a ideia da inocência que reside além da culpa tem uma qualidade compassiva, muito diferente da ira severa e construída mentalmente do Édipo de Sófocles. O que ele não queria que acontecesse não era a morte física – da qual não tinha culpa, exceto no sentido da "culpa do sobrevivente" por ter escapado a Rá-Arfer mais uma vez –, mas a traição espiritual de sua resposta interna ao apelo de Sweeting: "Você vai escrever para minha mãe, não vai?". Isso tornou Bion insuportavelmente conhecedor de sua própria distância da "mãe", e ele encontrou-se pensando silenciosamente: "Não vou, dane-se!". O resultado é: "E então ele morreu; ou talvez tenha sido apenas eu".[45]

Entretanto, as raízes da "morte" espiritual existiam antes da guerra. Bion as reconstrói na memória quando revisa, por exemplo, o episódio em que, estando na casa de um amigo (um dos substitutos para um lar dele mesmo), os meninos construíram um avião de bambu e se preparavam para lançar-se do telhado dentro dele, mas foram impedidos em tempo. O aeroplano é um precursor do tanque, desilusões convidativas da falsa segurança da onipotência. O que Wilfred aprendeu com o episódio foi que a sra. Hamilton genuinamente amava seus filhos, mas não ele – embora tivesse sido considerado seu "favorito"; isso o trouxe para mais perto do sentimento de "saudade de casa" por um tempo.[46] Essa foi uma das fagulhas de contato com sua mente dormente, indicando que ela ainda o machucava. Pois mesmo durante seus anos de "ausência de casa", sua infelicidade fora aliviada por outros relacionamentos familiares, pelo menos durante seus anos escolares. Um deles era com Colman, um mestre que o apresentou a uma anglicidade antitética à de "Nickel Sehn" e que o confortava "não por algo que dissesse, mas pelo que ele era". Ao mesmo tempo, isso o aproximou novamente do tipo de conhecimento que não suportava – a riqueza da civilização passada:

> *Eu estava desanimado, ressentido, de um passado tão repleto de renome que tanto me estimulou como impôs uma mão morta nas minhas ambições incipientes.[47]*

Ele não o suportava porque o senso de riqueza lembrava-o da herança da mãe/Índia que ele havia "abandonado", pois ela o abandonara. De fato, parte de sua empatia com Colman provinha de um certo sentimento de que Colman tampouco conseguia "suportá-lo": ele estava sujeito a paralisantes dores de cabeça que o enviavam, "atordoado e combalido", para fora da sala. Enquanto Colman padecia de dores de cabeça – trauma de guerra, como passaram a chamá-las na Primeira Guerra –, Bion "corria" para tentar escapar dos intoleráveis ataques de inveja e ciúme que poderiam interromper sua "partida de casa". Mais uma vez, sentiu a sombra de Arf Arfer bloqueando o sol; seu confuso desejo de responder e simbolizar ("ambições incipientes") era "estimulado" e, ao mesmo tempo, inibido pela "mão da morte", a mão da negatividade. O objeto interno com que a integridade de Colman o pusera em contato era potencialmente rico, porém fraco.

352   APÊNDICE A

A outra Inglaterra que chamou sua atenção durante seus anos de escola – embora o uso espiritual de suas qualidades também permanecesse adormecido em sua mente – foi o mundo agrícola, que ele veio a conhecer em suas longas estadias, durante as férias escolares, na casa de outro colega de escola, Heaton Rhodes. Isso teve uma vitalidade complementar na herança de Milton e Shakespeare e o deixou similarmente espantado. Esse espanto derivava da proximidade com os processos da natureza – as realidades do "verão e do inverno", não apenas na terra, mas na alma: "Heaton e seu pai tinham o inverno em seu caráter". Eles se inclinavam diante da natureza-deus, uma força superior ao "homem fabricante de ferramentas" e, nesse sentido, religiosa, formadora de objetos. Não havia espaço para o sentimentalismo do qual Wilfred sempre se sentia culpado. Embora inteiramente diferente em caráter, essa força fornecia, num certo sentido, o mesmo tipo de qualidades espirituais que ele havia imaginado em sua aia e seu "sol insuportável" – persistência, atemporalidade, uma aceitação da dureza e das tormentas da vida. "A reprodução é implacável"; e a fazenda Rhodes reproduziu Kathleen, a espirituosa garota que, junto com sua aia, evoluiu sob a influência da sra. Klein para sua heroína. A mãe dele havia desafiado a igreja, à sua maneira tranquila, usando seu chapéu "abandonado"; Kathleen, certo dia, simplesmente se recusou a ir à igreja, alegando que o pastor "tagarelava como uma cacatua velha". Para Wilfred, esse episódio plantou (ainda que dormentes) as sementes da morte de Arf Arfer, o deus "papagaio de olhos arregalados":

> *Kathleen não recuava – que eu seja o poeta sagrado que só pode erigir um imperecível monumento à sua coragem –*

O exemplo dela, afirma ele, fez com que se desse conta de sua própria "covardia". Ele não ousou "se apaixonar" por ela. Em vez disso, ela se juntou às fileiras de divindades-tigre de seu mundo interior:

> *Ela falava com franqueza; seu temperamento era inflamado. Lembro que ela contrastava nitidamente com a mãe, que se sentava junto à lareira, com sua calma expressão de Mona Lisa, observando Kathy confrontando o pai com os olhos faiscando . . . Chacina, derramamento de sangue, frio e os olhos de Kathy faiscando de amor ou de ódio – essas são as coisas que eu consegui ver ou saber. Mas eu não sabia o significado do que via. Os Hamilton e os Rhodes ofereciam uma educação que não estava no horário de aulas. Eu vi: e fui conquistado. Eu não entendia.[48]*

O "significado" que Wilfred "não entendia" não residia só em Kathleen, mas no contexto da família – o que também incluía as lições de amor que ele aprendia na casa dos Hamilton. O que é particularmente significativo aqui é a mãe "Mona Lisa" que observava imperturbável essas trocas de agressões entre o marido e a filha, aceitando-as como uma característica válida da natureza humana, sem sentir a necessidade de cobri-las com uma negativa ou extenuação hipócrita, como na família dele. A capacidade dela de "um amor materno atemporal" assustava Wilfred – lembrando-lhe a aia, mas sem sua complacência. Por meio de seu medo, ele aprendeu que o amor e o ódio faziam parte da natureza, como o verão e o inverno – que o fogo de Kathleen e a "frieza" de sua mãe eram farinha do mesmo saco, um complemento resistente à adversidade da fria "crueldade" dos homens. Ele "viu" o quadro vivo

354 APÊNDICE A

da família Rhodes, que "conquistou" seu narcisismo à la César. Ele finalmente aprendeu alguma coisa – aprendeu que não "entendia". O que se revelou a ele foi a tensão emocional entre o amor, o ódio e o conhecimento – e o imperativo desenvolvimentista que se seguia ao vínculo-K.

Na "batalha da fazenda inglesa" de *Memoir*,[49] Kathleen e a Mona Lisa reaparecem como Rosemary, com o *status* hierárquico de sua relação mãe-filha amante-escrava revisado nos papéis trocados de Rosemary, a "empregada" e sua amante Alice – que inclui aspectos da irmã, cujos rugidos semelhantes aos do tigre tanto o haviam ressabiado quando criança ("Eu ficava ensurdecido . . ."). Os papéis macho-fêmea também são revertidos, na medida em que também serviam à hierarquia social, e não a uma necessidade interna. Rosemary destaca a confusão com relação a quem está caçando quem no âmbito do continente-conteúdo: "Você deveria ver o que acontece no pombal psicanalítico quando a intuição feminina se impõe".[50] Ela assevera seu predomínio, estabelecendo o modelo bioniano de coragem como algo que não pertence aos homens – que são todos meninos brincando com tanques e aviões –, mas às "mulheres com o masculino internalizado", o que é resumido pelo parto. Na verdade, o casal formado por Rosemary e o ambíguo "homem" é um dos aspectos não resolvido de *Memoir* – é possível que Rosemary tenha "dançado até os pés cansarem", os pés que mantêm as classes superiores e o sexo dominante subjugados a ela? "Eu me sinto horrível", diz ela na festa do tempo passado; "E sequer consigo desmaiar".[51] A "reviravolta dos vértices", resultante do próprio *The dream*, permitiu a Bion colocar todos os seus elementos-musa no caldeirão, junto com suas ambições "incipientes" e informes – as verdadeiras, desta vez: a ambição de conhecer a si mesmo por meio da ideia do objeto combinado. Trata-se de um modo de conhecer que ele chama de "senso comum verdadeiro" – quando o estado emocional dos vértices opostos penetra pela fronteira entre eles.[52] Pois o que sua análise dos sonhos deixa claro repetidamente é que seu tormento derivava do "não entender" – da falta de reciprocidade simbólica dos objetos internos. A função de *Memoir* é reviver os pontos de não entendimento, reavivando seu conteúdo emocional no presente, de modo que possam continuar a ser buscados. Estas oportunidades de ignorância se tornam disponíveis para ele somente no contexto de sua antítese – as "mentiras" da grade negativa, que substituem o tanque/dinossauro pelo deus/tigre, um exoesqueleto para um endoesqueleto, um emblema de sucesso para a mente. O caminho para o conhecimento abre-se à medida que o bloqueio é removido.

A própria psicanálise, afirma Bion, é apenas "uma listra da pele do tigre – o tigre da verdade". "Em última instância, ela deve encontrar o tigre – o tigre-coisa-em-si-mesma-O." Não obstante, os "grandes caçadores da intuição psicanalítica" atribuem-lhe um lugar de honra na verdadeira caçada pela "ideia" do objeto combinado, a ideia que é "geradora" e que perscruta o horizonte na conclusão de *Memoir*:

> *Fantasia? Ou fato? Apenas fantasia, se houvesse algo sobre as ideias que pudesse torná-las "geradoras"! . . . Alice pode temer o movimento de um "fenômeno" em sua mente. Quando uma "ideia" é criada ocorre, em acréscimo a essa criação de fato, uma série de reações à ideia criada.*[54]

A ideia geradora é anunciada por um "rubor nas paredes do útero", que, por sua vez, requer que Rosemary permita que "se dance" com seus pés e que eles não se limitem a "chutar". Alice/Rosemary tornou-se o continente para a transmissão de ideias, a musa/tigre que medeia entre o *self*-bebê e o "animal feroz, a verdade

356 APÊNDICE A

absoluta", a "luz mais brilhante que mil sóis",* a "estrela-granada" na vastidão fria do infinito. Bion retorna à caçada ao tigre de 1903 e descobre seu significado atual. Independentemente dos "rodeios" de seu modo de expressão, Bion "escreve com seriedade" nos livros autobiográficos. Pela primeira vez, ele descobre verdadeiramente – e aprecia – aquelas outras listras do tigre, cuja presença em sua vida fora anteriormente camuflada pela intolerância à "ambições incipientes". Ele rende homenagem aos heróis não proclamados da sua guerra e sua infância – os "homens que deveriam ter sido famosos", aqueles *ante Biona multi*.[55] Eles vieram antes dele, e suas qualidades encontraram lugar em seu panteão. Acima de tudo, ele invoca, por meio de sua "chamada", aquelas manifestações do espírito poético em seus muitos disfarces – de Odisseu e Palinuro a Bach e Mozart e até seus professores anteriormente não lembrados – "E. A. Knight, F. S. Sutton, Charles Mellows".[56]

> *Que parte da Inglaterra ou de Shakespeare forjou a Inglaterra que é eterna e será eternamente Inglaterra? Qual solo é estrangeiro? Que parte é Rupert Brooke, Shakespeare, Milton? Que parte será eternamente estrangeira? Pope era um homenzinho desprezível. Quem, então, escreveu a epístola para o doutor Arbuthnot? Quem sabia o endereço do doutor Arbuthnot há tantos anos? Quem disse a Kipling – o adorador de lixo muito comum – que ele deveria escrever "Recessional", e que, em algum lugar em meio ao populacho, havia pecadores que poderiam ter ouvidos para isso – se ele pudesse escrever? Quem lhe disse que podia? Quem disse a*

---

* No original, Bion faz um trocadilho entre a palavra *suns*, que significa sóis, e *sons*, "filhos", que tem a mesma pronúncia. Esse trocadilho será usado pela autora em suas confissões no próximo capítulo. [N.T.]

> *Bunyan para fechar seus ouvidos e correr; a Belloc que*
> *a estupidez da sua igreja era tal que deve ter sido divi-*
> *na para ter sobrevivido; a Hopkins que o "duplo escuro"*
> *o auxiliaria a encontrar a "luz não criada"; a Freud*
> *que ele precisava "cegar-se artificialmente" para explo-*
> *rar os locais obscuros da mente?[57]*

Quem disse a "Wilfred R. Bion – eu, eu mesmo" – que ele podia escrever *A memoir of the future*? Teria a chamada dos espíritos poéticos dos domínios do inefável finalmente ingressado nele em sua "virada de esquina", em preparação para seu "encontro marcado com o destino", livrando-se com alívio das vestimentas da respeitabilidade imperial e institucional?[58] Pois, como ele insistiu: "Esta é a minha tentativa de expressar minha rebelião, de dizer 'adeus' a tudo isso". Chegando à idade da "despedida" bíblica – setenta anos – ele tomou coragem da afirmação de Keats de que nenhum homem pode interferir na narrativa que outrem faz de seus sonhos.

Notas

1. Keats, *The fall of Hyperion*, ll. 11-12.

2. W. R. Bion, *A memoir of the future* (1975, 1977, 1979), edição em volume único (London: Karnac, 1991), pp. 244-245.

3. Ver este volume, Capítulo 8.

4. O título do segundo volume de *Memoir* é *The past presented* (tirado de *Agonias de Sansão* de Milton: "present / Times past, what once I was, and what am now").

5. Ver W. R. Bion, *The long week-end* (Abingdon: Fleetwood Press, 1982), pp. 28, 115.

6. *Long week-end*, p. 8.

7. Ver *Long week-end*, p. 17.

8. *Memoir*, p. 79.

9. *Memoir*, p. 297.

10. *Long week-end*, pp. 265-266.

11. D. Meltzer, *Studies in extended metapsychology* (Strath Tay: Clunie Press, 1986), p. 26.

12. Este filme, dirigido por Kumar Shahani, pretendeu cobrir a memórias da infância de Bion e sua influência na vida onírica de suas autobiografias *The long week-end* e *A memoir of the future*. O filme teve o apoio de um elenco leal e maravilhoso de competentes atores, incluindo Nigel Hawthorne, Alaknanda Samarth e Angela Pleasence, mas nunca foi terminado por problemas financeiro e de organização.

13. Suspeitou-se que Bion afirmou que queria "conhecer" Deus diretamente: ver, por exemplo, *Memoir*, pp. 359, 522.

14. *Memoir*, p. 574.

15. *Memoir*, p. 576.

16. *Long week-end*, p. 23.

17. *Long week-end*, pp. 18, 29.

18. *Long week-end*, p. 9.

19. *Long week-end*, p. 11.

20. *Long week-end*, p. 237.

21. *Long week-end*, p. 14.

22. *Long week-end*, p. 109.

23. Ver *Long week-end*, pp. 9, 29 ("Before I had time to think . . ."), p. 115.

24. *Long week-end*, p. 15.

25. *Long week-end*, p. 17.

26. Ver, por exemplo, *Memoir*, p. 382.

27. *Long week-end*, p. 18.

28. *Memoir*, p. 441.

29. *Memoir*, p. 97.

30. *Memoir,* p. 282.

31. *Long week-end,* p. 15.

32. *Long week-end,* p. 21.

33. *Long week-end,* p. 90.

34. Freud definiu o consciente como "um órgão da percepção das qualidades psíquicas" – frequentemente citado por Bion, como em: *Memoir,* p. 98.

35. A corrida é descrita em *Long week-end,* pp. 74-77.

36. *Long week-end,* p. 115.

37. *Memoir,* p. 122.

38. *Long week-end,* p. 254.

39. *Memoir,* p. 156.

40. *Memoir,* p. 155; 8 de agosto de 1818 . . .

41. *Memoir,* p. 257.

42. *Long week-end,* p. 104.

43. *Long week-end,* p. 92; *Memoir,* p. 302 ("perspectiva reversa", em Bion, não se refere aos contrários ou opostos, mas à mesma qualidade fluindo em diferentes direções).

44. *Memoir,* p. 256.

45. *Long week-end,* pp. 249, 264.

46. *Long week-end,* pp. 72-73.

47. *Long week-end,* p. 97.

48. *Long week-end,* p. 75.

49. "English Farm" era também uma vila perto Ypres – ver *Long week-end,* p. 128.

50. *Memoir,* p. 390.

51. *Memoir,* p. 414.

52. *Memoir,* p. 526.

53. *Memoir,* p. 112.

54. *Memoir,* p. 572.

360 APÊNDICE A

55. Em *Memoir*, Bion é assombrado pela frase "ante Agamemnona multi", que ocorre repetidamente, referindo-se aos heróis desconhecidos e não cantados que vieram antes daquele que, por acaso, ficou famoso. Ver, por exemplo: "Ninguém nunca ouviu falar dele, mas *eu* sabia o que tínhamos perdido . . ." (*Memoir*, p. 424). Listando alguns de seus antigos professores que ele não apreciava na época, ele começa: "Agora quero louvar homens que deveriam ter ficado famosos . . ." (*Memoir*, p. 560; também p. 396).

56. *Memoir*, p. 560.

57. *Memoir*, p. 42 (citando carta de Freud a Lou Andreas Salome).

58. Ver *Memoir*, pp. 398, 577-78 1. Keats, *The fall of Hyperion*, ll. 11-12.

Apêndice B – Confissões de um superego em maturação, ou o lamento da aia

Uma narrativa fictícia em verso contando a gênese das ideias de Bion pela voz da aia de sua infância indiana. Eu a escrevi originalmente para ser interpretada por Alaknanda Samarth, que atuou como a aia do menino Bion no inacabado filme *A memoir of the future*. A narrativa é feita pela voz da "aia como deusa", o aspecto oriental da mãe/objeto interno de Bion. Nos livros autobiográficos, ela é uma figura sombria, percebida mais graficamente talvez na personagem de Rosemary: assim, como um dos "conceitos vazios" de Bion, ela pode ser preenchida com significado. Ela aparece de várias formas, desde o grande gato Rá (o tigre) até o crânio que contém conhecimento. A história dela segue como numa sequência onírica da história autobiográfica de *Memoirs* e *The long week-end*, da vida pré-natal e suas origens passionais, por meio da infância na Índia e em exílio na Inglaterra, até a guerra e sua revivescência por meio da psicanálise. A narrativa dramatiza as implicações do conceito bioniano de "ausência de casa" (o distanciamento forçado de suas raízes emocionais), que se pode dizer que constitui as origens da diferenciação entre os estados positivos e negativos de emotividade – um esclarecimento que, quando bem--sucedido, leva em última instância ao nascimento do pensamento. Pois Bion repetidamente descreve suas reais experiências de vida como ocorrendo nos domínios de "menos-K". Era essa revivescência na forma de sonhos que constituía, para ele, a aprendizagem pela experiência.

> *Deve-se procurar uma atividade que seja tanto a restauração de deus (a mãe) como a evolução de deus (o informe, o infinito, o inefável, o inexistente), o que pode ser encontrado somente no estado em que NÃO há memória, desejo, compreensão.*
> *Wilfred Bion, parágrafo final de* Attention and interpretation, *p. 129*

> *EM MATURAÇÃO: Este livro é uma tentativa psicoembriônica de escrever um relato embrio-científico sobre uma jornada do nascimento à morte, inundada por conhecimento prematuro, experiência, glória e autossatisfação autointoxicante. Fui poupado de saber como foi que meu espermatozoide cortejou meu óvulo, mas anos depois entendi que meus ancestrais tinham uma longa e desonrosa história, iniciada no dia que um espermatozoide ancestral, nadando contra a corrente naquela sua maneira típica, se alojou em uma trompa de falópio, aguardando um óvulo desconhecido.*
> *Wilfred Bion, parágrafo de abertura de* The dawn of oblivion, *Livro 3 de* A memoir of the future, *p. 429*

Nossa aia era uma mulher pequena e ressequida que, quando eu pensava em lhe atribuir alguma idade, devia ser, como minha irmã e eu achávamos, muito velha, mais velha que nosso pai e nossa mãe . . . [Minha mãe] não era tão velha quanto nossa aia; minha irmã e eu concordávamos que ela não tinha menos que, digamos, duzentos ou talvez trezentos anos de idade, e embora essa fosse uma idade madura, ela não parecia que ia morrer.

Wilfred Bion, parágrafo de abertura de The long week-end

Quanto a ele, o tema da minha canção,

Não era o primeiro nem o último, mas um

Dos muitos semeados em meu escuro abismo.

No princípio era a mãe, e eu

Desde o começo dos tempos era a mãe *dele*.

Antes eu me chamava Helena, Hécuba,

Andrômaca, Penélope, Lady

Macbeth, Medeia ou Clitemnestra;

Eu não tinha nome,

10   A vegetação não reconhecida, a deusa

Da fertilidade de cujos restos pútridos

Os parasitas mamíferos nasceram e

Dos quais ainda dependem. Ele era o resultado

De uma conjunção apaixonada entre esperma

E óvulo, um rubor nas paredes do meu útero,

Doença familiar, no padrão eterno,

Surgiu em mim, repugnante como antes.

Eu me perguntava, é chegada a hora mais uma vez?

Que besta rude agora, tão desajeitada e obscura,

20 Anda em direção às minhas sagradas margens de rio

Para nascer? Todo o meu conhecimento, eu o dei da última vez,

Ampliando os limites da minha filosofia;

Quantas vezes mais deve este receptáculo meu corpo

Distender em involuções grosseiras

Para prover o alojamento de uma ideia

Além do alcance do pensamento? Uma vez mais

Pulsações cruzam alguma irregularidade áspera

Em mim, e, sem pensar, meus agentes começam

A tecer sua teia perolada sobre sua medonha

30 Coragem, e a coisa não está escondida, mas cresce

Enormemente, embora minúscula, e captura minha atenção.

Mais uma vez, a disputa feroz entre

Danação e argila veemente é posta

Em movimento, e eu estou perturbada alternadamente

Pelo dogma de sua prematuridade.

E por questionamentos carentes, que penetram

Independentemente de mim (irrespondíveis como são),

E nos quais me acho envelopada

40 Na catedral dos meus muitos braços,

Cujas gavinhas em velocidade alarmante aumentam

Em volume e complexidade. Embora, por

Experiência, eu saiba que não pode ser feito,

Tento relaxar desejo e memória, e

Responder às minúcias urgentes do momento –

A fina língua solta ameboide da criatura.

Ah, o egoísmo dos não nascidos! Para eles,

Eu sou um país não descoberto, no qual

O mistério do seu ser está circulando.

50 Entretanto, esses voos da imaginação passam

Através de mim como perturbações vulcânicas,

Deixando-me permanentemente mudada, e nem

No sétimo dia existe o descanso.

Para acalmar os sentimentos homicidas que eles despertam,

Eu tenho de rapidamente envolver a ideia fetal

Numa ficção, porque sei que, mesmo disfarçada,

A verdade ainda pode fugir. Grosseiramente, os humanos

Tentam verbalizá-la em suas escrituras:

"Sua barriga, bebendo os mais profundos goles de soma,

60 Cresce como um oceano, como amplas e suaves

Correntes provindas da abóbada celeste. Fazendo luz

Onde não havia luz nem forma, eles surgiram

Como bebês nascituros, junto com

As auroras." Na esperança, enviei artistas aos humanos,

Mas eles não viram; eu lhes enviei profetas,

Mas eles não escutaram. Ainda assim, sinto

como da beleza de minha feiura

Pode um dia surgir uma mente, uma luz

Mais brilhante que mil filhos.

70 No céu,

Enquanto isso, enquanto Psique-Soma travava sua guerra

De contradições, eu preparei para nós

Uma barreira de comunicação,

Um diafragma de bom senso, para lembrar

O novo meio gasoso de sua outrora

Existência aquosa: lembrando como,

Disfarçada, a verdade pode fugir até mesmo

De minha vigilância de arcanjo. Exatamente assim, muitas

80 Encarnações atrás, Satã adentrou

O Jardim do Éden envolto em bruma crescente e

Inspirou a cabeça da serpente, possuindo-a

Com ato de inteligência, abominando não

O meu ventre virgem – nem a costela do peito de Adão,

Mas um rubor invisível no esplendor

Branco de minha eternidade,

Um ruído inaudível, uma dor impalpável,

Não o inferno, mas agarrada com força integral.

O engenheiro seu pai não viu

90 A ferramenta invisível da mulher, não ouviu

O sussurro tranquilo que a serpente usou

Com Eva, amortalhada como eu estava

Pela roupagem do império

Da hipocrisia, obcecado como ele estava

Pelo homem como um animal fabricante de ferramentas. Ele deu

A seu filho o trem elétrico, a chave da cidade

Elétrica, porém se desviou do sol indiano,

Cujos raios, em circulação rítmica e feroz,

Enriqueciam o ar com sons e doces

100 Ruídos que davam prazer e não magoavam.

Seus pais, ansiosos demais pela luz

Que pode surpreender um cristão ao orar,

Não conseguiam apiedar-se de sua simples cidade

Enquanto ele brincava. Ele brincava que era o pequeno Krishna,

E eu era o grande gato Rá.

E quando sufoquei com manteiga o motor

368   APÊNDICE B

Infantil, suportando com facilidade a tempestade

Paterna, pois eu estava acostumada com a turbulência,

Eles disseram: "O Diabo entrou no corpo dele."

110   *Não corra no sol!* Que sol?

O frio fluía sobre o colo de sua mãe, o terrível

Frio, a voz do buraco na caverna de Marabar.

Quem estava gritando? Mais tarde, foi

A aparição da velha mendiga,

E, pior, o cinzento sonho informe

Que o fez acordar suando, para desejar

Que fosse apenas uma guerra.

Naquela noite, Arf Arfer veio,

120   Em meio ao pavor, como o rei dos reis, o sol

Obscurecido pelo ruflar de suas grandes

Asas negras. A caçada abateu um tigre,

E para o seu companheiro, a tigresa rugiu

Seu réquiem. Intensa a luz, e a escuridão

Intensa; subitamente a escuridão abateu-se

E o barulho – barulho real – explodiu: gritaria, batidas,

Guinchos, rugidos, coaxar, tosse, berros,

A zombaria de inúmeras bestas.

O grande gato Rá estava armado até os dentes, não mais

130 Disposto a passivamente absorver os pecados deles

Com sorriso enigmático. E ele era o rato

Sendo sistematicamente golpeado até a morte.

Ó tigre, tigre, fulgente fulgor,

Nas florestas da noite! Guarda-te

Do falso rosto pintado da beleza, uma ratoeira,

Olhos como dentes. A arma secreta

Da masculina e astuta diaba estava fechada

Para ele, ele sentiu, e hostil ao seu meneio larval,

Um desperdício de espírito à custa da vergonha.

140

Era chegada a hora, eles pensaram, de implantar

Um endoesqueleto nessa criança cabeçuda,

Filho de elefante, um frango com pedaços de concha

Aderentes nele, tristemente em falta de tutano e

estoicismo britânico. E embora mais tarde

eu tenha me arrependido, não resisti,

pois vozes estrangeiras estragaram nossa intimidade,

Coalhando nosso bom senso, para que então não tivéssemos

Linguagem. Vozes discordantes, guinchando

150 Todas juntas, fizeram do lugar uma perfeita

Balbúrdia. Cães infernais! Desordenadamente

Orgulhosos de ousarem desafiar as armas

Do onipotente. Então aquele filhote –

O ignorante – tentou armar uma armadilha

Para mim, o grande gato Rá, para capturar minha antiga

Sabedoria em um vaso comum! Ele pensou que encerraria

Meu ventre fértil de nobres reis, de onde

Não mais emanariam. Admito

Que momentaneamente fiquei verdadeiramente aturdida

160 Por esse estreitamento de nossa perspectiva.

Quanto tempo, eu imagino, até que as portas da percepção

Sejam limpas, e a visão infinita seja libertada

Dos erros da tirania caolha? Uma caçada

de lontra, ele a chamou – vingando em mim

A caçada do tigre imperial pelo pai dele.

Mamãe, você não está triste, está? Triste?

Não estou triste! ela mentiu, e eu silenciei. Nós não somos

Oniscientes, nós, tornados imortais,

170 Embora mentes preguiçosas pensem que somos, e que nenhuma

Liberdade ou realização possa ser nossa,

A não ser que nossos pensamentos embriônicos progridam

Para sua fruição terrestre.

E este, em um promissor estado inicial

De evolução, demonstrou indubitável

Inteligência inata, quando sua boca firmemente

Agarrou o mamilo, como se ele estivesse realmente

Esperando que ele estivesse ali, aguardando por ele.

Com preconcepções tão acuradas quanto essa,

180 Eu naturalmente acreditei em sua eventual

Tolerância de sabedoria. Eu aquiesci,

Portanto, quando ele foi enviado para a escola

Em Norfolk – uma instituição esclarecida,

Aberta às surpresas da luz, mas com reputação

Acadêmica indiscutível,

Sua tampa de incontestável moralidade

Pressionada gentilmente e de maneira firme sobre

A fervilhante panela de pressão sexual.

Era o princípio de uma longa ausência de casa.

190

Ele percebeu então que sua mãe fora abandonada,

Uma mulher abandonada cujo chapéu de ir à igreja,

Ondulante sobre a sebe rigorosamente

aparada, ostentava lascivos cachos de uvas pretas. Ela o abandonara

Ou ele a ela? *Eu não queria que isso acontecesse* –

As palavras mais tristes da língua. Eu dei-lhe

Educação extracurricular na forma

Da sra. Hamilton, triste em sua apreensão

200 De responsabilidade por um estranho

Que engendrava loucura letal em sua turma

De meninos, onipotentes fazedores de aviões,

Precursores do tanque e crias

Do trem elétrico. Eu dei-lhe a sra. Rhodes,

Cuja capacidade de amor maternal

Sorria atemporalmente por trás

De seu olhar de Mona Lisa e o transfixava

Com o fascínio de sua necessária

Crueldade, o minúsculo esporo vestigial

210 De impiedade, na tarefa do fazendeiro

De procriar, mostrando-lhe como calosas

Toneladas de terra maculavam os radiosos brancos

Da eternidade e os transformavam em

Vida multicolorida. Mais tarde, com admiração,

Ele observou a solitária catedral de Ely,

Sob a imensidão do céu pantanoso,

Atravessando a paisagem como um enorme navio,

Uma sombra coincidindo com a procissão

Das nuvens lá em cima, Ely da outra

220 Inglaterra – Cromwell, Milton e Herevardo,

O vigilante – a outra Mãe cujas

Esperanças prenhas deitaram uma mão morta

Em suas ambições incipientes, impressa

Pelo seu ressentimento de um passado renomado,

Incompreensível em sua água azul, céu azul,

Veleiro escondido pelos juncos e velas brancas reflexivas.

Cáqui distante, movendo-se ritmicamente,

Substituiu aquelas ambições incipientes

230 Por outra canção marcial – nem mesmo verdadeiras

Ordens de batalha, como as que Cromwell

Teria dado, mas lúdicas histórias bíblicas.

Mas isso também fazia parte do jogo, ele sentiu,

Pois tinha aprendido na escola que os jogos

Eram um conveniente prelúdio para a guerra. Aquele treinamento

Quase completo, e então chegou na escola o dia

De sua corrida final, e ele sentiu que devia ganhar

A qualquer custo – e o custo foi, de fato, derradeiro.

Ele correu como alguém que, por uma estrada erma,

240 Caminha com medo e cautela, pois sabe

Que um demônio assustador corre atrás dele bem de perto.

O inimigo, seu rival, era um classicista,

Um estudioso com uma paixão estranhamente

Genuína, inspirada por Homero e por Virgílio

De uma forma endoesquelética. Pois eles,

Como Milton, podiam plantar olhos. Em vez disso,

Ele indiferentemente trocou a pena branca,

Dada pela desdenhosa menina a um grande

Menino crescido, como ele, por uma medalha brilhante,

250 Um adereço de herói. *Couvre-toi*, ele pensou,

Com um chapéu, *flannelle* ou glória, quaisquer penas

Para o frango deixar sua mãe orgulhosa

E esconder seu ódio, sabendo em seu coração

Que ele carregava abertamente no peito uma sentença

De morte quase certa. Um exoesqueleto

Era seu finalmente, e ninguém podia ver

Que nada o motivava internamente

Além do medo, não o medo da morte

(um sentimento não ignóbil), mas o medo

260 De ficar estigmatizado como uma fraude, ter

A medalha tomada e substituída pela pena,

A insígnia imperial da covardia.

Eu não podia culpar sua mãe, pois ela fora deixada

Com somente uma quitinosa silhueta dele.

Onde estava a "luta com as mãos limpas" do pai?

Nada mais é limpo hoje em dia, ela disse tristemente.

Mas quando, depois da batalha, ele e eu estávamos

Frente a frente outra vez, e manifesta

270 Loucura reinava em seu olhar, eu notei,

Em minha própria alma, certos pontos negros

E granulados de consciência, uma doença

Correspondente à dele, pois agora eu entendia

Que não havia anestésico para os que padeciam

De ausência de casa; eles desmoronam dada a chance

De eclodir, e eu me senti

Impelida a internalizar sua história.

*Não podes encontrar nenhum remédio para um cérebro
doente –*

Quem há de comprar meus pesadelos? Eu irei –

280 Se tens lágrimas a derramar, derrama-as agora.

Aos dezenove anos, ele disse que seus modos estavam
definidos.

Ingressou nos tanques para penetrar o segredo

De sua força e, inflamado por intrusiva

Curiosidade, observou na terra natal desses tanques

As manobras de treinamento, enquanto lentos, lentos

Como sáurios num tipo de ritual de acasalamento,

Agarravam-se uns aos outros pesadamente colina acima.

Ludicamente, no dia de folga, os pequenos tanques,

290 Tiranossauros e jovens estegossauros,

APÊNDICE B

Atiravam uns aos outros seu rudimentar

Cérebro comunal; mas um permanente

Alojamento para esta anomalia dentro

De sua armadura nunca fora encontrado. Quão longe

Encontrava-se, eu pensei, da educação inicial

Que lhe dei na selva! Privilegiado

Para adorar tigres, pelos quais ele possuía uma saudável

Admiração, ele preferiu ser obcecado

Por tanques blindados: atraído irresistivelmente

300 À escalada para dentro de suas cabeças, e até – com

Grande ambição e atordoado ao extremo! –

Conseguiu ser nomeado comandante de tanques.

E de qualquer forma, disse ele, depois que você entra,

Não é tão ruim quanto parecia.

Porque dentro do tanque eles se juntavam

Para reuniões científicas, para chegarem às coordenadas

Das loucuras do mundo,

Homens como árvores caminhando na cerração,

Detectáveis engenhosamente através de buracos

310 Na blindagem da armadura. Ah, palavras, palavras, palavras!

Muitas civilizações têm sido minhas,

E se esta chegar a um fim violento,

É somente de mínima importância

Para mim, visto que há muitos outros sóis

No universo. Mas me enraivece que as palavras,

De todas as coisas, tornem-se uma espécie de armadilha de tanque,

Caixões definidores que impedem

O nascimento de ideias fetais que podem estar engatinhando

Curiosamente entre o céu e a terra.

320 Palavras não, eu disse a ele – *florestas*! É lá na selva

Que tu deves viver – sim, Purgatório,

Aquele buraco sombrio.

Quando o oficial de inteligência

Avultou à sua frente, perguntando se ele tinha visto

O solo cretáceo seco suplantando

O aluvial, a testa de um soldado

Apareceu ante seus olhos; e ele observou

Com curiosidade que, quando o franco-atirador disparou,

330 O cérebro aluvial abaulou-se para trás.

Eu fixei seus olhos em minha fronte, para que ele

Pudesse supor quanto tempo havia atrás de sua oca

Coroa, para que conhecesse o terror sem nome

Que frustrou sua corrida contra o classicista,

Aquele outro *self* fetal que a negatividade

Impediu de tentar tornar-se.

Fora ele, então, responsável por aquela morte?

Seu peito inchado com a medalha, sua sentença

De morte – mas não, a morte ceifou o outro,

340 Sweeting, seu mensageiro, atingido no peito, ao seu lado.

Você vai escrever para a minha mãe, não vai? Não,

Dane-se, não conheço nenhuma mãe! A criança prenhe

Com olhos selvagens esgueirou-se silenciosamente,

Descendo os degraus do porão, observando sem ser observada.

Ao longe, na lama macia, homens feridos no chão

Aos pedaços, suavemente chorando, como aves pantaneiras.

Foi no dia 8 de agosto, na estrada Amiens-Roye, o dia

Que ele morreu, a-teu, a-temporal, a-moral, a-estético.

350 De novo os tanques continuaram a ronronar e então explodiram

Como flor e pararam, as tripas negras

Derramando-se do monstro pré-histórico,

E isto tornou aquilo mais real, nós queimamos um regalo.

Era aquela, ele imaginou, a transformação

A ele assinalada recentemente pelo idiota

Inteligente? Pois ainda que morra a alma, o corpo

Vive para sempre. Neste ponto, envolta em névoa,

a antiga deusa Soma retomou

sua frágil psique, tendo consultado

360 as unidades constituintes de sua mente embrionária

de germoplasma primário e envolvido-o

em furiosa febre, que, explosivamente,

ejetou-o e sua tripulação, antes que seu tanque

fosse atingido. A preservação primitiva dela

esmagou a traição do ego-concha.

Então, agora, nós tínhamos outra chance – tanto ele

Quanto eu, pois eu também estava aprendendo. Uma vida

Não é suficiente, e nós, seres internos,

370 Temos evoluído por séculos nossas capacidades

Negativas. Punição nós descartamos

Há muito tempo, e agora eu começo

A acreditar que mesmo a adoração não é

Muito eficaz. Nosso procedimento

É cíclico, e não linear, pois nós representamos

Tempos passados, que ele foi uma vez e é agora.

Não desça ao inconsciente, papai!

As tímidas vozes gritaram – mas a velha toupeira,

Meu novo oficial de inteligência,

380 Mergulhou em seu vale de mágoas,

Levado pela melancolia da ressureição

A reconstruir arqueologicamente

As características de seu próprio vale de feitura da alma,

Escavando as sombras intensas projetadas

Pelo brilho intenso do sol oriental,

As sombras que, como as palavras do poeta,

Projetam-se no futuro do passado.

Ele sabia agora que não devia procurar por surpresas frívolas:

Desvele os olhos e ouça o duplo

390 Escuro, os impulsos íntimos do súbito

Assalto da noite tropical – ruído real.

Eu dei a ele a licença

De um bobo na corte da beleza,

O privilégio de alguém que desejava tornar-se

Psicanalista e no cemitério

Da corte em Ur começou a encontrar

Seus fantasmas. No pombal

Psicanalítico, onde a intuição feminina

400 Intrometia-se certeira como um atirador de elite, ele descobriu

As leis do canibalismo mental, sugando

O cérebro materno como uma casca de ovo,

Degradando o tigre à bichana de Alice,

Um sorriso com dentes. Ele desenterrou a batalha

Da fazenda inglesa, o encontro das forças

Invasoras internas que destruíram e construíram

Sua mente, e lá ele sofreu outros

Episódios de sanidade – o bombardeio

Que, na outra guerra, ele não pôde

410 Suportar, por ser insuficientemente robusto,

Nem pudera fugir. No peito destroçado

De Sweeting, pateticamente coberto

Com seu curativo vão, feito de mentiras,

Ele encontrou a ferida escancarada de sua própria mente

E abrindo sua imaginação,

Imaginou como desenredar sua sanitização

Superficial, a cerração obscura

Que se mascara como a vanglória sagrada

De civilização. Sim, lá vem o sacerdote

420 E ele está virando a esquina, e o que é

Aquela pequena bomba atômica em suas mãos, ela faísca

Ascendendo desde suas origens não mentais

Até a desolação pós-sáuria

Do absoluto brilhante? Tão negra

E clara, um buraco tão astronômico

Que eles talvez se arrependam do preço que terão de pagar.

Que dia maravilhoso! E só eu

382 APÊNDICE B

Escapei para contar-te.

430 *Senhor, o senhor vai escrever!* Sim, agora ele podia escrever

Sobre sua mãe. Agora ele podia dar nomes àqueles

Ante Agamemnona multi, os heróis e heroínas

não proclamados de sua vida interna:

Kathleen, que teve a coragem de tornar-se

A criança prenhe com olhar selvagem; Colman

Que lhe mostrou Ely cavalgando nas nuvens,

A prenha *idée mère* que anunciou

A perda da memória e do desejo. Ele exaltou

Auser e Roland, aqueles que amava, que bravamente

440 Encararam os tiros certeiros do homem invasor – o homem

Que acreditava na bondade de Deus, ele próprio

Um avatar de Deus, armado não com um trem elétrico

De brinquedo, mas com uma barra de chocolate automática

Carregada de relâmpagos flamejantes.

Sim, este é seu uivo! Chamando seu par,

Chamando sua parceira para a dança do tornar-se.

Quanto a apresentá-lo a mim mesma,

Eu sabia que ele não sobreviveria se eu

450 Permitisse que ele me visse como realmente sou.

Então, tornei-me Rosemary, da prostituta

A filha – não a Mãe Inglaterra, a puta-mor

– a outra, a melhor das mães,

A pobre menina do gueto

Sacrificada à espiroqueta,

Retornada à eternidade vegetativa,

A pedra fóssil cujos veios profundos

Michelangelo finalmente trará para a superfície.

Afortunadamente eu me reconciliei

460 Com o fato de ter uma alma feia, útil

E forte, sendo a sola da bota de um serviçal.

É verdade que, com o aumento do lazer,

Eu tive de seguir meus interesses após

Os reveses da fazenda inglesa; eu tinha me

Interessado por P.A., apesar

De sua concha de trocadilhos e platitudes. Entre,

Mentiroso! Beije meu pé. Acaricie

A listra da pele do tigre. E até mesmo eu

Talvez tema dar uma interpretação;

470 Eu prefiro demonstrar pelo exemplo

O padrão subjacente aos fatos

Dos sentimentos, sabendo que somente o espectro

Amor-ódio terá sempre qualquer efeito duradouro.

E não havia ninguém que eu odiasse mais do que o homem;

Meus olhos sendo puxados com fios de aço invisível;

Meus pés emitiam micro-ondas quando

Bruxuleavam nas calçadas faveladas

Da minha rua. Eu estava dividida entre

Mantê-lo pendurado ou dar cabo dele.

480   *Quando você vai se resolver?*

Coro das vozes do civilizado,

Comitê de almas recém-nascidas. Maquiagem?

Toda a sua cara educação

Tão fútil como sombra de olho! Não, eu disse a eles, nem tanto –

Eu deixo minha mente me resolver. Dançando com o homem

Eu experimentei toda a estranheza

Da perspectiva reversa: em uma

Direção, desamparo, na outra,

Deus. Ela flui nas duas direções, da intuição

490   À abstração. Poderia isso ser amor,

A coisa-em-si? Confesso que não tinha

Me ocorrido, quando eu era Rosemary,

Que, ao dançar, eu talvez possa *dançar com alguém.*

E a coisa tem existência independente?

Tarde demais, diz o tordo, tarde demais –

Ela se foi, lembrando-se de todos os teus pecados.

Ela era somente uma pequena mancha no vermelho

Radiante da minha eternidade, o mínimo

500 Instante nos domínios infinitos

Do nosso tornar-se. Mas uma vez que nossas danças, como

As frases do poeta, lançam suas sombras adiante

Além do conhecimento de sua geração,

Nós poderíamos ver a história dele como uma armadilha

Pois a luz, fundindo-se com força de integração,

Sua teia de contrários a gerar

Um padrão subjacente, um receptáculo

Para aquele monstro feio, o feto

Esperneante do pensamento, produto de seu nascimento

510 E morte – que são apenas, afinal de contas,

Direções da mesma atividade,

Então, da próxima vez que se aventurar a tomar forma,

O final talvez seja feliz.

Referências

As referências ao poema são feitas pelo número de linha.

386 APÊNDICE B

Abreviaturas

Memoir: W. R. Bion. *A memoir of the future* (1975, 1977, 1979), edição de volume único (London: Karnac, 1991).

Long week-end: W. R. Bion, *The long week-end* (Abingdon: Fleetwood Press, 1982).

6 "Antes eu me chamava Helena . . ." (*Memoir*, 358); "Fora dos podres restos sifilíticos de carne humana . . ." (*Memoir*, 486); Rosemary como beleza (*Memoir*, 340).

15 "Uma ideia tem tanto direito de enrubescer sem ser notada quando qualquer rubor" (*Memoir*, 276).

19 Yeats, "The second coming".

20 Bion nasceu em uma barraca nas margens do rio Jamuna, em 1897.

24 A "imperfeição na qual uma ideia pode se alojar" (*Memoir*, 265, 268, 429).

26 *Hamlet*, "pensamentos além do alcance de nossas almas".

32 Keats, "On sitting down to read King Lear once again".

48 *Hamlet*, o "país não descoberto" do pensamento. A paisagem intrauterina (*Memoir*, 430ff).

50 "Inventos da imaginação" (*Memoir*, 306, 378, 395, 418-420, 571).

51 A "iminência de um abalo sísmico emocional" (*Memoir*, 538).

55 A "ideia fetal" e sua "metáfora" (*Memoir*, 417-418).

56 "Disfarçada de ficção, de vez em quando a verdade se infiltrava" (*Memoir*, 302).

60 As "rodopiantes massas de água" e a turbulência de Leonardo (*Memoir*, 156).

64 *Memoir*, 35-36.

67 Rosemary, sobre feiura e beleza (*Memoir*, 128); a mulher velha – "como a bela menina que tenho embutida na feiura" (*Memoir*, 145).

68 ". . . luz mais brilhante que mil sóis" (*Memoir*, 358); "a sabedoria artística começa a eclodir de sua concha" (*Memoir*, 412); "gerar uma mente . . . Como vermes no calor do esterco podre" (*Memoir*, 474); o "império da mente" encontrando lar em Shakespeare (I, 133).

MEG HARRIS WILLIAMS 387

72 Psique e Soma – "o significado não passa pela barreira" (*Memoir*, 433-435); "a reunião das personalidades pré-natal e pós-natal" (*Memoir*, 551).

74 ". . . tornar possível a comunicação através da barreira" (*Memoir*, 539).

75 "senso comum real" (*Memoir*, 526); a "tela, cesura" (465); "nossos esquecidos eus piscosos" (501); gás e "espírito ou alma" (527).

80 Milton, *Paraíso perdido*, Livros IV e IX, 180-191.

83 ". . . o ventre da virgem poderia ser recompensado pòr mais que simplesmente não ser abominado" (*Memoir*, 45,79).

85 Shelley, *Adonais*, "a vida mancha o branco radiante da eternidade" (*Memoir*, 51, 465).

87 "rubor tão invisível, ruído tão inaudível . . ." (*Memoir*, 51).

88 "não era inferno – talvez seja inverno" (*Memoir*, 275); "as ideias me envolvem" (*Memoir*, 257).

90 "a voz calma e baixa, a que a serpente usou . . ." (*Memoir*, 46).

93 O "império da hipocrisia" (*Memoir*, 302); ocultando o "império da mente" (133).

95 "Homem como um animal capaz de construir ferramentas" (*Memoir*, 42, 85; *Long week-end*, 246, 287).

97 A sequência do trem elétrico de brinquedo consta de *Long week-end*.

99 "Sons e ruídos agradáveis" (*A tempestade*, III.ii.134).

102 A "luz surpreende" (*Long week-end*, 13, 24; *Memoir*, 287).

103 "Minha simples cidade" (*Long week-end*, 13); "pobre, pequeno e ignorante *self* indiano" (*Long week-end*, 92).

108 Sua aia "tremia como a tempestade sobre ela . . ." (*Long week-end*, 17); "turbulência" (*Memoir*, 229).

109 "O Diabo entrou em mim" (*Long week-end*, 29-30); também a mãe de Rosemary, "o diabo a possuiu" (*Memoir*, 65).

112 A voz (*Memoir*, 67, 71, 135); "terror sem nome" (*Memoir*, 77); a mulher velha (*Memoir*, 145); o sonho informe (*Long week-end*, 237).

119 Arf Arfer (*Long week-end*, 17; *Memoir*, 97).

124 Ruídos de selva (*Long week-end*, 18; *Memoir*, 65).

388   APÊNDICE B

131 "Eu estava tendo uma visão incomum de esporte" (*Long week-end*, 198, 209, 362).

135 "A cara pintada" de Arf Arfer (*Long week-end*, 29); o gato de Cheshire (*Memoir*, 59). Hamlet, III.i e iv.

139 *Long week-end*, 23, 32, 46. Shakespeare, soneto.

142 WB um "maricas" (*Long week-end*, 22), "cara de lua" (*Long week-end*, 105); "pedaços de concha" (*Long week-end*, 81); "casca de ovo de descoberta" (*Long week-end*, 224); adoração do exoesqueleto do tipo Curzon (*Long week-end*, 48); o exoesqueleto e o "céu da Inglaterra de classe média" (*Long week-end*, 194); exo e endoesqueleto pré-natais (*Memoir*, 431); "função preservativa" da casca (*Memoir*, 478).

151 Juqueri (*Memoir*, 443); "sabujos do inferno" e a "caça a lontra" (*Memoir*, 440-441; *Long week-end*, 68).

153 "O que ousou desafiar em campo o Eterno", Milton, *Paraíso perdido*, I.i.49.

161 Blake, "portas da percepção", O casamento do céu e do inferno, plate 14.

167 Mãe "não triste" (*Long week-end*, 21).

169 Ser e devir (*Memoir*, 183).

183 Escola "iluminada" (*Long week-end*, 49, 80, 85).

188 A "panela de pressão sexual" (*Long week-end*, 78).

191 Mãe, uma "mulher abandonada" (*Long week-end*, 15, 33).

196 As "palavras mais tristes . . ." (*Long week-end*, 256).

198 "uma educação fora do cronograma" (*Long week-end*, 75).

199 Sra. Hamilton (*Long week-end*, 72-73).

203 Trem de brinquedo, um precursor do tanque (*Long week-end*, 16).

207 O sorriso de "Mona Lisa" da sra. Rhodes (*Long week-end*, 75); Rosemary, uma "serpente cruel" (*Memoir*, 273).

211 "Cromwell, um fazendeiro" e sua disciplina (*Memoir*, 200).

212 "radiantes brancos" adaptado de Shelley (*Memoir*, 51).

215 Catedral de Ely (*Long week-end*, 97); a eterna Inglaterra (*Memoir*, 42).

223 "ambições incipientes" (*Long week-end*, 99).

MEG HARRIS WILLIAMS 389

225 Águas do "infinito informe" (*Memoir*, 156); "o azul do céu e o azul da água" (*Memoir*, 280); "linguagem azul" (*Memoir*, 386, 574) mergulhando do azul do céu no azul da água "misturado ao verde" (*Memoir*, 279).

228 *Long week-end*, 108.

231 "Eu queria ordens de batalha, não histórias da Bíblia" (*Long week-end*, 134); "do meu suave jeito feminino, eu preferi o sucesso" (*Long week-end*, 101).

235 Um prelúdio à guerra (*Long week-end*, 93).

237 A corrida (*Long week-end*, 94-96).

239 Coleridge, citado em *Attention and interpretation*, p. 46.

246 *Memoir*, 225, 283.

249 A pena branca e "*couvre-toi*" (*Long week-end*, 102, *Memoir*, 442); o "grande garoto" e a Ordem de Distinção (*Long week-end*, 277); o "estado de mente . . . mais impenetrável que '*gloire*' ou '*flanelle*'" (*Memoir*, 396); a "roupa de herói" (*Memoir*, 423).

252 "mãe orgulhosa" (*Long week-end*, 111, 187, 190); WB orgulhoso (*Long week-end*, 187); adoração da Ordem de Distinção (*Memoir*, 156).

252 Seu ódio (*Long week-end*, 266).

255 A sentença de morte, e "o amor havia morrido" (*Memoir*, 149-150).

257 A inutilidade de um exoesqueleto para um "animal endoesquelético" (*Long week-end*, 194).

262 A concha, a "insígnia de distinção" (*Memoir*, 282).

265 A "lembrança quitinosa" (*Long week-end*, 104).

266 "Devemos lutar com mãos limpas" (*Long week-end*, 109).

267 *Long week-end*, 266.

270 Hamlet, III.iv.89.

274 "sem anestésico . . ." (*Long week-end*, 115).

275 "Eles acham que vão ter um colapso . . ." (*Memoir*, 411).

277 *Macbeth*, V.iii.40 (*Memoir*, 98, 375).

278 *Memoir*, 282.

282 *Long week-end*, 193.

390   APÊNDICE B

283 *Long week-end*, 115.

288 *Long Week-End*, 254.

290 Albert estegossauro e Albert tiranossauro (*Memoir*, 84); a perspectiva reversa deles (*Memoir*, 93); Sade *v.* Masoch (*Memoir*, 104).

301 Milton, *Paraíso perdido*.

306 Orientação bussolar (*Long week-end*, 233-234, 243); "manipulação engenhosa de símbolos" (*Memoir*, 92).

308 *Memoir*, 38, 53, 67.

310 "Palavras, palavras, palavras!" (*Hamlet*, II.ii.192; *Memoir*, 276).

316 A armadilha para tigres em Gwalior (*Long week-end*, 32).

317 "Eu sou apenas uma ideia sua . . . ataúdes definitórios rígidos, prevenindo meu nascimento" (*Memoir*, 276).

319 *Hamlet*, III.i.128.

320 *Long week-end*, 114; Milton, *Lycidas*, linha 193.

321 A "sinuca" e a festa do tempo que passou (*Memoir*, 406).

324 O "oficial da inteligência" e o crânio cretáceo (*Long week-end*, 138, 154, 165; *Memoir*, 453-541).

330 "A lama havia se infiltrado no local onde nossas mentes deveriam estar" (*Long week-end*, 126).

331 A Moneta de Keats, *A queda de Hiperião*, I.277.

332 A "coroa oca" – Shakespeare, *Ricardo II*, III.ii.160.

338 *Memoir*, 156; "Você se veste como o passado como se fosse um enfeite" (*Memoir*, 393).

339 "E então ele morreu – ou talvez tenha sido apenas eu" (*Long week-end*, 249); "Não, dane-se" (*Long week-end*, 264); *Memoir*, 256; protegendo-o de sua mãe (*Long week-end*, 266).

343 *Long week-end*, 281; *Memoir*, 256; associação com seus próprios "olhos selvagens" (*Long week-end*, 126).

344 o "observador observado" (*Memoir*, 216).

345 *Long week-end*, 142.

MEG HARRIS WILLIAMS 391

346 8 de agosto de 1918, "menos-K" (*Long week-end*, 249, 265; *Memoir*, 155, 159, 256).

350 *Long week-end*, 254.

352 "como dinossauros em uma catástrofe pré-histórica" (*Long week-end*, 240); "corpos negros" (*Long week-end*, 251).

353 *Memoir*, 156.

356 "Ainda que morra a alma . . ." (*Memoir*, 257).

360 "inferior origem glandular do pensamento" (*Memoir*, 79); "elementos primitivos do pensamento" (*Memoir*, 229); suscetibilidade do "germoplasma" às implicações catastróficas, e o primeiro passo do "gérmen de fantasia" em direção à perspicuidade (*Memoir*, 539).

362 "Não tema desta vez – febre" (*Long week-end*, 260); "febre de origem desconhecida" (*Memoir*, 476).

363 "'Saia!' Eu gritei" (*Long week-end*, 262); "Eu disparei" (*Memoir*, 476).

369 O "princípio da incerteza" de Keats (*Memoir*, 207).

373 "desenterrando o deus esquecido de seu montículo de adoração imprestável" (*Memoir*, 412).

375 "A abordagem apropriada da confusão . . . continua ciclicamente" (*Memoir*, 197).

376 *O passado apresentado* do "presente / Tempos passados" de Milton (*Agonias de Sansão*).

377 *Long week-end*, 143.

378 A "velha toupeira" – pai/fantasma de Hamlet (Hamlet, I.v.170).

379 Tropas "sonâmbulas" (*Long week-end*, 254) "impressionaram minhas reservas ocultas de inteligência" (*Long week-end*, 256).

381 A festa do tempo passado (*Memoir*, 406).

386 Os "geradores" do pensamento (*Memoir*, 234), "lançando-se ao futuro" (*Memoir*, 383), após a *Defesa da poesia* de Shelley.

389 Gerald Manley Hopkins (*Memoir*, 271).

390 "impulso íntimo" (*Sansão Agonista*, 224).

392 APÊNDICE B

391 O "aparecimento súbito da noite tropical" em contraste com as "surpresas da luz" (*Memoir*, 342).

393 "A licença de um bobo . . ." (*Memoir*, 340).

397 O cemitério de Ur (*Memoir*, 36, 59, 133, 162, 306).

398 "temer conhecer meu fantasma" (*Memoir*, 256); o pombal (*Long week-end*, 60; *Memoir*, 29); o "pombal psicanalítico . . ." (*Memoir*, 390).

401 "canibalismo mental" (*Memoir*, 159, 164).

403 *Memoir*, 441.

405 A fazenda inglesa – parte do campo de batalha de Ypres (*Long week-end*, 128); cenário de *The dream*, *Memoir*, Livro I).

410 "não robusto o suficiente . . ." (*Long week-end*, 236); bombardeio (*Long week-end*, 256; *Memoir*, 516); "Colapso, desintegração, quebra ou avanço?" (*Memoir*, 539).

413 "Eu fingi consertar a fenda" (*Long week-end*, 248).

414 "E então ele morreu; ou talvez tenha sido apenas eu" (*Long week-end*, 249).

417 Opacidade de *Memoir* e desejo (*Memoir*, 190).

418 "O novo brinquedo do *Homo sapiens*" (*Memoir*, 135); comentário do sacerdote sobre a corrida (*Memoir*, 398).

423 "ossos mortos deram origem à mente" (*Memoir*, 60); pensamentos de dinossauros sem um pensador (*Memoir*, 84); "se o animal humano sobreviver a uma mente" (*Memoir*, 160).

425 "Luz sagrada" e o "sinalizador" (*Memoir*, 204); "Verdade absoluta" (*Memoir*, 239, 499); o preço (*Memoir*, 508); dar "asas à imaginação" (*Memoir*, 284).

428 Melville, *Moby Dick*; Sacerdote (*Memoir*, 398).

430 "este livro" (*Memoir*, 86); "se somitos pudessem escrever" (*Memoir*, 470).

432 "ante Agamemnona . . ." (*Memoir*, 67, 120, 264, 396); "a vergonha de ter sobrevivido" (*Memoir*, 450).

434 Kathleen (*Long week-end*, 62; *Memoir*, 72); Rosemary, "que mulher" (*Memoir*, 300).

435 Patriotismo de Colman (*Long week-end*, 97).

437 "idées mères, geradoras de pensamento" (*Memoir*, 196).

MEG HARRIS WILLIAMS 393

439 Auser (*Memoir*, 423-24); Asser (*Long week-end*, 271-272); Roland, alvejado pelo homem (*Memoir*, 352, 394).

441 O homem possui "evidência da bondade de Deus" (*Memoir*, 351); "O homem o faz lembrar de Deus" (*Memoir*, 421); quem "é o dono do dono da ideia" (*Memoir*, 561).

444 A barra de chocolate do homem (*Memoir*, 378).

445 *Memoir*, 397.

449 *Memoir,* 296.

452 Mãe-Inglaterra (*Long week-end*, 265).

453 A mãe de Rosemary (*Memoir*, 79, 297, 324).

457 A "pedra" no esplendor da arte (*Memoir*, 333); a "sabedoria" artística começa a eclodir de sua concha, "não importando o quão pétrea" (*Memoir*, 412); processo cíclico.

460 A alma de Rosemary (*Memoir*, 424); "durona" (*Memir*, 399); "eles sabiam que eu era boa de briga" (*Memoir*, 538).

464 Os interesses de Rosemary (*Memoir*, 335).

466 *Memoir*, 278, 387; trocadilho "primeiro passo para uma nova linguagem" (*Memoir*, 465).

467 Fala de P.A. – "desta guerra não se dá baixa jamais" (*Memoir*, 396).

468 A psicanálise é "uma listra no dorso do tigre" (*Memoir*, 112).

469 O medo de oferecer uma interpretação (*Memoir*, 362, 517).

471 "padrão subjacente" (*Memoir*, 200, 472, 512, 533); "fatos do sentimento" (*Memoir*, 434, 536).

472 O espectro amor-ódio (*Memoir*, 362).

474 Rosemary sobre homem (*Memoir*, 400).

483 Resolver (*Memoir*, 407); homem – "O meu prêmio é mais do que eu possa usar" (*Memoir*, 404).

487 Perspectiva reversa (*Memoir*, 164, 209).

489 "a experiência de terror reverencial" (*Memoir*, 382); "Estou péssima, desmaiar" (*Memory*, 414).

394 APÊNDICE B

490 Amor, o "absoluto" (*Memoir*, 183); o *numeno* (*Memoir*, 180); Rosemary, a "coisa real" (*Memoir*, 354); conversa, a "coisa real" (*Memoir*, 477).

493 O choque de ser "dançada" (*Memoir*, 414).

495 "pensamento sem um pensador" (*Memoir*, 168); "existência independente" (*Memoir*, 353).

496 O pássaro com "*febre no cérebro*" (*Memoir*, 453).

498 A "mancha rósea" (*Memoir*, 85).

502 O "futuro moldando sua sombra antes" (*Memoir*, 469, 486); os poetas (*Memoir*, 383).

504 "armadilha para luz" (*Memoir*, 190).

505 "força integradora" (*Memoir*, 200); Rosemary como "força geradora" (*Memoir*, 390).

507 *Hamlet*, III.i.90.

508 "Qual foi o sáurio que engendrou o pensamento?" (*Memoir*, 352); o chutar do feto como uma "idée mere" (*Memoir*, 271); ideias fetais (*Memoir*, 417).

511 Nascimento e morte, a "mesma atividade" (*Memoir*, 352).

Referências

Obras frequentemente citadas no texto

Obras literárias

Disponíveis em várias edições; as seguintes são citadas no texto:

Blake, William. "The tyger". Em: *Songs of experience,* e em: *The marriage of Heaven and Hell.* Em: *Complete writings,* ed. G. Keynes. Oxford: Oxford University Press, 1966.

Coleridge, Samuel Taylor. The ancient mariner. Em: *Poetical works,* ed. E. H. Coleridge. Oxford: Oxford University Press, 1969.

Coleridge, Samuel Taylor. *Biographia literaria,* ed. N. Leask. London: Dent, 1997.

Galavão-poeta (autor anon.). *Sir Gawain and the Green Knight,* ed. J. R. R. Tolkien e E. V. Gordon (revisor N. Davis). Oxford: Oxford University Press, 1967.

396   REFERÊNCIAS

Galvão-poeta (author anon.). *Sir Gawain and the Green Knight,* ed. B. Stone. Harmondsworth, Middlesex: Penguin, 1964.

Homer. *The Odyssey,* trad. R. Fitzgerald. London: Collins Harvill, 1988.

Keats, John. *The eve of St. Agnes, Hyperion,* "La Belle Dame Sans Merci", e "Ode to Psyche", em: *Complete poems,* ed. J. Barnard. Harmondsworth, Middlesex: Penguin, 1973.

Keats, John. *Selected letters,* ed. R. Gittings. Oxford: Oxford University Press, 1975.

Milton, John. "Ode on the morning of Christ's Nativity", *Lycidas,* e *Paradise Lost,* em: *Poetical Works,* ed. D. Bush. Oxford: Oxford University Press, 1966.

Shakespeare, William. *Antony and Cleopatra,* ed. M. R. Ridley, edição Arden. London: Methuen, 1971.

Shakespeare, William. *Othello,* ed. M. R. Ridley, edição Arden. London: Methuen, 1971.

Shelley, Percy Bysshe. *A defence of poetry,*em: *Shelley's poetry and prose,* ed. D. H. Reiman e S. B. Powers. New York: Norton, 1977.

Sófocles. *The three Theban plays,* trad. R. Fagles. Harmondsworth, Middlesex: Penguin, 1982.

Wordsworth, William. *The prelude,* ed. J. Wordsworth, M. H. Abrams, e S. Gill. New York: Norton, 1979.

Obras psicanalíticas e teóricas

Abraham, Karl (1924). A short study of the development of the libido, viewed in the light of mental disorders. In: *Selected pa-*

pers on psychoanalysis. London: Hogarth, 1973. [Reimpresso por London: Karnac, 1979.]

Bion, Wilfred Ruprecht (1970). *Attention and interpretation*. London: Tavistock.

Bion, Wilfred Ruprecht (1975). *The dream*. Rio de Janeiro: Imago. (Reimpresso em edição de volume único: *A memoir of the future*. London: Karnac, 1991.)

Bion, Wilfred Ruprecht (1977). *The past presented*. Rio de Janeiro: Imago.

Bion, Wilfred Ruprecht (1979). *The dawn of oblivion*. Rio de Janeiro: Imago. (Reimpresso em edição de volume único: *A memoir of the future*. London: Karnac, 1991.)

Bion, Wilfred Ruprecht (1980). *Bion in New York and Sao Paulo*, ed. F. Bion. Strath Tay: Clunie Press.

Bion, Wilfred Ruprecht (1982). *The long week-end*. Abingdon: Fleetwood Press.

Bion, Wilfred Ruprecht (1973). *Brazilian lectures, Vol. I*. Rio de Janeiro, Imago. (Reimpresso em edição de volume único: *Brazilian lectures*. London: Karnac, 1990.)

Bion, Wilfred Ruprecht (1974). *Brazilian lectures, Vol. II*. Rio de Janeiro, Imago. (Reimpresso em edição de volume único: *Brazilian lectures*. London: Karnac, 1990.)

Bion, Wilfred Ruprecht (1977). *Two papers: The grid and Caesura*. Rio de Janeiro: Imago, 1977. (Reimpresso por London: Karnac, 1989.)

Bion, Wilfred Ruprecht (1991). *A memoir of the future*, edição em volume único. London: Karnac.

398 REFERÊNCIAS

Freud, Sigmund (1910c). *Leonardo da Vinci and a memory of his childhood. S.E., 11.*

Freud, Sigmund (1918b[1914]). *From the history of an infantile neurosis. S.E., 17.*

Freud, Sigmund (1921c). *Group psychology and the analysis of the ego. S.E., 18.*

Freud, Sigmund (1923b). *The ego and the id. S.E., 19.*

Freud, Sigmund (1927c). *The future of an illusion. S.E., 21.*

Freud, Sigmund (1930a). *Civilization and its discontents. S.E., 21.*

Freud, Sigmund (1939a[1937-1939]). *Moses and monotheism. S.E., 23.*

Klein, Melanie (1957). Envy and gratitude. In: *The writings of Melanie Klein, Vol. III.* London: Hogarth.

Klein, Melanie (1959). Our adult world and its roots in infancy. In: *The writings of Melanie Klein, Vol. III.* London: Hogarth.

Klein, Melanie (1975). Narrative of a child analysis. In: *The writings of Melanie Klein, Vol. IV.* London: Hogarth.

Langer, Susanne (1942). *Philosophy in a new key.* Cambridge, MA: Harvard University Press.

Langer, Susanne (1953). *Feeling and form: a theory of art.* London: Routledge & Kegan Paul.

Meltzer, Donald (1978). *The Kleinian development.* Strath Tay: Clunie Press.

Meltzer, Donald (1986). *Studies in extended metapsychology.* Strath Tay: Clunie Press.

Meltzer, Donald (1992). *The claustrum.* Strath Tay: Clunie Press.

Meltzer, Donald (1994). *Sincerity and other works,* ed. A. Hahn. London: Karnac.

Meltzer, Donald, & Meg Harris Williams (1988). *The apprehension of beauty.* Strath Tay: Clunie Press.

Stokes, Adrian (1967). *The invitation in art.* London: Tavistock. : *A Memoir of the Future.*

Posfácio

Recebo em 29 de setembro de 2017 convite cordial e irrecusável da amiga e colega Marisa Pelella Mélega para colaborar na apresentação da tradução do livro *The vale of soul making*, de Meg Harris Williams.

Os cuidados de Marisa manifestam-se desde a formação da equipe, que tem Valter Lellis Siqueira como tradutor, permanecendo Marisa como responsável pela revisão técnica, e quinzenalmente venho recebendo a sequência de sua generosa dedicação em favor da difusão deste valioso texto de psicanálise e linguagem poética, agora em língua portuguesa.

Sua ampla capacitação como analista didata e formadora de analistas de crianças no Instituto Sedes Sapientiae e na Sociedade Brasileira de Psicanálise de São Paulo (SBPSP) mostra-se consistente ao longo de décadas. Acompanhem atentamente suas hipóteses e seus desdobramentos nas abordagens de artigos que estudam estados da mente primitiva. Um belo exemplar é texto "Os primórdios do psíquico, a origem da mente na espécie humana e os fenômenos psicopatológicos", na *Revista de Estudos Psicanalíticos, 32*(1), junho de 2014.

No presente texto de Meg Harris Williams encontram-se suportes e balizamentos das experiências específicas de Marisa Pelella Mélega quando em supervisão com Donald Meltzer. Ao acompanhar esta magnífica tradução, se puder ler em voz alta, o leitor poderá alcançar um crescente grau de harmonia qual o evolver de preciosa sinfonia musical. Os dois últimos capítulos são acompanhados de impressionante grau de sofisticação teórica e clínica, respectivamente sobre "Criatividade e a contratransferência", por Donald Meltzer, e "A poética pós-kleiniana", por Meg Harris Williams.

Na sequência existem dois surpreendentes apêndices: "As raízes de Rosemary: a musa nas autobiografias de Bion" e "Confissões de um superego em maturação, ou o lamento da aia". As referências em ambos os textos são geradoras de novas iluminações de alto valor heurístico por meio da convivência de Donald Meltzer com o escritor e psicanalista Wilfred Bion; já a autora Meg Williams faz surgir ressonâncias tanto de autobiografias contidas em "Memórias do futuro" quanto daquelas reveladoras de seus primeiros tempos no berço e na infância nas terras hindus. Tais raízes e confissões se interpenetram com alto grau de sensibilidade poética e sinceridade confessional.

Marisa Pelella Mélega e o distinto colega psicanalista Luiz Carlos Uchôa Junqueira Filho responsabilizaram-se recentemente pela vinda de Meg Harris Williams à cidade de São Paulo, em trabalho direto de palestras e supervisões.

Antonio Sapienza

Membro efetivo e analista didata da SBPSP

Índice de autores

Abraham, Karl, 21, 23, 24

Bion, Wilfred Ruprecht, 11-15, 20, 22, 23, 27, 36, 41, 42, 119, 130, 132, 143, 155, 161, 165, 169, 185-187, 192, 201, 202, 211, 217, 256, 273, 293-296, 298, 300, 302-307, 310, 311, 313-325, 331-339, 343, 346-351, 354-357, 361, 362, 363

   Attention and Interpretation, 42, 119, 185, 313, 317, 318, 319, 321, 324, 326, 362, 389

   A Memoir of the Future, 41, 120, 161, 181, 217, 295, 306, 315, 317, 318, 331, 332, 357, 358, 362

   Transformations, 316, 317

Blake, William, 13, 34, 35, 37, 38, 42, 72, 94, 110, 115, 122, 147, 156, 344

   O Tigre, 72, 73, 94, 147, 344

Bick, Esther, 27

Burns, Robert, 100, 165

Byron, George Gordon, 39, 44, 45, 76, 87

Cassirer, Ernst, 308, 311

Coleridge, Samuel Taylor, 23, 42, 44, 76, 79, 98, 102, 115, 212, 181, 255, 308, 321

   A balada do velho marinheiro, 76, 83, 321

Dante Alighieri, 35,92, 94, 105, 138, 163

Freud, Sigmund, 11, 20, 21, 23-26, 42, 192, 296, 305, 332, 347

Harris, Martha, 27

Homero, 14, 41, 104, 159, 217, 218, 229, 304, 331, 332, 338, 373

404 ÍNDICE DE AUTORES

Keats, John, 13, 14, 23, 33-36, 40, 41, 44, 45, 80-96, 98-108, 110, 111, 113, 114, 115, 119-123, 125, 128-131, 133-137, 139, 140, 142, 143, 146-151, 155, 159, 163, 165, 169, 173, 178, 181, 186, 204, 208, 209, 217, 273, 282, 300, 305, 309, 310, 316, 319, 322, 325, 331, 332, 338, 357

    A véspera de Santa Inês, 81, 84, 85, 89, 93, 99, 106, 111, 131, 133, 134

    Hiperião, 84, 85, 94, 110, 114, 119, 130, 133-136, 138, 146, 147, 148, 150, 151, 165, 332

    "La Belle Dame sans Merci", 45, 51, 71, 80, 81, 82, 87, 91, 95, 97, 98, 99, 101, 102, 104, 105, 106, 108, 111, 113, 115, 123, 130, 165, 208, 254

    "Ode a psique", 45, 87, 101, 105, 113, 114, 128, 131, 134, 139, 141

    "Ode a um rouxinol", 45, 105, 133, 148, 159, 178

Klein, Melanie, 11, 19-25, 35, 299, 300, 301, 306, 307, 308, 318, 332, 334, 352

Langer, Susanne, 40, 75, 311, 312

Meltzer, Donald, 11, 13, 15, 19, 36, 40, 41, 49, 66, 71, 103, 127, 253, 255, 291, 293, 305, 306, 307, 309, 311, 313-319, 321-324, 326, 332, 335

    The Aprehension of Beauty, 318, 321, 323, 325, 326

    The Claustrum, 186

    The Kleinian Development, 46, 51, 305, 308, 311, 315, 317, 318, 319, 321, 324

    Studies in Extended Metapsychology, 314, 315, 318

Milton, John, 13, 23, 30, 33, 34, 36, 37, 41, 43, 44, 45, 49, 101, 104, 106, 115, 119-152, 155-165, 169, 170, 171, 173-177, 185, 186, 187, 196, 203, 209, 214, 218, 228, 256, 266, 305, 307, 308, 309, 312, 316, 319, 322, 323, 324, 331, 332, 336, 338, 352

    Lycidas, 45, 106

    "Ode à manhã da natividade de Cristo", 37, 124

    Paraíso perdido, 36, 44, 49, 72, 115, 119, 120, 122, 123, 124, 142, 147, 155-159, 163, 165, 166, 171, 172, 186, 196, 203, 204, 209, 312, 332, 338

    Paraíso reconquistado, 179

Platão, 34, 155, 164, 213, 308, 336, 337

Poeta Gawain, "Sir Galvão e o Cavaleiro Verde", 12, 13, 46, 49, 50, 51-68, 84, 90, 101, 102, 286, 321

Shakespeare, William, 14, 23, 33, 34, 41, 44, 45, 80, 87, 120, 121, 122, 135, 176, 186, 206, 214, 249, 251, 254, 255, 259, 260, 261, 264, 267, 280, 281, 286, 338, 352, 356

    Antônio e Cleópatra, peça, 14, 39, 41, 254-291

Otelo, 71, 254, 255-260, 264, 267, 276, 283, 287, 289

Shelley, Percy Bysshe, 13, 15, 30, 41, 106, 115, 308, 310, 312

Sófocles, 186-214, 350

Stokes, Adrian, 121, 193, 317

Tennyson, Alfred, 38

Whitehead, Alfred North, 311

Wittgenstein, Ludwig, 311

Wordsworth, William, 11, 35, 43, 44, 74, 75, 76, 78, 80, 102, 103, 105, 113, 167, 315, 343

Yeats, William Butler, 44, 114

Índice remissivo

Adolescência, 244, 341, 347

Amor(es), 14, 15, 23, 24, 27, 30, 38, 42, 50, 51, 57, 58, 60, 61, 63, 68, 72, 79, 81, 82, 85, 91, 96, 97, 100, 101, 107, 108, 110, 112, 115, 133, 139, 140, 143, 147, 157, 168, 178, 190, 196, 206, 213, 214, 254, 255, 256, 258-2664, 274, 276-280, 285, 291, 298, 301, 302, 307, 313, 314, 317, 319, 322, 333, 334, 347, 349, 353, 354, 372, 383, 384

adolescente, 46

cortesão, 57

e a transferência, 303

Ansiedade [Klein]:

persecutória/paranoide [Klein], 25, 113, 204

premonitória, 104, 107, 171,

ver também: dor

terror sem nome/"demônio" [Bion], 377

Bion, Wilfred Ruprecht:

aprender com a experiência/ conhecer (*versus* "conhecer sobre"), 36, 132

ver também: identificação, introjetiva; conhecimento, orgânico

continente-conteúdo, 315, 332, 354

ver também: contratransferência

dor *versus* sofrimento: *ver* dor

endoesqueleto *versus* exoesqueleto, 355

ver também: identidade

função alfa, 294, 313, 315, 320

ver também: formação simbólica

grade negativa (menos-LHK), 42, 256, 295, 298, 324, 341, 355

408 ÍNDICE REMISSIVO

ver também: mentiras

LHK (Love, Hate, Knowledge =
Amor, Ódio, Conhecimento),
42, 313, 315, 324, 335, 348

ver também: conflito estético

mentalidade de concepção básica
ver comportamento adaptativo

mudança catastrófica: *ver* mudança
catastrófica

"O"/Deus/o inefável, 34, 119, 303,
332, 334, 357, 362

rêverie materna, 29, 294, 315, 323

ver também: contratransferência

senso comum: *ver* comunicação

suspensão de memória e desejo,
319, 322, 325, 382

teoria do pensamento/grade, 298

ver também: pensamento

terror sem nome: *ver* ansiedade

Blake, William:

casamento dos contrários, 42, 72

ver também: conflito estético

individualidade/erro, 35

sobre Satã como poeta, 156

ver também: self; narcisismo

verdade de imaginação, 34

ver também: imaginação

Capacidade negativa [Keats], 36, 45,
104, 115, 190, 300, 302, 303, 325,
338

ver também: criatividade;
ignorância; *insight*

negatividade: *ver* mentiras

Cegueira: *ver insight*

Cisão *versus* integração [Klein], 11, 22,
25, 27, 29, 178, 188, 201, 213, 298,
299, 300, 385

ver também: identificação

Claustro; estados claustrofóbicos
[Meltzer], 12, 14, 35, 41, 93, 94,
103, 104, 123, 163, 167, 186, 191,
192, 204, 221, 222, 224, 232, 254,
301, 313, 324

ver também: mentiras

Coleridge, Samuel Taylor:

ideia e símbolo, 23, 181

ver também: formação simbólica

conhecimento orgânico *versus*
conhecimento mecânico, 42,
44, 255

ver também: conhecimento

caráter poético, 76, 79, 121

moldando o espírito da
imaginação, 42, 98, 102, 115,
308, 321

Componente masculino da musa, 37,
60, 68, 91, 119, 338, 354

ver também: objeto combinado; pai

Comportamento de adaptação/
mentalidade de suposições básicas,
11, 28, 30, 143, 294, 298, 316, 341

Comunicação, interna, 86, 299

senso comum [Bion], 242, 354,

ver também: pensamento

Conflito estético [Meltzer]/emoções
contrárias [Blake], 13, 43, 45, 50,
71, 101, 168, 238, 255, 277, 290,
313, 319, 321

beleza e feiura, 265, 386

maravilha (*wonder*), 168

ver também: Bion, LHK

Conhecimento do mundo interior/
verdade interna, 21, 23, 34, 50, 79,
180, 301, 353

desejo de: *ver* curiosidade; poeta
como cavaleiro/aventureiro

do outro, 224, 227

e mistério, 26, 37, 40, 88, 188, 194,
298

metáfora da digestão, 26, 273, 289,
337

orgânico *versus* mecânico
[Coleridge]/aprender com a
experiência

ver também: identificação;
identidade; formação simbólica
versus signos; filosofia;
formação simbólica

vínculo-K: *ver* Bion, LHK

ver também: Homero,
homophrosyne

Crescimento, mental, 26, 28, 51, 52,
86, 88, 106, 131, 189, 224, 228, 308,
322

resistência a, 26, 89

ver também: conflito estético,
retirada

ver também: Keats, "emplumação";
identidade; formação simbólica

Criatividade:

como função da musa/objeto
interno, 15, 41, 114, 161, 194,
293, 306

ver também: musa

no bebê, 322

ver também: insight, capacidade
negativa

Culpa/vergonha,66, 76, 15, 170, 186,
204, 210, 213, 238, 271, 320, 322,
323, 341, 350

Cultivo da alma: *ver* Keats

Curiosidade/instinto epistemofílico
[Klein], 27, 138, 229, 245, 247, 275,
278, 342, 344

curiosidade intrusiva, 148, 229, 342

ver também: identificação, projetiva

ver também: porta como cavaleiro/
aventureiro

"pecado" de [Keats], 89, 94, 186

Vínculo-K: *ver* Bion, LHK

Desmame, 192, 196, 201, 297, 320

como mudança catastrófica, 12, 14,
41, 51, 88, 115, 138, 186, 192,
201, 208, 261, 294, 296-299, 336

Dor:

depressão, 88, 110, 133, 136, 177,
220, 224

de conclusão simbólica, 37

ver também: formação simbólica

ver também: ansiedade; luto

e sofrimento [Bion], 13, 14, 20,
111, 132, 147, 164, 186, 190,
192, 194, 201, 203, 205, 210,
211, 213, 218, 247, 271, 319, 320

homem infeliz:

Ulisses, 14

Édipo, 282

410 ÍNDICE REMISSIVO

onipotência perdida, 67, 165, 345, 350

Experiência emocional:

como fundadora do pensamento, 28, 29, 38, 54, 149, 231, 294, 303, 310, 319

condensação de, 28

emoções contrárias: *ver* conflito estético

riqueza/sinceridade [Meltzer], 15, 255, 259, 282, 307, 351

verdade: *ver* conhecimento

Fantasia inconsciente [Klein]: *ver* sonhos

Filosofia/Formulação discursiva, 40, 42

e psicanálise, 21, 72, 104, 122, 308, 318, 335

da estética: *ver* Langer; Platão; Stokes

ver também: religião, dogma

Formação simbólica:

conclusão simbólica, 98

e ideias, 294, 296, 312

ver também: conhecimento; pensamento

forma de apresentação *versus* forma discursiva, 40

idiossincrasia de, 36

pseudossímbolo, 257, 258

ver também: jogo de palavras; filosofia; inspiração *versus* imitação

symbolon, 195

tridimensionalidade, 313, 314

uma função do objeto interno, 15, 41, 114, 161, 194, 293, 306, 355

ver também: criatividade

versus signos, 22, 30, 309, 311, 312

Freud, Sigmund:

cegueira artificial, 41, 157, 158, 163, 203, 204, 338

cena primária, 25

consciência, 12, 33, 34, 36, 37, 42, 67, 97, 107, 198, 206, 221, 229, 243

complexo de Édipo, 24, 192

descoberta da transferência, 26, 294

ver também: transferência

superego, 23-26, 147

ver também: objeto interno

Homero, *homophrosyne/homophrosine* (casamento de mentes), 219, 233, 243, 254

ver também: amor

Ideias: *ver* nascimento; formação simbólica; pensamento

Ideias pós-kleinianas, 27, 43

ver também: Bion, Meltzer

Identidade, suportada internamente, 150

ver também: comportamento de adaptação

Identificação:

adesiva, 137

introjetiva e Ep ↔ D, 332

ver também: Keats, "imaginar em"

projetiva/intrusiva, 11, 22, 25, 27,
29, 84, 136, 336

ver também: *self*, individualidade

Ignorância, 41, 88, 89, 95, 135, 136,
151, 193, 248, 276, 295, 335, 355

do psicanalista, 88, 89, 95, 136,
151, 295

ver também: *insight*; conhecimento
e mistério

Ilusão: *ver* claustro

Imaginação, 34, 37, 42, 73, 122, 163,
167, 173, 200, 212, 257, 301, 310,
336

exploratória: ver curiosidade; poeta
como cavaleiro/aventureiro

fertilidade da, 143, 267

receptiva, 303

verdade da, 200, 309

Influência, poética, 121, 150

ver também: identificação

Insight e cegueira, 338

ver também: ignorância;
capacidade negativa

Inspiração, 23, 25, 37, 121, 128, 133,
135, 150, 162, 165, 166, 192, 210,
244, 245, 278, 284, 339

versus imitação/inventividade, 13,
34, 73, 125, 136

perda da, 204, 224, 316

Introjeção: *ver* identificação;
influência

Jogo de palavras/astúcia, 207, 255

Keats, John:

"câmara do pensamento virginal",
34, 90

"emplumação", 45, 91, 93, 113, 129,
147, 148, 155, 165

feitura da alma, 11, 14, 27, 34, 37,
43, 45, 50, 89, 90, 94, 104, 105,
107, 112, 114, 120, 131, 150,
169, 186, 310, 322, 325

ver também: capacidade negativa

"imaginar em", 115, 121

influências poéticas, 121, 150

Klein, Melanie, 11, 19-26, 36, 299, 300,
301, 306-309, 318, 332, 334, 352

instinto epistemofílico: *ver*
curiosidade

fantasia inconsciente: *ver* sonhos

objeto combinado, 11, 25, 36, 52,
69, 202, 219, 248, 291, 299-302,
318, 332, 341, 344, 345, 349,
354, 355

ver também: objeto interno

reparação: *ver* posição depressiva

Richard, 300, 306-309

ver também: cisão

Langer, Susanne:

ideia platônica, 322

ver também: Platão; poesia,
princípio poético

medo e admiração, 75, 76

ver também: religião

412 ÍNDICE REMISSIVO

signos *versus* símbolos, 40, 75, 311

Linguagem, poética: *ver* poesia

Luto, 90

Mãe/princípio feminino, 25, 28, 29, 30, 43, 44, 66, 80, 115, 120, 121, 127, 130, 138, 143, 162, 163, 191, 192, 193, 196-199, 201, 202, 208, 210, 222, 226, 230, 235, 241, 245, 294, 322, 323, 333, 334, 335, 339, 340, 342, 344, 346, 347, 349-354, 361

   ver também: Musa

Meltzer, Donald:

   claustro, 12, 41, 93, 103, 186, 191, 204, 232, 313, 324

   fase *versus* campo, 313, 314, 315

   sinceridade: *ver* experiência emocional

   ver também: conflito estético/ reciprocidade;

   sonho da contratransferência, 50, 309

Mentiras/negatividade, 43, 193, 195, 231, 234, 259, 280, 298, 305, 310, 315, 322, 335, 349, 351, 355

   grade negativa/menos-LHK [Bion], 42, 256, 295, 298, 324, 335, 341, 348, 355

   sadismo infantil, 24

Milton, John:

   definição de poesia, 169

   dependência da musa, 60, 88, 156, 165

   forças que matam a poesia: *ver* poesia

ver também: Musa

Satã:

   como herói, 44, 156, 168, 178, 179

   como individualidade, 122, 162, 165

   vocação poética, 120

   ver também: poeta

Morte:

   como metáfora para a mudança catastrófica, 88, 115, 138

   espiritual/como estado claustrofóbico, 79, 350

   ver também: musa, ausente

   ver também: luto

Mudança catastrófica, 12, 14, 41, 51, 88

   violência/turbulência na, 268

   ver também: nascimento; morte; desmame

Musa, como objeto interno, 15, 41, 114, 161, 194, 293, 306

   ausente, 134

   dependência da, 44, 60, 88, 156, 165

   ver criatividade

   exemplos:

   albatroz/lua [Coleridge], 77, 78, 80

   o Arcanjo [Milton], 123, 145, 148, 178, 179

   Atena [Homero], 41

   Belle dame [Keats], 45, 50, 80, 81, 82, 87, 91, 95, 98, 99

   Cleópatra [Shakespeare], 39, 41, 171, 176242, 254, 255, 259, 260-291

Eva-Alceste [Milton], 157, 179

as Fúrias [Sófocles], 63, 208, 209, 212, 213, 259, 264

Jocasta-Tique [Sófocles], 192, 193, 197-201

Klein, Melanie [Bion], 332

Maria-Morgana [Poeta Galvão], 53, 58, 61, 63, 66, 67, 68

Natureza [Wordsworth], 43

Psique [Keats], 45, 87, 92, 105, 106

Rosemary-aia [Bion], 334, 335, 337

"terríveis deusas" [Homero e Sófocles], 212

"o Tigre" [Blake e Bion], 72, 73, 94, 147, 334, 341, 343, 344

Musa falsa/inadequada/idealizada, 91, 101, 165, 195, 334

ver também: narcisismo

ver também: objeto interno; componente masculino da musa; mãe

Música: *ver* poesia

Nascimento:

como mudança catastrófica, 192, 208

de uma ideia, 125, 297, 362, 377

ver também: formação simbólica

de um poeta, 100

Narcisismo/onipotência, 12, 23, 27, 36, 41, 67, 100, 165, 191, 248, 261, 262, 283, 291, 345, 347, 350, 354

individualidade [Blake]: *ver self*

triunfo sobre, 347

ver também: poeta, falso

Objeto [Klein]: *ver* objeto interno

relações objetais, 27

Objeto combinado: *ver* objeto interno

Objeto interno [Klein]/divindades internas:

ambiguidades/mistério de, 15, 30, 31, 40

objeto combinado, 11, 25, 36, 52, 69, 202, 219, 248, 291, 299-302, 318, 332, 341, 344, 345, 349, 354, 355

como evolutivo, 40

ensino/mediação, 37

ver também: criatividade; musa; religião

liberdade de, 35

superego/ego ideal [Freud], 25, 26

Onipotência/grandiosidade: *ver* narcisismo

Pai, 24, 25, 26, 30, 36, 180, 181, 188, 189, 193, 195, 198, 199, 202, 205, 206, 219, 221-228, 236, 237, 238, 243, 244, 245, 248, 301, 321, 333, 334, 339-344, 352

ver também: qualidades masculinas da musa

Pensamento, 11, 20, 22, 23, 27, 28, 29, 31, 42, 43, 83, 93, 94, 105, 113, 114, 115, 129, 130, 131, 159, 161, 168, 169, 170, 171, 177, 182, 194, 200, 204, 217, 222, 232, 241, 274, 294, 295, 296, 299, 302, 311, 316, 319, 322, 324, 336, 341, 347, 362

concepção falsa, 258

414 ÍNDICE REMISSIVO

dependência de relações objetais, 296, 322

ver também: criatividade

teoria de Bion: *ver* Bion

versus ação, 298

origens em sonhos, 93, 161, 223, 228, 294, 295, 296

pseudológica, 174

ver também: jogo de palavras

ver também: conhecimento; formação simbólica

Perversão: *ver* claustro

Platão:

a caverna, 164

e psicanálise, 15, 21, 105, 121, 306, 308, 336, 337

"ideia" platônica, 213, 322

ser *versus* devir, 388

sobre mudança, 336, 337

Poesia:

ambiguidade em, 58, 63, 163, 177, 207

duende, 268, 269, 292

ver também: Platão

forças que matam a poesia, 142

ver também: formação simbólica

função legislativa/evolutiva, 15, 30, 41, 308, 310, 312, 326

música da dicção/comunicação, 38, 39, 40, 127, 131, 173, 272, 296, 311, 312

princípio/ideia poética, 12, 41, 140, 166, 192

tradição oral/verbal, 218, 304

qualidades poéticas da psicanálise: *ver* poeta; sonho da contratransferência

Poeta, 11, 12, 37, 38, 41, 43, 44, 45, 51, 52, 58, 59, 61, 63, 68, 69, 73, 74, 79, 80, 83, 85-88, 91, 93, 100, 102, 106-113, 115, 120, 121, 122, 124-128, 131, 132, 135, 136, 137, 140, 141, 145, 147, 148, 152, 155-158, 160-165, 169, 174, 179, 181, 204, 207, 218, 219, 227, 231, 239, 245, 267, 308-313, 321, 326, 332, 338, 340

falso/abandonado, 94, 151, 160, 206

como cavaleiro/aventureiro, 63, 66, 72, 76, 81

como sacerdote/profeta, 110, 113, 146, 147

como *self*-bebê: *ver self*-bebê

"escrevendo com seriedade" [Bion], 356

"primeiros psicanalistas" [Bion], 41

psicanalista como, 41, 44, 45, 151

Poeta Gawain/Galvão:

cortesia, 50, 52-55, 57, 60, 63, 64

ver também: reciprocidade estética

Posição depressiva [Klein], 24, 27, 296, 299, 316, 332

oscilação Ep↔D: *ver* identificação

ver também: criatividade; musa, dependência da

Posição paranoide-esquizoide [Klein], 27, 169, 296, 314

oscilação Ep↔D: *ver* identificação

Meltzer, fase *versus* campo, 313, 314, 315

vingança, 44, 67, 186, 187, 212,
213, 214, 227, 229, 236, 278, 344

ver também: cisão

Projeção/identificação projetiva
[Klein], 11, 22, 25, 29, 84, 136, 225

retirada de, 25, 27

ver também: identificação;
influência

Psicanalista como poeta: *ver* sonho da
contratransferência; poeta

Qualidades sensuais:

consensualidade [Meltzer], 29

da poesia: *ver* poesia, música

da sexualidade, 115, 145, 265

senso comum: *ver* Bion

Realidade interna/ mundo interior, 21,
22, 23, 34, 42, 50, 79, 180, 301, 353

ver também: claustro

Realidade psíquica: *ver* realidade
interna

Reciprocidade estética/congruência
simbólica, 12, 29, 41, 43, 195, 238,
242, 246

ver também: Poeta Gawain/
Galvão, cortesia; Homero,
homophrosyne/homophrosine,
formação simbólica

Religião:

cristão/oriental/pagão, 12, 15, 34,
35, 51, 127-131, 138, 140, 254,
335, 339

Deus/o inefável: *ver* Bion; "O"

"deus, a mãe" [Bion], 143, 320, 362

ver também: objeto interno

Deus como individualidade, 122

ver também: self

dogma/doutrina, 122, 131, 135,
165, 170, 322

estupefação/temor, 74, 85, 100, 113,
114, 172, 195

fé, 67, 80, 157, 190, 192, 214, 234,
236, 241, 243, 257, 258, 275,
282, 287, 303, 317, 319-322,
325, 342

graça, 90, 138, 187, 290, 291

inferno: *ver* claustro

origens de, 75

pecados, 66, 87, 89, 94, 138, 151,
152, 171, 172, 186, 196, 200, 313

purgatório, 82, 92, 93, 94, 96, 100,
111, 136

qualidades demoníacas, 66

superstição, 81, 99, 131, 195, 211,
257, 259, 340

três vértices [Bion], 298, 313, 314,
354

ver também: poeta, como
sacerdote; objeto interno

Ritmo: *ver* poesia; música

Seio:

amamentação [Klein], 198, 288

como conceito técnico: *ver* objeto
interno

pensamento [Bion], 11, 20, 22, 23,
27, 294, 295, 296, 298, 299, 311,
316, 319, 322, 324, 336

toalete [Meltzer], 209, 216

ver também: objeto interno

Self/ego:

criativo *versus* inventivo, 293

individualidade [Blake], 35, 42, 74, 122

ver também: narcisismo

ver também: *self*-bebê

Self-bebê, 322, 332, 355

Personalidade. Partes infantis do, 24, 25, 27, 294

ver também: poeta; seio

Shakespeare, William, "admirável mundo novo", 34

ver também: mudança catastrófica

Shelley, Percy Bysshe, poetas como legisladores, 15, 30, 41, 308, 310, 312

ver também: poesia, legislador

Significado, criação de, 38, 106, 107, 131, 162, 187, 218

ver também: criatividade

Sintomas psicossomáticos, 14, 20, 26, 136, 186, 192, 316, 319

Sófocles, identidade livre de culpa, 203

ver também: culpa

Sonho da contratransferência [Meltzer], 50, 309

Sonhos/Fantasia inconsciente, 22, 146

ver também: sonho da contratransferência

Stokes, Adrian:

envolvimento e incorporação, 121

objeto estético, 13, 72, 73, 317

Tirania/autoritarismo, 37, 84, 310, 188, 189

ver também: narcisismo

Transferência, emocional [Freud], 21, 27, 30, 297, 301

e contratransferência, 27, 301, 302, 303

ver também: sonho da contratransferência

Verdade:

absoluta: *ver* Bion, "O"

científica/factual, 38, 135, 198, 213, 267, 307

emocional/poética: *ver* conhecimento

Wordsworth, William, natureza como objeto combinado, 43, 74, 75

ver também: objeto interno